Ed.D研究生许琦红,博士学位论文有重要的现实意义与一定的理论价值,文笔流畅,有一定的理论水平。同意申请论文答辩。

潘懋元

我国高校汉语国际推广及战略研究

许琦红　著

中国纺织出版社有限公司

内 容 提 要

本书力图向读者呈现我国高校汉语国际推广的发展概况，解析相适应的战略选择和战略目标。本书立足历史、现实、比较三个维度，厘清高校汉语国际推广中语言和文化、汉语国际推广与社会经济政治发展、汉语国际推广与华文教育、高校和汉语国际推广等四组重要关系，从战略管理理论出发，运用SWOT法，构建研究高校汉语国际推广战略的分析框架；提出汉语国际推广圈理论，根据汉语推广的不同人群、国家和使用情况，划分出不同的圈层，提出分层精准推广策略。在理论与实践的基础上，提出高校汉语国际推广的战略目标、战略区域、战略任务及战略实施措施。

本书可作为汉语国际教育专业师生的参考用书，也可供广大汉语爱好者阅读、借鉴。

图书在版编目（CIP）数据

我国高校汉语国际推广及战略研究 / 许琦红著. 北京：中国纺织出版社有限公司，2024.11. -- ISBN 978-7-5229-2054-2

Ⅰ.H195.3

中国国家版本馆CIP数据核字第2024S719J7号

责任编辑：苗　苗　　责任校对：高　涵　　责任印制：王艳丽

中国纺织出版社有限公司出版发行
地址：北京市朝阳区百子湾东里A407号楼　邮政编码：100124
销售电话：010—67004422　传真：010—87155801
http://www.c-textilep.com
中国纺织出版社天猫旗舰店
官方微博 http://weibo.com/2119887771
三河市宏盛印务有限公司印刷　各地新华书店经销
2024年11月第1版第1次印刷
开本：787×1092　1/16　印张：14.75
字数：280千字　定价：98.00元

凡购本书，如有缺页、倒页、脱页，由本社图书营销中心调换

前言

汉语国际推广具有重要战略意义，不仅体现在教授语言和传播文化，更体现在服务国家的长远发展上，向世界传递中国和平崛起的友善信息，通过语言和文化的影响力建立友好沟通的桥梁，让世界人民更好地理解中国的制度选择、传统价值观以及和而不同、美美与共的理念，从而提升国家的软实力。高校与汉语国际推广事业有契合点和互补性，高校能够承担汉语国际推广的使命，并在其中发挥不可替代的重要作用。在"汉语热"和"一带一路"倡议的大背景下，高校该如何从自身的角度来认识与汉语国际推广的内在联系，如何更好地发挥高校独特的优势和作用、积极投入汉语国际推广、践行高校文化传承和创新的使命与职责，如何从战略的高度做出长远的谋划和布局并采取积极有效的措施，都是亟须解决的问题。

本文以理论研究夯实基础，立足历史、现实、比较三个维度，运用SWOT态势分析法、案例分析法、访谈法、问卷调查法等研究方法展开研究。本文首先从理论层面入手，主要聚焦三个方面：一是厘清高校汉语国际推广中的四组重要关系，即语言和文化、汉语国际推广与社会经济政治发展、汉语国际推广与华文教育、高校和汉语国际推广之间的关系，旨在从外部大环境、内部关键要素等层面进行阐释，明确汉语国际推广在国家战略中的定位，高校在汉语国际推广事业中的重要作用，以及语言、文化与华文教育、汉语国际推广的内在联系。二是从战略管理理论出发，从分析战略管理过程的关键步骤入手，构建研究高校汉语国际推广战略的分析框架，为后续运用SWOT法分析高校汉语国际推广战略提供理论支撑。三是总结提出汉语国际推广圈理论，根据汉语推广的不同人群、地区和使用情况，划分出不同的圈层，为后续针对性地提出分层精准推广策略提供理论依据。

在理论研究的基础上，论文从历史、现实、比较三个维度对我国高校汉语国际推广展开研究。历史维度重在梳理汉语国际推广的历史和高校汉语国际推广的不同发展阶段，目的是为后续研究打下牢固基础，因为了解过去，才能更好地研究现在和展望未来。现实维度则侧重深入分析高校汉语国际推广的具体实践，在全面分析我国高校汉语国际推广现状的基础上，以福建四所特色突出的高校作为案例研究的对象，即厦门大学的共建孔子学院模式、福建师范大学的本土汉语师资培养模式、华侨大学的华文教育模式和泉州师范学院的输送外派教师和志愿者模式，系统总结了四所高校在汉语国际推广事业中的工作模式、具体作用、工作特色与发展思路。比较维度则重点分析了英语和法语国际推广的经验，通过对英国、美国和法国的语言推广政策、语言推广机构和高校在语言推广中的作用等方面的研究，总结提炼出可供汉语国际推广借鉴的有益经验和启示。

在对理论与实践进行研究的基础上，以战略管理理论为依据，运用SWOT法，从内部发展环境与外部发展环境两方面入手分析高校汉语国际推广的发展环境，并提出高校汉语国际推广的战略目标、战略区域、战略任务及战略实施措施。

我国高校汉语国际推广的战略目标，分为近期目标和长期目标。近期目标是为国家语言和文化"走出去"战略服务，用好语言教学的载体，搭建阐释中华优秀文化的平台，从增进与各国教育界、文化界的交流入手，提升内涵打造孔子学院品牌，输送汉语国际推广复合型人才，多形式开展语言文化交流活动，为汉语国际推广提供强有力的智力支撑和教研保障，积极践行大学文化传承与创新的职能。长期目标是利用高校汉语国际推广的积极实践，持续服务国家战略，服务国家语言文化外交，淡化汉语国际推广的政府色彩，营造良好的发展环境，在润物无声中塑造国家形象，在交流合作中提高汉语国际声望，在增进友谊中提升国家软实力，为国家发展和民族的伟大复兴发挥高校不可替代的作用。

高校汉语国际推广的战略任务是以战略目标为指引，推行分层推广策略，围绕孔子学院建设、培育汉语国际教育优秀师资队伍、完善保障体系、融入华文教育历史优势积淀、创新推广形式等方面，制定具体战略实施措施，从而推动高校汉语国际推广可持续发展，为国家语言文化"走出去"战略服务。

高校需要采取的战略实施措施有六个方面，一要聚焦"汉语+"，打造孔子学院务实合作支撑平台；二要依托专业，建设汉语国际教育优秀师资队伍；三要整合资源，完善汉语国际推广坚实保障体系；四要融合发展，发挥海外华文教育历史积淀优势；五要精准服务，实行面向不同国家分层推广策略；六要实践创新，运用"互联网+"助推汉语国际推广。

福建高校以文化为基，推进汉语国际推广工作的实现路径有五个方面：一是坚定文化自信，助力"十四五"汉语国际推广工作；二是筑牢文化之基，打造汉语国际教育优秀师资；三是发挥文化优势，构建"汉语+文化"完善体系；四是助力文化推广，优化"互联网+汉语"传播模式；五是维系文化纽带，重点服务周边国家华文教育。

近年来，汉语国际推广事业面临组织机构变革、思想观念转变和推广形式变化等新情况，本书提出在当今的高校汉语国际推广，一要把在线教学转化为新常态；二要以在线培训的方式强化教师线上教学能力；三要充分挖掘"汉语+"的多层面教育服务功能；四要面向特定合作区域加大汉语国际推广力度；五要多措并举推动来华留学教育夯实内涵提质增效。

许琦红

2024年1月

目录

第一章　绪论 ………………………………………………………………… 001

　　第一节　研究的缘起和意义 ………………………………………………… 002
　　第二节　研究综述 …………………………………………………………… 005
　　第三节　研究思路及方法 …………………………………………………… 020

第二章　概念及理论研究 …………………………………………………… 025

　　第一节　核心概念 …………………………………………………………… 026
　　第二节　四组重要的关系 …………………………………………………… 029
　　第三节　主要理论基础 ……………………………………………………… 039
　　本章小结 ……………………………………………………………………… 043

第三章　我国高校汉语国际推广的历史、现状和问题 …………………… 045

　　第一节　我国汉语国际推广的发展历程 …………………………………… 046
　　第二节　我国高校汉语国际推广的发展阶段 ……………………………… 054
　　第三节　我国高校汉语国际推广的现状和问题 …………………………… 057
　　本章小结 ……………………………………………………………………… 069

第四章　我国高校汉语国际推广案例研究——以福建高校为例 ………… 071

　　第一节　共建模式：厦门大学孔子学院 …………………………………… 073
　　第二节　本土化模式：福建师范大学本土汉语师资培育 ………………… 089
　　第三节　"大华文"发展模式：华侨大学华文教育 ………………………… 093
　　第四节　人才输出模式：泉州师范学院外派教师志愿者 ………………… 101
　　本章小结 ……………………………………………………………………… 116

第五章　英语和法语国际推广的经验和启示 ……………………………… 117

　　第一节　英语的国际推广经验 ……………………………………………… 118
　　第二节　法语的国际推广经验 ……………………………………………… 121
　　第三节　英语和法语国际推广的启示 ……………………………………… 123
　　本章小结 ……………………………………………………………………… 126

第六章　汉字文化圈国家和周边国家辐射圈的汉语教育和存在问题 127

　　第一节　日本和韩国的汉语教育历程和存在问题 128
　　第二节　泰国和菲律宾的汉语教育历程和存在问题 134
　　第三节　印度尼西亚和新加坡的汉语教育历程和存在问题 139
　　本章小结 145

第七章　高校汉语国际推广发展环境分析 147

　　第一节　我国高校汉语国际推广的外部发展环境分析 148
　　第二节　我国高校汉语国际推广的内部发展环境分析 152
　　第三节　我国高校汉语国际推广的 SWOT 分析 156
　　第四节　我国高校汉语国际推广面临的新形势 160
　　本章小结 174

第八章　我国高校汉语国际推广的战略选择 177

　　第一节　战略目标、战略区域和战略任务 178
　　第二节　战略实施 181
　　第三节　福建高校汉语国际推广工作的实现路径 189
　　第四节　新时代开创我国高校汉语国际推广新局面 192
　　本章小结 195

结　论 197

附　录 201

　　附录一　国内高校合作设立孔子学院数量最多的十所高校（数据截至 2019 年） 201
　　附录二　高校承办汉语国际推广基地（数据截至 2019 年） 206
　　附录三　高校承办国侨办华文教育基地（数据截至 2019 年） 210
　　附录四　海外汉语教师调查问卷 215
　　附录五　菲律宾华文教师培训班调查问卷 217
　　附录六　菲律宾华校管理者调查问卷 219
　　附录七　访谈提纲 221

永远的家园——致亲爱的潘先生百岁寿诞 223

永远的光亮——缅怀敬爱的潘先生 225

后　记 226

第一章 绪论

据统计，世界上有七千余种语言，其中有十种语言的使用者数量过亿。仅从使用者数量看，汉语居于首位。所有的民族都认为自己的语言最美，因为语言承载着文化和民族的情感。汉语在炎黄子孙看来，也是世界上最优美的语言，承载着中华民族五千多年的悠久历史和灿烂文化。汉语生动有趣，起源于图画，又从图画和象形中有所扩展；汉语有四声，抑扬顿挫，响亮悦耳，有节奏感和音乐性；汉语精炼实用，同样意思的一段话，汉语的篇幅大概率会比英语短，朗读起来的音节也比英语少，表达时更快、更有效；汉语的语言素材十分丰富，历史典故、神话传说、成语故事，悠久的历史文化是取之不尽的宝库。作为文化瑰宝的历代诗词，更是淋漓尽致地展现汉语的魅力，有"江天一色无纤尘，皎皎空中孤月轮"的明朗清澈，有"生当为人杰，死亦为鬼雄"的凛然豪迈，也有"苔花如米小，也学牡丹开"的乐观向上，这些诗篇折射着五千年文化的光芒。把汉语推向世界，通过汉语国际推广，让更多的人通过学习汉语、使用汉语，来了解中国文化以及中国的过去和现在，既是一件十分有意义的事情，也是一名高校教育工作者的使命和担当，因为我深爱这种语言，和语言背后的伟大祖国。

第一节
研究的缘起和意义

一、选题的背景

从国际环境来看，2005年我国一跃成为世界第四大经济体，2012年已经赶超德国、日本等发达国家，成为第二大经济体，经济的腾飞引发了"汉语热"。同时，中国五千年的文化积淀也深深吸引着许多文化爱好者。各国人民希望通过学习汉语了解中国和中国文化，并把学习汉语看成是增加就业机会和分享中国红利的一个重要途径。而且，随着经济的发展，中国在政治上发挥越来越大的作用，各国人民也希望通过掌握汉语、了解中国文化与思维，加强与中国政府的沟通，在政治上增进互信与合作。所以，汉语国际推广顺应了国家政治、经济的发展和海外对学习汉语和中国文化的需求。从2004年韩国首尔第一所孔子学院正式挂牌开始，经历了十几年的发展，至2019年，孔子学院已经遍布162个国家与地区，数量达到了541所。❶与此同时，

---

❶ 孔子学院和课堂的数据以2019年的数据为准，因为现在相关网站已经关闭，孔子学院总部也改制，新网站上没有具体数据。后面涉及的高校承办孔子学院的相关数据也以2019年的数据为准。

高校、政府等一系列汉语国际推广项目相继落地，可以说在全球掀起了学习汉语的热潮。

从国家层面来说，随着国家社会经济发展，综合国力增强，中国的和平崛起受到了世界的关注，但其中也有质疑与抵触的声音。为了争取更多的外部发展空间和话语权，增强除政治、经济、军事之外的影响力，提升国家的文化软实力被提到了重要的议事日程。汉语国际推广具有推广汉语和传播中华文化的双重使命，通过汉语国际推广的各种形式与活动，可以增进世界各国人民对中国的了解和友谊，从而为国家的和平崛起提供和谐的外部环境。因此，作为提升文化软实力的重要途径和具体实践，汉语国际推广被提到国家战略高度。以教育部牵头的十一个部委于2006年为汉语国际推广的有序开展下发了《关于加强汉语国际推广工作若干意见》❶，指明了此项工作的重大意义、指导思想，以及总体规划和具体的举措。同年，在全国汉语国际推广工作会议上，陈至立指出加快汉语国际推广是我国增强汉语在国际舞台中影响力、充分利用其他国家优秀的语言推广经验、提升自身地位的重要举措；而有序开展汉语国际推广能让我国的软实力得以增强，以良好形象出现在其他国家面前，为世界和谐贡献中国力量。国家汉语国际推广领导小组办公室（以下简称国家汉办）主任许琳在世界汉语教学学会第七届常务理事会上也指出："希望随着汉语走向世界的中华优秀文化为世界和平、建设和谐世界，做出中国的贡献。"❷ "一带一路"重要倡议的提出已经有了八年，本着互联互通、共享共建的理念，中国与多国签订双边协议，建设合作平台，积极发展与"一带一路"合作伙伴的经济、政治、文化等合作伙伴关系。在"一带一路"建设中，语言和文化是不可替代的纽带和桥梁，更加体现出提升国家文化感召力的独特作用。

就高校层面而言，人文荟萃，有对外汉语等相关学科优势和各种师资力量，可以说在人才、教学、科研上都能为汉语国际推广提供宝贵的资源。并且，传承与创新文化是高校的使命，部分高校积极投入汉语国际推广的事业，在传播中华文化的舞台上逐渐发挥不可取代的文化选择、文化传承和文化创新的积极作用。而对于福建省的高校来讲，汉语国际推广还有特殊的意义。2019年，孔子学院总部在全球设立了541所孔子学院，其中95%以上都是由国内高校合作设立；在全国现有的19个汉语国际推广基地里，有16个是直接依托高校建设的；在全国50个华文教育基地中，有36个来自高校；由此可见高校在汉语国际推广事业中的重要位置和作用。

我国有6000多万海外华人，其中四分之一以上为闽籍华人，福建海外华人人数居全国第二位。这些海外华人散布于188个国家，其中87%位于东南亚。海外闽籍侨胞总资产超过1万亿美元，占全球华商企业资产的1/4。东南亚国家约70%的民营经济掌握在华侨、华人手中，一大批

---

❶ 2006年国务院办公厅转发了教育部等11个部委《关于加强汉语国际推广工作若干意见》。
❷ 许琳.汉语国际推广的形势和任务[J].世界汉语教学，2007（2）：106.

闽籍侨胞创办经营的企业甚至控制了当地的经济命脉。在几个主要东南亚国家的富豪排行榜中，闽籍华人都占有很高比重，其中菲律宾、印度尼西亚、新加坡排名前20的富豪中有10位为闽籍华人，马来西亚排名前20的富豪中有16位为闽籍华人。长期以来，闽籍华人、华侨在信息、知识、技术、资金、管理等方面保持明显优势，也拥有着很好的人脉，一系列资源整合在一起，形成了强大的协同效应与推动作用，这些优质资源都为福建省的社会发展贡献了力量。一大批闽籍侨商在自身事业不断壮大的同时，也为全省经济发展做出了重要贡献，起到了很好的带动、示范作用，是福建的一大特点、独特优势和宝贵资源。闽籍侨胞热心家乡建设与发展，以多种方式捐资赠物，在推动福建省社会经济的发展中，他们功不可没。老一代闽籍华人、华侨素来有热心家乡建设、慷慨捐资兴学的好传统。在海外，尤其是东南亚国家教授汉语和传播中华文化是维系祖籍国和华侨、华人及下一代华人的纽带，也是回报老一代海外华侨、华人的最好方式。

二、问题的提出

选择汉语国际推广作为研究方向，缘于"身在此山中"。笔者长期在高校国际交流与合作处工作，工作的主要内容之一就是做好学校的汉语国际推广工作。笔者所在的学校长期致力于汉语国际推广，开展国际汉语教师志愿者项目、华裔学生学中文夏令营、来华留学、外派汉语教师等语言文化推广项目，先后获批福建省海外华文基地和教育部首批优秀传统文化传承基地。身在其中，本人深刻体会到汉语和中华文化对于海外华人和外国汉语爱好者的感召力，深感作为一名高校外事工作者的使命，也十分希望看到更多的高校主动承担起汉语国际推广的光荣使命，为这项利国、利民的事业发挥自己最大的作用。

目前，国内高校参与合作设立孔子学院的有170多所，承办汉语国际推广基地和华文教育基地的有52家，培养汉语国际教育专业硕士的高校107家。虽然说高校具有国际交流与合作的职能，在交流合作的过程和活动中，也涉及汉语的国际推广，但汉语国际推广事业的快速发展，还需高校投身其中发挥更大、更积极的作用。在全球化和建设"一带一路"的大背景下，高校应该如何从自身的角度来认识与汉语国际推广的内在联系；如何更好地发挥高校独特的优势和作用，积极参与汉语国际推广，践行高校文化传承和创新的使命与职责；如何用战略的眼光做出长远的谋划和布局，并采取积极有效的措施，都是亟须思考和研究的问题。

三、研究的意义

高校汉语国际推广是从高校层面出发，履行大学文化传承创新和国际交流合作的职能，依托大学专业人才培养和教学、科研、师资力量，是为国家提升文化软实力、营造发展的良好国际环境、推动语言文化外交和进一步实现汉语经济价值的重要渠道，高校在汉语国际推广事业中发挥着不可替代的作用。对高校汉语国际推广的研究十分有意义，主要有以下三个方面。

一是从细微处见意义，本书与笔者的工作密不可分，是一个基于本职工作的行动指南。思考是行动的指南，行动是为了更好地履行职责。笔者将理论与实际相结合，有助于在开展对外交流和汉语推广工作方面开阔眼界和思路，把实践工作提升到理论的高度，再由理论来指导实践，从战略的高度来谋划今后一段时间开展汉语国际推广的方向和具体做法，立足本职工作开展研究，有的放矢，研以致用。

二是从中观层面来看，笔者以福建高校为例，案例接地气也有一定的代表性。笔者较为全面了解福建高校汉语国际推广情况，因此选取地处福建、不同类型和层次的高校作为研究案例，如厦门大学、华侨大学、福建师范大学和泉州师范学院等。先进行细致的个案剖析，然后制定高校汉语国际推广战略和战略实施的措施，有一定的参考价值和可操作性。有助于厘清高校与汉语国际推广的内在联系，有助于掌握高校汉语国际推广在现实层面的运作，有助于做好高校汉语国际推广的长远规划，有助于探索具有福建特色的高校汉语国际推广现实路径。加之福建省是对外高等教育交流较多的省份，也是面向东南亚国家开展汉语推广较多的省份，梳理清楚福建省高校的汉语国际推广情况，对其他省份发展与改进高校的汉语国际推广工作也有一定的参考价值。

三是从宏观层面来讲，笔者在梳理理论体系、深入个案调研，并结合长期实际工作的基础上，提出的高校汉语国际推广战略目标、战略区域、战略任务和战略实施措施，预期具有一定的科学性、前瞻性和实用性，并运用战略管理理论，谋划重点、谋划全局、谋划长远，可以为引导高校更好地开展汉语国际推广提供思路，为激发高校在汉语国际推广工作中的积极作用提出办法，为助推汉语国际推广这项关乎国家战略的事业提供政策咨询和建议。

第二节 研究综述

随着汉语国际推广从请进来向走出去转变，孔子学院逐步发展壮大，自2005年以后，关于汉语国际推广的研究文献急剧增多，引起学界较多的关注。笔者分别从一系列影响力较大的数据库中检索到文献资料，也从厦门大学图书馆、厦门大学教育研究院图书馆、泉州师范学院图书馆、当当网、国内外网站等渠道获取相关纸质和电子版研究资料。

一、国内相关研究

在以上数据库中，笔者以"高校汉语国际推广"和"高校汉语国际推广战略"为关键词进行搜索，未找到相关文章和硕博士论文，由此可见从高校角度和定位对汉语国际推广进行分析和研究的系统理论成果较少。

在中国知网（CNKI）硕博库中把关键词确定为"汉语国际推广"，由此检索到4篇博士论文；把关键词更加细致地确定为"汉语国际推广战略"的博士论文，仅有1篇，为2014年东北师范大学胡仁友博士的《汉语国际推广战略研究》。在CNKI硕博库中精确检索题名为"汉语国际推广"的硕士论文，有73篇；精确检索题名为"汉语国际推广战略"的硕士论文，仅3篇。分别为2010年哈尔滨师范大学吕金薇的硕士论文《中国汉语国际推广战略研究》，2014年北京工业大学李楠的硕士论文《文化软实力视角下"北京S汉推中心"汉语国际推广战略》以及由东南大学李晓燕撰写的《汉语国际推广战略政策实施的研究——一项基于海外孔子学院的实证研究》。以下对相关文献进行综述。

（一）关于汉语国际推广的研究

关于汉语国际推广的相关研究主要从宏观和微观两个层面展开，从宏观层面看，主要包括汉语国际推广的政策及制度、与文化的关系、国际比较等方面内容；从微观层面看，主要包括孔子学院、"三教"问题和区域推广等方面的内容。以下分别综述。

1. 从宏观层面对汉语国际推广的研究

（1）相关政策和制度的研究。相关研究主要以背景、现状为基础，解析相关政策及制度，从宏观的视野分析汉语国际推广形势、任务、存在问题，提出建议及对策。许琳曾在发表的文章中对汉语国际推广的现状与任务进行分析，从宏观层面介绍了在汉语国际推广之中我国政府在政策方面进行了怎样的引导、制定了何种策略及关注重点等，从总体上把握汉语国际推广需要完成的重要任务；❶许琳在另外一篇文章《汉语加快走向世界是件大好事》中阐明了汉语国际推广的价值，认为在工作开展中要实现"六大转变"，重大核心问题包括师资、孔子学院、教材建设、网络平台、改革汉语考试和支持重点国家汉语教学等。❷许琳的几篇文章是重要的奠基

---

❶ 许琳. 汉语国际推广的形势和任务[J]. 世界汉语教学，2007（2）：106-110.
❷ 许琳. 汉语加快走向世界是件大好事[J]. 语言文字应用，2006（S1）：8-12.

性文章，为做汉语国际推广研究指明了方向。《试论汉语国际推广的国家策略和学科策略》的作者金立鑫认为，在汉语国际推广策略研究中，要处理好多种关系，从战略层面对汉语国际推广的意义与价值进行分析，这是一件既能做也能说的工作，但是对高调的宣传，要多做但不适合多说，过度张扬汉语推广会起到相反的效果。❶吴慧、程邦雄在《关于汉语国际推广的几点思考》一文中指出：汉语国际推广一要处理好政府和民间的关系，淡化政府色彩，最大效应地发挥民间力量；二要处理好语言与文化、国际化与本土化的关系，语言和文化二者不可偏废，应共同发展、相得益彰；三要坚持中华文化主体化的国际化和汉语标准建设的国际化，同时坚持多元化和适应当地发展的本土化。❷笔者十分赞同这些观点，在后续研究中也会关注到高校汉语国际推广中需处理好的几组重要关系，以及高校如何在这些方面发挥积极的作用。在对策研究方面，何干俊、李敬姬主要针对高层次人才培养、教材、孔子学院的建设存在的问题提出有益的建议❸，张国良等重点分析了汉语在世界范围内传播应该运用的策略与选择的渠道，从传播学角度，以世界各地的外籍汉语学习者为研究对象，进行汉语全球传播研究，在调研媒介接触情况、汉语学习渠道和中国文化认同情况等方面的基础上提出相应策略。❹另外，李盛兵等人在《汉语高效率国际推广》一书中，在对"汉语国际推广是一项系统工程"的认识基础上，梳理汉语国际推广管理体制的演变，在分析汉语国际推广管理体制是否合理、高效时，分别从国家、省、高校三个层面入手，并进行国际语言推广机构的比较研究，从而展开高效率汉语国际推广体系的研究，包含汉语国际推广基地、汉语国际教育文化推广活动、汉语国际推广师资建设和汉语水平考试的创新等几个方面。并涵括国别化的汉语教学以及汉语国际教育评估等两个方面的内容，从更广泛和系统的视域来研究汉语国际推广的问题，❺文中也把华文教育纳入汉语国际推广的范畴和体系，给笔者确定研究对象和界定核心概念提供了很好的依据和支撑。

（2）关于汉语国际推广与文化关系的研究。文化与语言的关系密不可分，因此在汉语国际推广研究方面，它与文化的关系也备受关注。陈永莉重点关注了在汉语国际推广之中要如何从文化视角出发进行战略定位，她认为，此项工作的开展能为中国和平崛起创造有利的国际环境，因为以优秀文化为载体来加强文化交流，可以让世界更好地了解中国，也有利于中国的经济繁荣发展。❻亓华认为汉语国际推广不只是局限于汉语，也要把中华文化推向国际舞台，借助于汉语这一重要载体，利用好教学媒介弘扬中华文化。在他看来，汉语国际推广除了要让语言

---

❶ 金立鑫.试论汉语国际推广的国家策略和学科策略[J].华东师范大学学报（哲学社会科学版），2006（4）：97-103.
❷ 吴慧，程邦雄.关于汉语国际推广的几点思考[J].理论月刊，2013（1）：78-81.
❸ 何干俊，李敬姬.加快汉语国际推广的三重思考[J].理论月刊，2009（9）：95-97.
❹ 张国良，陈青文，姚君喜.沟通与和谐：汉语全球传播的渠道与策略研究[J].现代传播（中国传媒大学学报），2013（1）：51-55.
❺ 李盛兵，吴坚.汉语高效率国际推广研究[M].北京：科学出版社，2013.
❻ 陈永莉.试论汉语国际推广的文化战略定位[J].北京社会科学，2008（4）：79-82.

得到传播，也要传播文化。❶宋海燕认为在汉语国际推广过程中传播中华文化，应以文化认同为基本目标，总结出存在歧视偏见、中立和认同三种情感态度，从观念的认同、内容的认同、方式的认同、产品的认同入手构建多方位、多层次的受众认同体系。❷王宏敏、李光杰、菊艳玲提出汉语国际推广背景下的文化传播，存在着对文化教学认知度不足、文化传播形式单一、对外文化传播缺乏更新等问题，需要培养新的文化观念、建设高素质的教师队伍和增加文化传播形式。❸李春雨、陈婕在《北京文化与汉语国际推广》一文中从区域文化入手，指出区域文化对汉语国际推广发挥着不可替代的作用，以北京为研究切入点，分析北京在汉语国际推广中的独特历史使命，阐明北京在文化交流平台的搭建、展现传统文化风貌等方面发挥了怎样的作用；认为要让汉语国际推广工作的需求得到满足，要做好三点，即深入开发教育资源、全民素质提升、保护历史文化名城。❹

（3）国际比较研究。主要选取关于国际语言文化推广机构的情况、经验和启示的文章。徐守磊从国际比较视角看语言文化推广机构当前采用的资金划拨制度，认为一些实力较强的推广机构自营收入所占的比例较高，但有些推广机构实力比较弱，离不开政府的资金扶持，汉语国际推广拨款机制在完善的过程中可以对其他国家在这方面的做法加以借鉴，也可以从非营利类组织积累的经验中找到可参照的部分。❺具体到与英语、法语、日语、西班牙语、越南语等外语的推广作比较，郭大玮的硕士论文系统介绍了法语联盟的情况，并总结了在推广法语的经验及启示。❻日本留学生田中秀明做了汉语国际推广与日语国际推广的比较研究，比较中日推广模式、机构职能、师资培养，提出汉语国际推广的优势、存在问题及对策。❼董稳娟从解析西班牙语言推广政策出发，总结西班牙语海外推广政策可供汉语推广借鉴的启示。❽陈树峰梳理了越南汉语教学的历史和状况，分析存在的问题，从重视顶层设计、建设孔子学院（课堂）、加大媒介推广力度、师资建设和教材编写等方面提出越南汉语国际推广策略。❾

2. 从微观举措层面对汉语国际推广的研究

（1）关于孔子学院的研究。宁继鸣从汉语国际推广视角出发，分析了孔子学院的模式。该文以文化生态学和公共产品理论为主要理论依据，总揽了对外汉语国际推广、语言推广的国际比较、孔子学院设立模式的比较、高校选择模式的构建以及孔子学院的治理、评估和契约建设

---

❶ 亓华. 汉语国际推广与文化观念的转型[J]. 对外汉语教学研究, 2007（4）: 118-125.
❷ 宋海燕. 汉语国际推广战略下的文化认同与中华文化传播[J]. 中州学刊, 2015（11）: 168-171.
❸ 王宏敏, 李光杰, 菊艳玲. 汉语国际推广背景下的文化传播[J]. 新闻传播, 2016（1）: 20-21.
❹ 李春雨, 陈婕. 北京文化与汉语国际推广[J]. 北京师范大学学报（社会科学版）, 2007（6）: 112-118.
❺ 徐守磊. 从国际比较视角看汉语国际推广拨款机制[J]. 比较教育研究, 2010（11）: 48-52.
❻ 郭大玮. 法语联盟对汉语国际推广的启示[D]. 北京: 外交学院, 2009.
❼ 田中秀明. 汉语国际推广与日语国际推广的比较研究[D]. 大连: 辽宁师范大学, 2011.
❽ 董稳娟. 西班牙语言推广政策对汉语国际推广的启示[J]. 管理视窗—商贸纵横, 2014（8）: 61.
❾ 陈树峰, 徐彩玲. 越南汉语国际推广策略研究[J]. 楚雄师范学院学报, 2015（4）: 51-55, 59.

等诸多方面,从经济学的角度在理论和实际两个层面对汉语国际推广和设立孔子学院作了详尽的分析。❶对于孔子学院存在的问题,统一教材和教学大纲的缺失,生源剧增和师资的极度匮乏,和平崛起的大国形象与"文化入侵"的负面影响,"硬实力"的突现与"软实力"的赤字,引进来之慢和走出去之快等,刘立恒从多个层面入手展开了细致分析,包括组建队伍、细致管理、理念更新、制度建设、实施执行、策略提出等,提出了他认为可行的解决办法和途径。❷对于孔子学院海外汉语师资培训的具体问题研究,宫兆轩借鉴了美国双语教师培训制度,深入分析哪一种师资培养模式更为适合孔子学院,并对师资培训宏观模式以及具体的微观培训模式进行对比并提出建议。❸在比较研究中,孙鹏程把孔子学院和国际语言推广机构进行比较研究,一方面介绍了孔子学院的分布、管理运营模式、师资、教材以及教学方法等教学体制,进一步指明了在建设与发展孔子学院过程中我国现阶段面临的问题;另一方面深入分析了国外语言推广机构在运行中承担的责任、选择的模式、人才培养宗旨、设定的目标、资金安排、工作范围等内容,也对具体案例进行了细致分析,包括法语联盟、塞万提斯学院等。通过这两方面的分析比较,结合孔子学院的建设现状,提出了未来孔子学院发展的建议。❹有些学者重点对韩国孔子学院的发展情况进行研究,王蜜在进行这方面的思考时重点关注了该孔子学院在组织汉语教学时选择的模式,认为要把学生需求当成重要的教学导向;❺刘志刚的硕士论文结合韩国孔子学院实际,提出加强项目开发及研究设计方面的设想和建议。❻吴瑛的著作《孔子学院与中国文化的国际传播》从文化传播战略角度开展研究,对分布五国的多所孔子学院组织了调查活动,包括泰、日、俄、美、黎等,发现这些国家的孔子学院在传播中华文化方面取得的成绩是不同的,传播效果大有差异,建议要深入解析中国文化的内涵,明确文化传播的内容;其次要借鉴各国语言文化传播战略,分析当前国际文化格局和文化传播过程中可能遭遇的挑战;再次要厘清文化传播的渠道和机制;最后要对孔子学院的对外文化传播效果进行科学的评估。❼

(2)关于"三教"问题的研究。聂学慧在《汉语国际推广形势下教师的跨文化教学能力》中提出新的观点,认为汉语国际推广形势下教师需具备一种专门的能力,即跨文化的教学能力。这种能力的强弱与否,取决于诸多因素,既有静态知识储备量,也有在课堂教学中的动态实践能力,还有跨文化的交际能力,三者相互作用,共同形成了跨文化的教学能力。聂学慧同

---

❶ 宁继鸣.汉语国际推广:关于孔子学院的经济学分析与建议[D].济南:山东大学,2006.
❷ 刘立恒.中外合作创建孔子学院的问题与对策[J].沈阳师范大学学报(社会科学版),2007(3):145-147.
❸ 宫兆轩.孔子学院海外汉语师资培训研究[D].济南:山东大学,2008.
❹ 孙鹏程.孔子学院和国际语言推广机构的比较研究[D].济南:山东大学,2008.
❺ 王蜜.韩国孔子学院汉语教学模式初探[D].济南:山东大学,2008.
❻ 刘志刚.韩国孔子学院项目开发及设计研究[D].济南:山东大学,2008.
❼ 吴瑛.孔子学院与中国文化的国际传播[M].杭州:浙江大学出版社,2013.

时也指出，跨文化教学能力对于从事汉语国际推广的汉语教师十分重要。❶陈志锐指出，在构建"一带一路"华文教育共同体的时代背景下，对华文教师的培训应该秉承"先研—后证—再教"的培训理念和策略；❷罗庆铭、王岩的研究指出，在"一带一路"视域下，菲律宾存在汉语师资人数匮乏、专业化程度不够、队伍老化和流动性大等问题，要加强在职培训、加大本土师资培养力度和引进汉语教师志愿者等来全面提升菲律宾汉语教师素质。❸在汉语国际推广中的具体教学中，刘军认为应以学习者为中心，充分考量学习者的不同汉语水平和不同阶段的培养目标，让二者保持一致，创建一套契合对外汉语教学的合理可行的等级大纲，让各个培养时期的教学任务安排更加合理、规范，充分体现出系统与科学、综合与全面。❹处理三教问题，郑定欧在《汉语国际推广三题》中给出解答，必须以汉语教学为重点，善于把握住各个时期的发展情况，准确评估具体形势，要摸索出合适的能促进汉语国际化推广任务完成的路径，使师资与教材短缺的问题得到解决。❺

（3）在区域推广方面的研究。笔者查阅了关于辽宁、河北、四川等区域在汉语国际推广方面取得的研究成果。姜媛媛先是对辽宁省在经济、文化、环境、地理位置等方面的情况进行分析，探明这些对于推广汉语的积极影响。在此基础上，她从宣传推广、招生管理、学科建设、地缘优势发挥等方面入手提出了建议。❻在河北省汉语国际推广过程中，郭伏良等分析了此项工作开展面临着怎样的机遇，认为要想让汉语及中华文化能在世界广为流传，不仅要设立孔子学院、开通孔子课堂、成立推广基地，也要培养更多优秀汉语教师，吸纳高水平的志愿者，并从这些方面细致地提出建议，展望了未来的发展情况。❼部分学者重点分析了在汉语国际推广中，四川文化的地位和推广策略，梁京从汉语国际推广的意义与四川文化强省建设的关系入手，分析了四川地方文化资源在汉语国际传播推广中的优势，提出四川地方文化应对汉语国际推广的要求。❽李楠以小见大，以"北京S汉推中心"为研究对象，分析该中心的文化资源和地区优势利用情况，运用战略管理理论和研究方法，归纳总结北京地区汉语国际推广的现状、所处环境、特点和存在问题，从文化软实力视角提出北京汉语国际推广的战略与实施，为更好凸显北京的文化软实力提出建议。❾

---

❶ 聂学慧.汉语国际推广形势下教师的跨文化教学能力[J].河北大学学报（哲学社会科学版），2012，37（5）：152-155.
❷ 陈志锐."一带一路"视野下的汉语师资培训策略——从新加坡"先研—后证—再教"培训模式谈起[J].北华大学学报（社会科学版），2019，20（3）：1-5.
❸ 罗庆铭，王岩."一带一路"视域下菲律宾汉语师资问题探析[J].北华大学学报（社会科学版），2019，20（3）：15-21.
❹ 刘军.汉语国际推广中的文化教学研究[J].海外华文教育，2013（1）：8.
❺ 郑定欧.汉语国际推广三题[J].汉语学习，2008（3）：90-97.
❻ 姜媛媛.辽宁省汉语国际推广方略研究[D].大连：辽宁师范大学，2010.
❼ 郭伏良，侯建国.河北省汉语国际推广工作回顾与展望[J].河北大学学报（哲学社会科学版），2011（6）：83-86.
❽ 梁京.四川地方文化在汉语国际推广中的地位和推广策略研究[J].云南社会主义学院学报，2013（3）：322-323.
❾ 李楠.文化软实力视角下"北京S汉推中心"汉语国际推广战略[D].北京：北京工业大学，2014.

（二）关于汉语国际推广战略的研究

以"汉语国际推广战略"为关键词，在CNKI查阅到的相关度高的硕博士论文有三篇，虽还有一些其他论文，但总体上看，这一领域的研究成果相对较少。胡仁友的博士论文《汉语国际推广战略研究》指出，在世界范围的"汉语热"的时代背景下，在我国成为第二大经济体、国际影响力显著提高的大形势下，我国的语言文化推广进入了崭新的发展时期。❶他系统梳理了汉语国际推广的发展脉络，划分为酝酿期、发展期和成熟期，综述汉语国际推广的发展现状和存在问题；分析汉语国际推广的价值、各国语言推广的经验，建立汉语国际推广的指标评估体系。运用Inghenia的网络SWOT工具，用定性和定量的方法，对我国汉语国际推广战略的内部影响因素和外部影响因素进行分析。在外部影响因素分析中，选取美国、韩国、日本、泰国四个国家为主要研究对象，运用SWOT模型进行分析，提出这四个国家的汉语教育需求。在以上研究基础上，提出我国汉语国际推广的发展战略，以及围绕法律法规保障体系、财政保障体系和文化文明建设等三方面的具体战略实施举措。胡仁友的研究结构和熟练运用SWOT工具，给笔者很好的启发，也在研究中学习运用SWOT分析法，对高校汉语国际推广的内外部发展环境进行分析，使研究更加规范和科学。吕金薇在硕士论文《中国汉语国际推广战略研究》中，重点分析了我国在汉语国际推广战略实施情况，整篇论文从汉语国际推广战略的必要性、主要内容、推广途径和形式、制约因素、进一步实施等方面形成较完整的体系和结构，并从教师培训、教材建设、发展模式、重点面向人群、推广路径、汉语推广基地建设、政府支持等方面，对汉语国际推广战略进行思考。❷李晓燕的硕士论文，则从具体案例入手，以一所海外孔子学院为研究视点，分析汉语国际推广战略政策实施。研究运用问卷调查和定性研究方法，面向孔子学院学生和老师收集第一手翔实资料，分析了孔子学院在本土化方面、政治化方面、功能实现方面和教学资源方面存在的问题，提出了教材内容调整、增加本土汉语教师、资金投入渠道、孔子学院功能和加强孔子学院之间合作等方面的对策。❸较扎实的研究方法也给本文的研究设计和所采用的研究方法带来启示。

在查阅的学术期刊论文中，李春红在汉语国际推广战略的文献研究基础上，围绕政策策略、汉语国际推广的经济属性、与文化的关系以及三教问题等做了综述与展望，提出了今后研究的重点。❹其中选取的学术文章有一定的代表性和研究价值，给本文研究综述的分类归纳提供思路。吕金薇、徐德荣在《关于中国实施汉语国际推广战略的思考》一文中，指出汉语国际推广要符合国情，汉语国际推广战略与国家软实力提升息息相关，战略实施要全局性考虑。❺季雪

---

❶ 胡仁友.汉语国际推广战略研究[D].长春：东北师范大学，2014.
❷ 吕金薇.中国汉语国际推广战略研究[D].哈尔滨：哈尔滨师范大学，2010.
❸ 李晓燕.汉语国际推广战略政策实施的研究——一项基于海外孔子学院的实证研究[D].南京：东南大学，2017.
❹ 李春红.汉语国际推广战略瓶颈及对策研究——基于文献的综述与展望[J].南阳理工学院学报，2012（1）：1-4.
❺ 吕金薇，徐德荣.关于中国实施汉语国际推广战略的思考[J].边疆经济与文化，2014（12）：124-125.

冰以汉语热为背景阐释了汉语国际推广战略的重要意义、汉语国际推广的不同发展时期，较深入地分析了制约汉语国际推广战略的内外部因素，外部主要是社会参与度和国际环境等方面，内部主要是汉语推广机构自身管理问题和对外汉语教学存在的问题，并提出对策，要加大政府投入、加强师资认定和教材编写、建立盈利化模式。❶季雪冰对于制约因素和对策的思考，对本文的汉语国际推广战略研究有一定的启示。

（三）关于高校与汉语国际推广的研究

关于高校和汉语国际推广的文章较少，研究主要围绕两者的相互作用、具体推广工作、存在问题、推广途径等几方面。吴龙伟在《高等教育国际化对汉语国际推广的作用》一文中聚焦高等教育国际化助推汉语国际推广的具体表现、存在的不足之处及相应对策等三个方面进行深入探讨。❷同时，要有效提高高校汉语国际推广工作效率，刘弘认为应当以市场需求为导向对课程做出重新安排，让其他国家学生能喜爱汉语，根据学生不同学习层次和类型，让他们的学习需求得到满足，尤其要加强对外汉语教师的教育学知识和能力的培养。❸杨刚重点分析了在云南汉语国际推广之中高校统一战线发挥出了怎样的作用，对这一举措的积极影响予以肯定，认为要从强化教师归属感、加深外国学生对中华文化的了解、加强汉语教师师德师风建设等方面来加强汉语国际推广工作。❹梁融融在对高校汉语国际推广情况进行分析时，运用了传播学理论，阐明了对策研究的重要性，也强调了要从推广渠道、跨文化传播等方面入手改进不足，寻找突破。❺朱小健的文章研究由高校承办的汉语国际推广基地的运作，指出要运用市场经济手段来运行，要保证汉语国际推广基地在运营时能保持独立，把更多分布于社会中的资源进行整合，这是汉语国际推广战略在执行中的有效形式。同时，基地致力于培养优秀的留学生，也组织师资力量培训活动，具备测试汉语水平的资质，围绕汉语国际推广中的重难点问题组织研究，开发汉语现代化教学技术，对教学效果进行测评等。在汉语推广工作中，不断改良现有体制机制，使汉语能在国际上拥有更高的地位，能让中国文化得以弘扬。❻党永芬以"一带一路"为背景，提出青海高校在汉语国际推广中，要利用青海在"一带一路"的特殊地位和地域文化资源，作为汉语国际推广的有效手段，同时汉语国际推广也会成为地域文化传播的有效途径。❼罗茜在《高校汉语国际推广存在的问题》一文中，阐述了高校在汉语国际推广中的重要

---

❶ 季雪冰. 汉语国际推广战略研究[J]. 安徽文学, 2016（7）: 155-156.
❷ 吴龙伟. 高等教育国际化对汉语国际推广的作用[J]. 青年与社会, 2013（4）: 126-127.
❸ 刘弘. 论高校在汉语国际推广工作中亟需解决的几个问题[J]. 现代企业教育, 2007（11）: 147-148.
❹ 杨刚. 论高校统一战线在云南汉语国际推广中的作用[J]. 福建省社会主义学院学报, 2012（6）: 41-43.
❺ 梁融融. 高校汉语国际推广存在的问题与对策——基于传播学的视角[J]. 佳木斯教育学院学报, 2010（4）: 350-351.
❻ 朱小健. 汉语国际推广基地建设构想[J]. 语言文字应用, 2006（S1）: 13-18.
❼ 党永芬. "一带一路"背景下青海高校汉语国际推广的新思路[J]. 青海民族大学学报（社会科学版）, 2018（4）: 37-40.

作用，高校既承担留学生教育，又是孔子学院的依托，也是汉语国际推广的主要阵地，还分析指出高校在留学生教育中存在的生源结构层次、师资、课程等方面的问题，以及孔子学院在教学、教材、师资和经费等方面存在的问题。❶总之，高校是汉语国际推广的重要依托，尽管直接研究高校与汉语国际推广的文章较少，但高校的作用体现在汉语国际推广的各个环节，也体现在具体项目和活动中，关于汉语国际推广及战略的研究其实也与高校密切相关，因此前面的研究综述，是对高校和汉语国际推广相关研究的有益补充，也带来有益的启示。

（四）多学科视角下的相关研究

高等教育学的奠基人潘懋元教授，在长期从事高等教育的理论研究和实践探索中指出，高等教育本身较为复杂，是一个多层结构的开放系统，要汇总多学科观点，采取合适的、科学的方法进行研究，这样才能对高等教育的内涵进行透彻的理解，才能把握住其内部与外部发展规律。❷潘先生强调并运用了多学科视点，整合了多个学科的观点，对他从事几十年的高等教育进行了全面深入的研究，这也使笔者深受启发。笔者阅读了大量相关文献，除围绕汉语国际推广战略，还涉及华侨教育、语言规划、高等教育学、传播学、管理学，对高校汉语国际推广战略的研究有一个较全面的认识。在知识跨学科、跨领域互相交融和迅速更新的时代，单一地从一个角度、一个视点进行研究，难免会以偏概全，不识真面目。首先，汉语国际推广和语言的运用、文化的传播紧密相连，更是国家除政治、经济、军事等综合实力之外的软实力的落脚点，因此离不开应用语言学、传播学和政治学；其次，对于某一个领域、某一项事业的战略研究又涉及管理学范畴，在后续本文的主要理论基础中会加以论述。总之，对高校汉语国际推广战略的研究，不能从单一的视角去探究，必须用多学科的视角，来打好研究的基础。

1. 应用语言学视角：语言规划理论

语言规划是指有关机构、社会团体、学术部门等群体根据语言文字的特点和发展规律，对语言文字的形成和功能进行有目的、有计划的调整的一种有益的社会活动。❸可以从两方面入手对语言进行规划，即本体与地位规划，有些学者在这方面的研究中认为应该把声望规划纳入其中。语言地位规划是指对语言文字功能进行改进的一种活动。从整体上看，这是从外部对语言实施的规划，意在把握住在整个社会中语言文字拥有怎样的地位，使所有社会成员都能在合适的场合以合理的方式使用语言。语言本体规划相对于地位规划，是指从语言文字内部进行调整，增强其标准性与规范性，让所有社会成员都能准确地运用语言文字，促进社会语言生活

---

❶ 罗茜. 高校汉语国际推广存在的问题[C]//厦门大学日本研究所. 汉语国际推广专题研究论文集, 2012: 165-171.
❷ 潘懋元. 多学科观点的高等教育研究[J]. 高等教育研究, 2002（1）: 10-17.
❸ 陈章太. 语言规划概论[M]. 北京: 商务印书馆, 2015: 2.

健康发展。❶语言声望规划与心理因素和社会文化有关。在对语言进行地位规划和本体规划的同时，影响规划活动实施的社会文化因素、心理因素起着对地位规划、本体规划价值判断的作用。声望规划包括语言规划者的声望和语言规划接收者的声望。❷在《国家中长期语言文字事业改革和发展规划纲要（2012—2020年）》中，也明确目标任务包含弘扬传播中华传统文化方面，《纲要》从中国到国际，从经典传承活动、语言文化交往、语言服务、语言教育与传播到各类会议语言，措施有力，视野开阔。❸李宇明教授指出，世界各国逐渐意识到语言政策和语言规划，在语言传播和文化交流中具有重要意义，而世界上一些"语言和文化强国"的影响力之所以经久不衰，更是得益于其具有前瞻性的、科学的、合理的语言政策和语言规划。因此后续内容涉及一些语言学的知识和理论，丰富了研究视野，也从汉语这门语言的角度，从本质属性方面去思考语言规划和语言政策对于汉语国际推广的重要性。

2. 政治学视角：语言文化外交理论和文化软实力理论

弗兰克·宁科维奇（Frank A. Ninkovich）对文化外交进行了深入分析，认为文化外交首先是国际政治中运用文化影响的特殊政治工具。❹在文化外交中，语言文化外交是重要构成部分，是一种有效形式，除了政府可以实施语言文化外交以外，政府也可以委托其他机构进行，持续、稳定地把自己的语言文化推广到世界。在这一过程中，意在达成文化交流与传播、增进相互理解等战略意图。❺语言文化外交从推广语言入手，以多种方式传播语言与文化，在这一过程中，教育和交流是两种常用的形式，能增进传授双方的了解，让国家拥有良好的外在形象。

美国著名学者约瑟夫·奈（Joseph Nye）是系统地将非物质性权力从传统权力分离出来的第一人。他建构了软实力理论，把国家实力划分为两种，一为硬实力，主要体现在经济、军事两方面，涵盖了军事、科技、人口、自然资源等；二为软实力，借助于强大的吸引力使人们合作，使人们做自己希望做的事情。软实力有三个主要来源，文化、意识形态和价值观的感召力，制定国际规则和建立国际机制的能力以及恰当的外交政策。综上所述，从语言文化外交和国家软实力的视角来解析，汉语国际推广具有的重要的战略意义。汉语国际推广不仅是教授语言和传扬文化，更是服务于国家大外交格局，向世界宣告中国和平崛起的友善信息，通过语言和文化的影响力建立中国与世界人民的友好沟通桥梁，让世界人民更好地理解中国传统价值观、和而不同、美美与共的儒家思想理念，讲好中国故事和中国梦。

---

❶ 陈章太. 语言规划概论[M]. 北京：商务印书馆，2015：11.
❷ 陈章太. 语言规划概论[M]. 北京：商务印书馆，2015：15.
❸ 教育部中国国家语委关于印发《国家中长期语言文字事业改革和发展规划纲要（2012—2020年）》的通知.
❹ FRANK A N. The Diplomacy of Idea, U. S. Foreign Policy and Culture Relation, 1938-1950[M]. Cambridgei: Cambridge University Press, 1981：851.
❺ 戴蓉. 孔子学院与中国语言文化外交[M]. 上海：上海社会科学院出版社，2013：9.

3.传播学视角：汉语国际传播战略圈和文化国际传播理论

在这方面的研究中，主要以汉语国际传播战略圈、文化国际传播两大理论为支撑。文化传播会受到时空两大要素的制约，就是指人们在精神追求、行为模式等方面进行互动的过程，特定族群和不同族群、社会内部与社会之间的文化互动现象都属于文化传播。文化的国际传播是指一个民族国家向另一个民族国家进行的文化传播。❶语言的国际传播因地域和对象的不同，可按圈层来划分。印度裔语言学家布拉吉·长齐鲁（Braj Kachru）根据说英语的国家和地区的不同特征，建立三层同心圆模型，内圈（inner circle）指英语为母语的国家，外圈（the outer circle）指英语为第二语言或官方语言的国家，延伸圈（the expanding circle）指英语为外语的国家。中国学者李宇明根据汉语国际传播的人群和地区划分了三个战略圈，即海外华人社区、传统汉字文化圈和辐射圈。姚敏在《中国华文教育政策历史研究：语言规划理论透视》一书中也构建了汉语国际传播的层级，即华语❷（华语是指"以普通话为核心的全世界华人的共同语言"❸）传播圈、汉字文化圈、汉语辐射圈。华语传播圈是指海内外华侨、华人对华语的传承与传播，是汉语和中华优秀文化对外传播的核心和动力源泉。汉字文化圈是指汉语在日本、韩国、朝鲜、越南等周边国家的传播，这些国家自古就受到中华文化的影响，曾经或正在使用汉字并承袭了汉文化的传统。辐射圈是指汉语作为一门外语在全球范围内被学习、使用和传播，学习者是既无华人血统又无汉文化背景的母语非汉语的外国人。❹

（五）关于周边国家汉语教育的研究

笔者关注的周边国家主要是指汉字文化圈国家，如日本和韩国，以及华人华侨分布较多的东南亚国家，如印度尼西亚、菲律宾、泰国和新加坡等。中国社会科学研究院朴美玉把研究视角投向周边国家，在论文《周边国家的语言规划与汉语国际推广战略》中，她指出汉语国际推广是国家发展战略的一个部分，面向周边国家的汉语推广要体现层次性，并要建立在了解其语言规划的基础上。❺朴美玉关于汉语国际推广层次性的观点，引导笔者在研究设计中，特地对周边国家的汉语教育历史、现状和存在问题进行分析，形成了汉语国际推广圈的初步设想，并在后续研究中呼应。胡友仁在博士论文《汉语国际推广研究》中指出，汉语国际推广的重心首先在亚洲，再由亚洲向西方国家逐步推广；并选取日本、韩国和泰国进行汉语国际推广的外部环境SWOT分析，他认为这三国汉语国际推广比较成功，但也面临威胁与挑战。❻董学峰在博士论

---

❶ 吴瑛.孔子学院与中国文化的国际传播[M].杭州：浙江大学出版社，2013：26.
❷ 郭熙.华语研究录[M].北京：商务印书馆，2012：95.
❸ 李宇明.中国语言学发展的新机遇[J].修辞学习，2015（2）：1-4.
❹ 姚敏.中国华文教育政策历史研究：语言规划理论透视[M].上海：复旦大学出版社，2017：191-192.
❺ 朴美玉.周边国家的语言规划与汉语国际推广战略[J].人民论坛，2012（17）：222-223.
❻ 胡友仁.汉语国际推广研究[D].长春：东北师范大学，2014.

文《国家语言战略背景下的汉语国际推广研究》中，也把研究视野投放到了亚洲的语言推广，以日本和韩国为研究视点，介绍这两个国家的语言国际推广情况。❶

林蒲田在《华侨教育与华文教育概论》一书中指出，东南亚的华文教育从一定程度上代表着全世界的华文教育，因为华人、华侨主要分布在东南亚国家，世界上89%的华校也在东南亚国家；他在书中对马来西亚、新加坡、泰国、菲律宾、印度尼西亚、缅甸、越南、老挝、柬埔寨、日本、朝鲜和韩国的华文教育情况进行综述，并分析了现状和存在问题。❷陈荣岚在《全球化与本土化：东南亚华文教育发展研究》一书中，对东南亚国家华文教育的历史和现状、机遇与挑战、困难与问题进行分析，并提出对策与建议，并对东盟十国的华人社会和华文教育情况进行综述。❸这两本著作进一步帮助笔者厘清了明确思路，即周边国家，尤其是东南亚国家，是学习汉语和传扬中华文化的重要区域，了解这些国家的汉语使用和教育情况，是重要基础之一。

笔者着重了解菲律宾的华文教育情况，因为工作中接触菲律宾华文教育较多，且菲律宾是东盟的重要国家，也是与我国往来密切的周边国家。菲律宾的华文教育有120多年的历史，华校有160多所，教授对象从华裔扩展到非华裔，可以说菲律宾华文教育就是该国汉语教育的最主要构成。朱东芹注重分析了20世纪90年代以来的菲律宾华文教育的改革，并指出其在宏观层面和微观层面存在的问题，宏观层面是历史上政治认同差异，微观层面是教学内容、教学方法及师资。❹张念、张世涛回顾菲律宾华文教育的历史，分析了"菲化"后的在教师、教材和教学法方面的困境，并总结了30多年来菲律宾华社、华教机构和华校面对困境做出的应对。❺杨静林总结了21世纪以来菲律宾华文教育的新发展，分析了发展困境，一是经费不足，二是华语教师断层和流失，三是缺乏优秀师资兼具专业技能和教学经验，四是政治局势，五是华校督导制度。❻姜兴山在《试论融合进程中的菲律宾华文教育》一文中，分析了万隆会议之后，大批华侨转为菲律宾公民，融入菲律宾社会，因此带来华文教育的重新定位，提出华文教育要去政治化，要与华人的生存结合，要服务社会。❼

综上研究，随着华人群体逐渐融入所在国家主流社会，华文教育逐渐成为所在国的汉语教育，对象拓展为面向华人和非华人。因此，了解周边国家的汉语教育和存在问题，对汉语国际推广战略研究有着重要的意义，也是笔者提出的分层推广策略的重要依据。日本的汉语教育虽然总体发展态势较好，但学习汉语的热潮还是与两国的政治经济关系紧密相连，存在着彼此消涨。日

---

❶ 董学峰. 国家语言战略背景下的汉语国际推广研究[D]. 长春：东北师范大学, 2016.
❷ 林蒲田. 华侨教育与华文教育概论[M]. 厦门：厦门大学出版社, 1995：2.
❸ 陈荣岚. 全球化与本土化：东南亚华文教育发展研究[M]. 厦门：厦门大学出版社, 2007.
❹ 朱东芹. 20世纪90年代以来的菲律宾华文教育的改革[J]. 华侨大学学报（哲学社会科学版）, 2014（3）：14-22.
❺ 张念, 张世涛. 菲律宾华文教育三十年困境的思考[J]. 贵州社会科学, 2012（7）：134-136.
❻ 杨静林. 新世纪以来菲律宾华文教育的新发展及其困境[J]. 八桂侨刊, 2017（1）：36-41, 72.
❼ 姜兴山. 试论融合进程中的菲律宾华文教育[J]. 福建师范大学学报（哲学社会科学版）, 2014（1）：160-166.

本的汉语教育存在一些问题：一是去汉字化思潮仍在日本社会有一定影响；二是汉语师资短缺，师资素质和水平参差不齐；三是孔子学院数量虽多，在亚洲国家中前列，但作用还不够明显。韩国汉语教育发展势头良好，汉语成为韩国最主要的第二外语，但在汉语教育中仍存在一些突出问题：一是重应试教育，轻实际应用，作为语言的实际应用没有被足够重视，应试教育的压力降低了学生的学习兴趣；二是汉语师资数量和质量都很欠缺，使用繁体字教学，教学更注重古代文学和古典文学。❶泰国汉语教育有很大的发展，汉语在泰国的影响也将越来越明显，但问题也越来越突出：一是师资短缺，师资来源渠道较多，质量参差不齐；二是教材建设仍有待加强，缺乏统一的、系统性、有针对性的本土化教材；三是学生基础较薄弱，各阶段汉语教学的课程设置衔接不够紧密，影响教学效果。菲律宾的汉语教育也快速发展，总体向好。但也发现存在不少突出问题：一是师资短缺，老龄化较为严重，总体素质不高、教学水平有限，且工资待遇较低，教师流动性较大；二是语言环境问题，学生从小在使用菲语的环境中长大，菲语是第一语言，华人家庭缺乏使用华语的语言环境中，影响了学生的华语水平；三是办学经费不足问题，菲律宾华校虽然纳入国民教育体系，但归为私立学校类别，政府没有给予经费支持，华校办学经费全靠华人、华侨、华社的捐助，经费存在不稳定的情况，部分华校办学经费十分紧张。印尼的华文教育发展总体上变好，但在许多方面还有待改善。在教育经费上的支持仍然有限；当地缺乏本土教师，且教师老龄化严重，汉语教师主要来源于中国，师资严重不足；缺乏统一的教材，出现了教材不适用现象；宗教问题也是影响其华文教育发展的一个重要因素。新加坡华文教育得到了迅速的发展，但是在这繁荣发展的表面之下，仍然存在一些问题。一是华文教师的短缺是新加坡华文教育面临的严峻问题；二是新加坡华文教育缺乏使用的环境，在新加坡，从幼儿园到大学，除了华文课外，都用英语作为教学用语，学生日常交流也都使用英语，华人家庭内部和社会上用汉语的内外部环境都不够友好。总之，周边国家的汉语教育都普遍面临着师资紧缺、本土化教材缺乏、教学方法不适用、语言使用环境欠缺的问题，还有经费投入和学生基础薄弱等问题。

二、国外相关研究

查阅的相关外文研究文献主要围绕文化软实力、语言文化推广、语言推广机构等几个方面。关于文化软实力，2009年美国学者吉尔（Jeffrey Gil）发表题为《汉语国际推广和中国文化的软实力》（*The Promotion of Chinese Language Learning and Chinas Soft Power*），分析了中国在语言推广中将遇到的障碍和结果，指出中国通过汉语国际推广，从而提升文化软实力，来达

---

❶ 胡友仁. 汉语国际推广研究[D]. 长春：东北师范大学，2014.

到自己政治方面的目的。❶美国学者约瑟夫·奈（Joseph S. Nye）发表题为《中国软实力的提升对于美国的影响》(The Rise of China's Soft Power and Its Implication for the United States)❷，约书亚·库尔兰齐克（Joshua Kurlantzick）发表题为《魅力攻势：中国的软实力是如何改变世界的》(Charm Offensive: How China's Soft Power is Transforming the World)❸的两篇文章，阐述了中国软实力的提升产生的影响。2019年美国学者安雅伦（Yalun A.）发表的《新时代汉语的国际推广》(International Promotion of Chinese Language in the New Era)分析了中国在"一带一路"倡议中，国际汉语教育的现状和应该采取的发展策略。❹

在语言规划方面，约西安·F.哈默斯（Hamers J.F.）和米歇尔·H.A.布兰科（Blanc Michel H.A.）于2000年共同编写的《双语性与双语研究》(Bilinguality and Bilingualism)，分析了多元文化背景下文化、身份和语言行为之间的关系，以及人际关系和群体间关系中的沟通策略。❺扎伊迪（Zaidi）和阿巴斯（Abbas）的《语言规划：概述》(Language Planning: An Overview)中写到有关语言规划的问题，作者提出研究者应该在表面上看似无害的语言规划中寻找隐藏的历史，这些语言规划具有更广泛的民族交流和民族凝聚力等崇高目标。❻在由尤迪娜（Yudina N.）和塞利弗斯托夫（Seliverstova O.）一起编写的《作为软实力政策一部分的外部语言政策和规划》(External Language Policy and Planning as Part of Soft Power Policy)中，作者通过调查英国、美国、中国和俄罗斯的经验，探索各种类型的外部语言政策和规划，从软实力概念和各国外交政策两个方面阐述了对外语言政策和规划的背景和当前的优先事项。❼

在语言推广机构方面，蔡烈旭发表的《英国孔子学院与中国英国文化协会的比较研究》，旨在发现孔子学院与英国文化协会在组织结构和文化传播模式、语言教学资源和学习活动以及与其他组织的合作三个方面的共性和差异。❽巴罗夫（Barov）以及扎哈罗娃（Zakharova）等发表的《塞万提斯学院在中国的教育项目》(Educational Programmes of the Cervantes Institute in China)重点分析了国际语言机构之一的塞万提斯学院，在中国实施教育项目中存在的问题，指出了塞万提斯学院的教育项目旨在与西班牙不同的国家推广语言文化，而且欧洲人和文化遗产是目前项

---

❶ JEFFREY G. The promotion of Chinese language learning and China's soft power[J]. Asian Social Science，2008：4.
❷ JOSEPH S. N, WANG J. The rise of China's soft power and lts implications for the United States[M]. New York：Public Affairs，2009.
❸ JOSHUA K. Charm offensive: how China's soft power is transforming the world[M]. New Haven：Yale University Press，2007.
❹ YALUN A. International promotion of Chinese language in the new era[J]. International Education Studies，2019，12（7）：67-79.
❺ HAMERS J F, BLANC M H A. Bilinguality and bilingualism[M].Cambridge：Cambridge University Press，2000.
❻ ZAIDI A. Language planning: an overview [J]. Journal of Pakistan Studie，2013：5.
❼ YUDINA N, SELIVERSTOVA O. External language policy and planning as part of soft power policy[C]//Proceedings of the IV International Scientific and Practical Conference'Anthropogenic Transformation of Geospace：Nature，Economy，Society'（ATG 2019）. 2020：309-314.
❽ CAI L. A comparative study of the Confucius Institute in the United Kingdom and the British Council in China[J]. Citizenship，Social and Economics Education，18（1）：44-63.

目的优先任务。❶阿姆鲁莎·贝鲁尔·亚提斯（Yathish A.B.）的《通过第三国文化机构的欧洲公共外交动态：印度班加罗尔的歌德学院、法国联盟和英国文化委员会的案例研究》（*Dynamics of European Public Diplomacy through Cultural Institutes in third Countries: The Case study of Goethe Institut, Alliance Française and British Council in Bangalore, India*）关注三个文化机构——法国联盟、歌德学院和英国文化协会如何通过在印度班加罗尔和语言教学促进其文化，从而开展法国、德国和英国的公共外交。❷在孔子学院方面，哈蒂格（Hartig F.）于2015出版的《中国公共外交：孔子学院的崛起》（*Chinese Public Diplomacy: The Rise of the Confucius Institute*）中通过研究孔子学院来研究中国的公共外交。❸2017年，肖云在全球中国发表了相关研究《美国孔子学院：提升中国软实力的平台》（*Confucius institutes in the US: Platform of promoting Chinas soft power*），考察了中国"软实力"战略背后的驱动力，以及孔子学院如何适应这一战略。❹在2019年出版的《亚洲研究评论》中，刘欣的《如此相似，如此不同，如此中国化：孔子学院与西方同行的分析比较》（*So Similar, So Different, So Chinese: Analytical Comparisons of the Confucius Institute with its Western Counterparts*）从全球"文化斗争地域"的视角，从三个层面，目的、运作模式和规定，对孔子学院与西方孔子学院进行了分析比较，并解释了为什么孔子学院与西方同行有着相似的目标，但却被视为不同于西方同行，以及是什么赋予了孔子学院独特的中国特色。❺詹妮弗·哈伯特（Hubbert J.）的《全球化的中国：孔子学院与真实性与现代性的悖论》（*Globalizing China: Confucius Institutes and the Paradoxes of Authenticity and Modernity*）表明，对孔子学院的关注反映了关于全球化和现代性，以及最终关于不断变化的全球秩序的更广泛辩论。通过实地考察软实力政策的产生，我们可以超越项目意图，了解孔子学院的日常课堂互动。❻唐斯塔尔（STARR D.）在《欧洲的汉语教育：孔子学院》（*Chinese Language Education in Europe: the Confucius Institutes.*）中探讨了中国政府决定开展海外汉语文化研究项目的背景，包括约瑟夫·奈的"软实力"概念在中国的影响、民族语言的所有权、孔子的联系，以及这些因素如何与政治合法性相互作用，以及孔子学院计划在欧洲的发展。❼

---

❶ BAROV S, ZAKHAROVA E, GRUNINA Y, et al. Educational programmes of the cervantes institute in China [C]//. In ICERI 2018 Proceedings, 2018: 10150−10154.
❷ YATHISH A B. Dynamics of european public diplomacy through cultural institutes in third countries: the case study of goethe institut, alliance Française and British council in Bangalore, India.
❸ HARTIG F. Chinese public diplomacy: the rise of the Confucius institute[M]. London: Routledge, 2015.
❹ XIAO Y. Confucius institutes in the US: plat form of promoting China's soft power[J]. Global Chinese, 2017, 3（1）: 25−48.
❺ LIU X.So similar, so different, so Chinese: analytical comparisons of the Confucius institute with its western counter parts[J]. Asian Studies Review, 2019, 43(2): 256−275.
❻ HUBBERT J. Globalizing China: Confucius institutes and the paradoxes of authenticity and modernity[J]. 2019.
❼ STARR D. Chinese language education in Europe: the Confucius institutes[J]. European Journal of Education, 2009（44）: 65−82.

三、当前研究评述

第一，关于汉语国际推广的相关研究比较丰富。汉语国际推广的研究量自2005年之后出现较快增长，这与孔子学院的产生和汉语国际推广工作的六大转变有密切的关系，随着汉语国际推广由"请进来"到"走出去"，发生了较大的转变而蓬勃发展，相关研究也随之增多，涉及面较广。从宏观层面看，主要包括汉语国际推广的政策及制度、与文化的关系、国际比较等方面内容；从微观层面看，主要包括孔子学院、三教问题和区域推广等方面的内容。具体到厘清了汉语国际推广的概念、范畴和具体形式，厘清了汉语国际推广的历史脉络和发展现状，深入了解了英语、法语的国际推广经验。

第二，关于高校汉语国际推广及战略的研究较少。尽管在汉语国际推广实践中高校的作用是不可取代的，但以高校为主要研究对象，深入了解高校汉语国际推广历史、现状和问题，专门探析高校汉语国际推广战略目标和战略实施举措的研究还很少。

第三，聚焦到福建高校汉语国际推广的相关研究很少。福建作为我国汉语国际推广的重镇，既有历史悠久的华文教育传统，也有如厦门大学等在孔子学院建设中表现突出的高校，因此，福建的高校汉语国际推广积累了丰富的经验，值得深入研究。

第三节
研究思路及方法

一、研究思路

笔者以理论研究夯实基础，立足历史、现实、比较三个维度，运用SWOT态势分析法、案例分析法、访谈法、问卷调查法等研究方法展开研究。首先从理论层面入手，主要聚焦三个方面。一是厘清高校汉语国际推广中的四组重要关系，即语言和文化、汉语国际推广与社会经济政治发展、汉语国际推广与华文教育、高校和汉语国际推广之间的关系，旨在从外部大环境、内部关键要素等层面进行阐释，明确汉语国际推广在国家战略中的定位，高校在汉语国际推广事业中的重要作用，以及语言、文化与华文教育、汉语国际推广的内在联系。二是沿用战略管理的研究思路，从分析战略管理过程关键步骤入手，构建研究高校汉语国际推广战略的分析框架,为后续运用SWOT法分析高校汉语国际推广战略提供有力支撑。三是总结提出汉语国际推广圈理论,根据汉语推广的不同人群、国家和使用情况,划分出不同的圈层,为后续针对性地提出分层精准推广策略提供理论依据。

在理论研究的基础上,论文从历史、现实、比较三个维度对我国高校汉语国际推广展开研究。历史维度重在梳理汉语国际推广的历史和高校汉语国际推广的不同发展阶段,目的是为后续研究打下牢固基础,因为只有了解过去,才能更好地研究现在和展望未来。现实维度则侧重了解高校汉语国际推广的现状和问题,深入分析高校汉语国际推广的具体实践,以福建四所特色突出的高校的汉语国际推广模式作为案例研究的对象,即厦门大学的共建孔子学院模式,福建师范大学的本土汉语师资培养模式,华侨大学的华文教育模式和泉州师范学院的输送外派教师和志愿者模式,系统总结了四所高校在汉语国际推广事业中的工作模式、具体作用、工作特色与发展思路。比较维度则重点分析了英语和法语国际推广的经验,通过对英国、美国和法国语言推广政策、语言推广机构等方面研究,总结提炼出汉语国际推广可借鉴的有益经验和启示。

在对理论与实践进行研究的基础上,笔者以战略管理理论为依据,运用SWOT法,从内部发展环境与外部发展环境两方面入手分析高校汉语国际推广的发展环境,进而提出高校汉语国际推广的战略目标、战略区域、战略任务及战略实施措施(图1-1)。

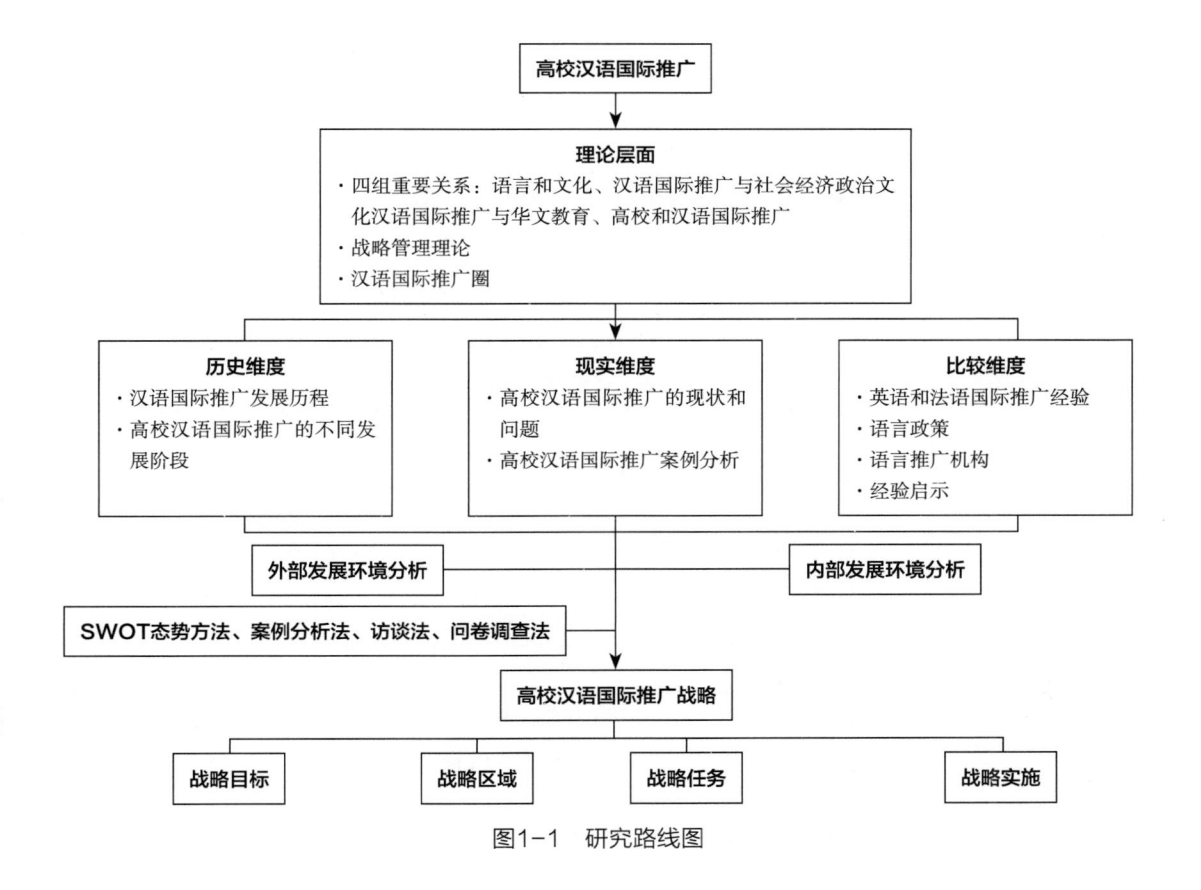

图1-1 研究路线图

二、研究方法

（一）文献研究法

通过搜集文献资料获得信息，并从获得的信息来进行分析得出结论的方法。笔者借助网络图书馆和实体图书馆，并利用网络媒体等，查阅了图书、期刊、硕博士论文、年度报告、相关案例研究高校的发展规划和工作报告等资料，聚焦语言与文化、汉语国际推广、高校汉语国际推广、东南亚国家汉语教育等主题，收集和查阅大量资料，进行甄别和整理、解释与分析。

（二）访谈法

通过访谈与本研究相关的人员，有助于笔者更好地运用文献资料，更好地把握研究的真实状况，更好地发现现实中存在的问题。在研究过程中，笔者进行专门访谈或结合工作便利进行访谈，访谈对象包括海外华文机构负责人、国内大学汉语国际推广相关负责人和工作人员以及孔子学院中方负责人等（表1-1）。

表1-1 访谈对象

单位	受访人员代号	职务	访谈时间
海外华文教育机构	A1	菲律宾华教中心主要负责人	2017/03/28
	A2	菲律宾华教中心主要负责人	2017/03/28
	A3	泰中教育交流中心主要负责人	2018/12/15
	A4	泰国宣素那他皇家大学代表	2020/11/05
	A5	新加坡华文教育机构教师	2019/10
国内大学	B1	厦门大学孔子学院办公室主要负责人	2019/12
	B2	厦门大学孔子学院办公室科室负责人	2019/12
	B3	华侨大学华文教育学院主要负责人	2019/12
	B4	华侨大学发展规划处科室负责人	2017/04/02
	B5	华侨大学华文教育研究院研究人员	2017/04/02
	B6	泉州师范学院外事办科室负责人	平时工作多次交流
	B7	泉州师范学院外事办公室工作人员	平时工作多次交流
	B8	福建师范大学国际处主要负责人	2017//08/05
海外孔子学院	C1	孔子学院总部工作人员	2019/10
	C2	海外孔子学院中方院长	2016/10,2021/06
	C3	海外孔子学院外方院长	2016/10
	C4	海外孔子学院志愿者教师	2016/10,2021/06

（三）历史研究方法

历史研究方法是一种重要的研究方法，事物的发展都有其发展的历程，从历史的角度考察事物过去的情况，能更好地掌握事物发展的脉络和理解发展的现状以及存在的问题。笔者着重梳理汉语国际推广的历史、高校汉语国际推广的发展历程、英语和法语国际推广的历史和周边国家汉语教育的历史，从过去看现在遇到的问题和未来的发展，提供了正确的历史观，也奠定了深厚的历史基础。

（四）案例分析法

笔者采用厦门大学、福建师范大学、华侨大学和泉州师范学院作为主要案例，通过座谈、访谈、实地调研、问卷调查等手段，了解以上案例在汉语国际推广方面的工作情况、特色和存在的问题。通过前期的文献资料整理和分析，厦门大学聚焦在共建海外孔子学院，福建师范大学重点为海外本土华文师资培育，华侨大学的亮点为华文教育，泉州师范学院则以外派教师为切入点，组合成高校汉语国际推广的较完整的形态，从这些研究视点深入了解高校汉语国际推广的具体运作和存在问题及未来规划。

选取福建四所高校作为案例研究对象，一是因为福建的特殊性，福建是著名侨乡，海外闽籍华人众多，语言文化海外推广是福建高校特殊的使命；另外，潘懋元先生也曾两次提到，福建自然环境和人文环境特殊，方言区复杂，因此十分重视普通话的推广，20世纪50年代把推广普通话作为政治任务来抓，改革开放政策推行之后，该省及时设立了普通话推广委员会，对推行普通话工作进行指导，具有很好的语言推广基础。二是本人在福建高校工作，与四所大学联系密切，便于开展深入调研和访谈，对于获取一手研究资料与信息有较大的保障；另外每所高校都在汉语国际推广方面有较突出的亮点，正好组合成高校汉语国际推广的全貌，对于研究结构的完整性也有一定的助益。

（五）SWOT态势分析法

SWOT态势分析法是在战略管理领域被广泛运用的研究方法，由美国旧金山大学的韦里克（Weihrich）教授于20世纪80年代初提出。SWOT态势分析法关注四个重要维度，即内部的优势（strengths）、劣势（weakness）、外部机会（opportunities)和威胁（threats）（表1-2）。

表1-2　SWOT态势分析法

SWOT分析	优势因素	劣势因素
机遇	把握优势抓住机遇	利用机遇补齐短板，让劣势发生逆转

续表

SWOT分析	优势因素	劣势因素
威胁	把握优势规避威胁	规避威胁、扭转劣势，使之降至最低

运用态势分析法，充分分析了高校汉语国际推广的内部发展环境的优势和弱势，分析了外部发展环境的机会和威胁。如果机遇和优势能处于最合理的状态，就能有很好的发展机会和条件，可以谋划和争取实现跨越式的发展；如果机遇与劣势相遇，在改变劣势过程中要充分利用好的机遇，补齐短板并逆转劣势；如果优势与威胁相遇，在规避威胁时要发挥优势，尽量保证发展的稳定性；如果威胁与劣势同在，要尽可能地规避风险、扭转劣势，争取在危机中找转机与生机。

（六）问卷调查法

采用问卷调查法，收集和了解研究对象的感受和建议，以获取部分研究数据信息。研究中设计的调查问卷共三份，分别为"海外汉语教师调查问卷""菲律宾华文教师培训班调查问卷"和"菲律宾华校管理者调查问卷"。问卷的发放采用网络发放的形式，通过问卷星进行搜集，运用SPSS26.0软件对收集到的问卷进行数据处理，得出有用的信息和资料。

第二章 概念及理论研究

本章着重界定核心概念、辨析四组重要关系、阐明本研究的主要理论基础。核心概念和理论基础，之于整体是打地基的部分，如果基础不牢，后续将无法顺利进行。辨析四组关系，包括语言与文化、汉语国际推广与社会政治经济、汉语国际推广与高校、汉语国际推广与华文教育，以拓展研究的视野和广度与深度。

第一节 核心概念

概念是人类在对世界万物产生认识的过程中由感性到理性的提升，准确地把握住事物的本质与特征，对此进行归纳，用凝练的语言表达自我意识与认知，形成稳定的思维惯性。充分了解概念的含义和适用范围，有利于把握事物的本质，同时也是进行科学研究的基础。因此，对涉及的核心概念"汉语国际推广""华文教育""汉语国际推广战略""高校汉语国际推广战略"等进行清晰的界定和辨析，才能保证研究沿着正确的方向前行，也才能更加准确和科学地把握研究对象和内容。

一、汉语国际推广

汉语国际推广离不开语言和文化的传播，学者吴应辉认为，汉语国际推广是指以世界各地的汉语教学和中华文化国际传播为基本内容，以相关教学和文化活动为载体，以推动中外文化交流与合作，增进中国与世界各国人民之间的友谊为目标的语言文化国际传播事业。包括推动汉语走向世界各国的汉语教学和中华文化国际交流活动，既包括国内的也包括国外的。❶

张高翔把汉语国际教育分为"请进来"和"走出去"两个阶段。❷在前一阶段主要运用"请进来"战略，而后一阶段则运用"走出去"战略。以2005年召开的世界汉语大会为分水岭，在此之前，我国的汉语国际推广以"请进来"的对外汉语教学为主；此后，2006年国家进行了机构调整与更名，"国家对外汉语教学领导小组办公室"更名为"国家汉语国际推广领导小组办公室"，这意味着我国从战略层面对汉语国际推广战略进行了调整，"走出去"将发挥更加重

---

❶ 吴应辉, 央青, 谷陵. 北京市汉语国际推广现状与发展战略研究报告[M]. 北京: 中央民族大学出版社, 2012: 1.
❷ 张高翔. 孟中印缅经济走廊沿线国家的汉语国际教育[J]. 东南亚南亚研究, 2016（3）: 62-63.

要的作用。

笔者十分认同张高翔对汉语国际教育发展阶段的划分，就如张高翔所说，汉语国际教育和汉语国际推广这两个概念处于同一个层级。前者更为关注教学与学科建设，从学术视角出发进行分析，而后者则强调了从实践层面进行汉语推广事业。笔者认为，在世界汉语大会召开之前，我国以对外汉语教学、汉语国际教育为主要形式，基本采用"请进来"的模式；在此次大会之后发生了转变，以孔子学院、国际汉语教师中国志愿者项目、外派教师和多种形式的教育文化交流形式"走出去"，并以2006年"国家汉语国际推广领导小组办公室"成立为标志，以语言教学和文化活动为载体，推动汉语和中国文化走出国门，走向世界。

李盛兵在《汉语高效率国际推广》一书中，把教育部直管的国家汉办在汉语国际推广中的重要作用和组织开展的具体活动，与国务院侨务办公室（以下简称国侨办）为主开展的华文教育相关活动，都纳入汉语国际推广的研究范畴，形成广义的汉语国际推广概念。

综上所述，笔者对于汉语国际推广这一核心概念的界定是：以面向世界各地开展的汉语教学和中华文化的国际传播为基本内容，以相关教学和文化活动为载体，以推动中外文化交流与合作，增进中国与世界各国人民之间的友谊为目标的中国语言文化国际推广事业。研究的对象是自我国"汉语国际推广领导小组办公室"设立以来，实施的汉语国际推广活动，除了该办公室组织的推广活动以外，也包括以国侨办为主开展的华文教育相关活动。

二、华文教育

华文教育与华侨、华人在海外的发展历史相伴相生，华文教育的本身也浸透着华侨、华人对故土的眷恋和对传承传统文化的执着。林蒲田对华文教育的界定，是指由华侨教育演变而来的，华人在入籍国对华侨、华人子女以及其他要求学习中文的人士施以中华民族语言文化的教育。[1]华文教育的根本目的，就是要让华裔青少年能具备良好的民族文化素质；让汉语和中华文化在华侨华人的居住地得到推广；培养华人对中华民族的归属与认同，以及对中国的情感；促进国家间的交流，构建友好国际关系，让华人所在国能更加和谐、友好地与中国相处。华文教育的特征有以下几点：主要对象是华人和华侨子女，对象在扩大，但主体是华人；教育内容是中华语言和文化；教育宗旨是传播和教授中国语言文化；华文教育由华侨教育演变而来（性质由侨民教育转为居住国华人的民族文化教育，与中国教育体制脱钩，是所在国教育的一个组成部分）；华文学校主要由华侨、华人社团创办，但一些国家的公立学校也开设华文课、华文班

---

[1] 林蒲田. 华侨教育与华文教育概论[M]. 厦门：厦门大学出版社，1995：8-12.

和中文系。

　　早期的华文教育是华侨教育，华侨教育历史悠久，在海外华侨社会形成后就开始有华侨教育。最早的对国人移居海外有历史记载的是唐朝，宋元至明初移居海外华人逐渐增多，足迹遍布东南亚、日本和朝鲜等，19世纪下半叶之后便发展到北美洲、非洲和欧洲。随着海外华侨社会的形成，华侨及其子女对教育产生了强烈的需求，以私塾和学校的组织形式为下一代提供了良好的汉语及中华文化教育，也涉及科学知识方面的教育。海内外的华侨学校是华侨社会自主设立的教育机构，在中国教育体系中是一个组成部分，遵守中国教育法令，也要接受中国教育行政部门的管理，学生获得的学历得到了中国认可。❶"二战"前，华侨教育发展得很好，达到了一定的规模，但"二战"后华侨主要居住的东南亚地区国家走上独立，普遍采取管制华侨学校的政策，华侨被归入所在国国籍，华侨社会演变为华人社会，华校被限制、取缔和查封，急剧减少，演变为所在国华人的私立学校或民族文化学校，华侨教育也演变为对外籍华人的民族文化教育。

　　张向前对华文教育给出了两种定义，认为狭义的华文教育是进行中华语言及中华文化的教育，对象为华侨和华人；广义的华文教育是进行中华语言、文化、宗教、民俗、经济、政治、社会、科技等直接或间接的教育，对象发展为中国人与外国人。❷张向前著作中的"华文教育"是广义的华文教育，他对华文教育的功能进行归纳，分为文化传播功能、经济适用功能、经济传播功能、政治导向功能等四个方面。

　　笔者是对广义上的华文教育进行研究，即以华侨、华人为主体进行的中华语言及中华优秀传统文化教育，逐步拓展到对外国人进行中华语言文化教育。中华人民共和国成立后国侨办在国内开办的面向海外的华文教育活动和项目，与海外华社一同发挥越来越重要的主导作用。国侨办主导的华文教育随着组织形式和活动内容的不断成熟，服务对象的变化，成为汉语国际推广的一个重要组成部分。因此笔者把由国侨办开展的海外华文教育纳入汉语国际推广的研究范畴。

三、高校汉语国际推广战略

　　《辞海》中对"战略"一词做出了两种解释：一是军事领域的一个概念，就是从整体上对战争的全局方略进行谋划、布局；二是决定全局的谋划与指导。《不列颠百科全书》中战略的

---

❶ 林蒲田. 华侨教育与华文教育概论[M]. 厦门：厦门大学出版社，1995：2-8.
❷ 张向前. 世界华文教育发展研究[M]. 北京：中国言实出版社，2010：11.

定义是，为了实现某一目标，在战争过程中协调运用一个国家的所有力量。

束定芳认为战略就是针对国家或团体的某一个重大目标，动用国家或团体的力量进行谋划和资源配置的科学与艺术。束定芳在其著作《中国外语战略研究》中，指出国家外语战略是为了实现国家战略中与外语密切相关的多个领域的特定目标，借助国家力量进行的规划，包括政治、文化、军事、经济、教育等领域。外语教育发展战略是指推进外语教育符合国家战略，按照科学规律发展的全局性蓝图，是对外语教育全局的、长远的、重大的问题进行全面的谋划。❶

基于对以上的解读，结合对汉语国际推广的研究，笔者认为汉语国际推广战略就是从国家战略的层面出发，国家和相关机构为了实现与汉语国际推广密切相关的政治、经济、文化、教育等领域的目标，为了推动汉语国际推广事业的发展，所进行的长期的、重大的、全局性的谋划。

高校汉语国际推广战略服务于国家汉语国际推广大战略，是以高校为主体，在研究揭示高校汉语国际推广发展现状和规律的基础上，而形成的对高校汉语国际推广未来发展的长期的、重大的、全局性的谋划。

第二节
四组重要的关系

研究基础除了清楚地界定核心概念外，还应厘清四组重要的关系，即探究语言与文化的联系、汉语国际推广与社会政治经济的联系、汉语国际推广与华文教育的联系、高校与汉语国际推广的关系。

一、语言与文化的关系

语言和文化彼此关系紧密，不可分割。语言是文化的一个重要组成部分，是文化的载体，文化传播和传承离不开语言在其中发挥的重要作用。同时，语言和文化的发展又相互影响、相互依赖和相互制约。在汉语国际推广中，语言和文化更是具有特殊的关系。

---

❶ 束定芳. 中国外语战略研究[M]. 上海：上海外语教育出版社，2012：7-8.

（一）语言与文化的天然关系

在整个文化体系中，语言是重要的组成部分和载体。《现代汉语词典》中的"文化"是指人类在社会历史发展过程中所创造的物质财富和精神财富的总和，特指精神财富。语言是随着文化的产生而形成的，是一种精神文化，是文化这个复杂的大体系的重要组成部分。萨皮尔（Edward Sapir）认为语言离不开文化，是不能独立存在的。在学者陈章太看来语言是人类在长期社会实践中创造出的文化产品。❶文化所包含的物质文明和精神文明，以知识、信仰、艺术、道德、法律、习俗等形态表现出来，这些大都要靠语言来承载，语言是文化的一个重要组成部分，也是载体。任何文化都必须由一定的符号系统来记录，许国璋认为语言是一种符号系统，是存储文化信息的容器。语言学家索绪尔（F.D Saussure）也认为语言是表达思想的最重要的符号系统。因为语言是人类思维和交流的工具，人类的各种创造物常常需要借助语言的词汇或言语来加以记载和巩固，语言在文化传播中起着非常重要的作用，语言可以传递大量的信息，可以充分翔实地记录社会上发生的重要事情以及生活中时时刻刻的变化，正因如此，传统文化才能代代相传。生活在当代的人们不需要再像过去一样组织祭祀活动，但人们可以通过文献资料了解古人是怎样开展祭祀活动的，分析这种行为的起源与发展并重现这种过程。例如，笔者通过研究各种书籍和历代学者的研究文献，发现殷墟出土的甲骨上的甲骨文记载着当时的占卜祭祀行为。

语言和文化的发展不可分割。人类社会发展过程中不同的实践形成不同的文化，不同的文化催生出与它相对应的语言。语言和文化之间相互依赖、相互影响，相互制约。语言在记载文化的同时，也会影响文化，语言对文化的影响随处可见。从小处看，语言影响着习俗，如在中国的习俗中，送亲友礼物不宜送伞，因为伞和散是同音字，散意味着离散，而中国人忌讳亲友离散；看望亲友时，可以送苹果，因为苹与平同音，意味着平平安安。从大处看，语言影响和制约着使用同一语言的民族和国家的文化，同一民族或同一国家的人在使用共同语言的过程中，受共同语言的约束和影响，有着归属感和凝聚力，并"逐渐形成一种共同的思维模式和认识世界、改造世界的方式，促进独具特色的民族文化的产生和发展。"❷语言受文化的影响深远，无处不在。首先，随着时代的变迁、文化的进步，语言烙下了时代的特征，与之相对应的新词语也留下了深刻的时代印记。在我国改革开放以来，国家对外交流频繁，社会更加进步，信息时代飞速发展，人们的思想也日益活跃，也随之出现了很多外来词，产生了很多符合瞬息万变的现代社会的新生词，我们常见的有"奥斯卡""比基尼""汉堡包""派对""沙拉""托福""克

---

❶ 陈章太. 语言规划概论[M]. 北京：商务印书馆，2015：121.
❷ 陈燕玲. 闽南文化概要[M]. 厦门：厦门大学出版社，2013：25.

隆"等大量音译的外来词汇；在网络世界里，年轻人交流时常常会创造出一些前所未有的词汇，也会赋予已有词汇新的内涵。例如，在网络聊天时，"88"就是聊天结束时所说的"再见"，"木油""+U"分别表示没有、加油的意思，"灌水"就是指导把一些没有意义、内容无聊的帖子发布于论坛之中。"潜水"是看别人的言论但自己不发表任何意见。据统计，我国在近二十年里每年平均产生800个新生词语，有些使用频率较低的词语会被慢慢地遗忘，有些新生词语随着时间的推移会被逐渐保留下来。另外，文化也影响着人们对语言的使用和选择。我国受儒家文化的影响深远，儒家忠孝礼义廉耻的思想精髓几千年来深入人心，因此在语言的使用中常常会出现避讳语、敬语和谦语。透过一个民族的语言系统，能折射出所处社会的风貌、道德取向、政治发展、社会形态等方面的具体情况。加之在社会中的人不是孤立的人，具有社会性，在当代开放多元的社会里，正是不同人群、不同种族的相互交流和文化渗透才促使社会不断进步。

（二）汉语国际推广中语言和文化的特殊关系

语言与文化有着天然的关系，但在汉语国际推广事业中，语言与文化被更紧密地联系在一起，其是汉语国际推广机构和形式中被同时赋予的职能，也是在汉语国际推广中被广泛使用和不可替代的主渠道和载体。

结合相关研究，在对汉语国际推广的概念界定中，指出其是中国语言文化国际推广事业，通过面向世界各地开展的汉语教学和中华文化的国际传播，增进中国与世界各国人民之间的友谊。作为汉语国际推广的主要形式和平台，海外孔子学院担负着教授汉语和弘扬优秀中华文化的使命。可以说在以上组织结构里，语言和文化从一开始就被捆绑在一起，作为组织的职能。

在汉语国际推广过程中，语言和文化是两个重要的抓手，紧密联系在一起，如车之双轮、鸟之双翼，相互融合、相互促进。汉语国际推广语言先行，最基本的任务就是推广汉语，使学习者通过汉语教学掌握一定的汉语，并在学习过程中对语言身后的国家产生兴趣和好感；一个民族的语言承载着一个民族的文化，也反映一个民族的社会心理、道德水准、价值观念和民俗风情等。因此，在语言学习过程中，学习者会透过语言加深对中国历史与现状、中国文化的了解，在了解的过程中增进文化认同和情感认同。当然，汉语国际推广包含两方面的内容，即语言教学和文化传播，在语言教学中，要有选择性地采用文化内容，在文化活动中又要有目的性地辅助语言教学，两者才能相得益彰，发挥最佳组合的作用。

二、汉语国际推广与社会政治经济的关系

潘懋元于1995年为林蒲田主编的《华文教育与华文教育概论》作序时，就指出汉语作为中

华文化的传播载体，在世界交往中的地位和作用，是与我国的国力及其在世界经济、政治中的地位和作用密切联系的。❶汉语国际推广是一项国家的事业，具有重要的战略意义，紧密服务于国家大外交格局，以语言和文化为载体向世界人民传递友善的信息，通过语言和文化的影响建立中国与世界人民的友好桥梁，让世界人民更好地接受中国"不称霸、不强权"的大国崛起，更好地理解中国人从儒家思想孕育出来的和而不同、美美与共的传统价值观，以及构建人类命运共同体的理念和"一带一路"重要倡议的时代内涵。

（一）提升软实力，营造良好国际环境

2013年中国成为全球最大的商品贸易国，2014年中国的GDP已达到美国的66%，2018年中国的GDP约占全球的16%。"一带一路"倡议，打造了国际合作的平台，凸显了构建人类命运共同体的重要意义，让全世界人民通过中国的强大与繁荣受益，面对各种纷繁的国际问题，以彼此之间的紧密合作消除矛盾与分歧，从而造福世界。在这样的时代背景下，越来越多的国家愿意与中国加强交流合作。面对这样的国际环境，发展硬实力是我们国家长期可持续发展的保障和坚实基础，是国家发展战略的重要部分；但提升软实力是国家获得世界话语权和影响力的有效方式，营造良好的国际环境以及和平崛起的大国形象，也是国家发展战略的一个不可或缺的部分，对提升国家的综合实力有着极其重要的作用。2006年1月美国前总统布什（George Walker Bush）宣布启动"国家安全语言启动计划"（National Security Language Initiative，简称NSLI），体现了在与其他国家相处过程中外语能力的重要性，即能够促进国家安全、提升经济竞争力。

汉语国际推广通过向世界推广汉语和中华优秀文化，通过日常的语言教学和文化交流来讲述中国的传统故事和现实发展，以润物细无声的方式进入人心。分布在世界各地的孔子学院通过开展语言教学、举办各种文化交流活动，增进了当地人民对中国的了解，也同时推动了中外教育文化的交流和合作。孔子学院对中国软实力提升产生了积极的影响，加快了中国语言和文化的传播，丰富了语言文化外交的形式，让中国拥有了更好的国际形象。马箭飞也表示，我国在世界各国创立孔子学院，其目的就是以汉语教学为载体弘扬中华文化，促进国家与国家之间的人文交流，达到民心相通的效果，使多元的人类文明能在当代更好地发展。孔子学院作为世界认识中国的重要平台，有力推动全球范围内的"汉语热""中国热"持续升温，为中外人文交流、增进中外人民友谊、推进世界多元文明互学互鉴发挥了独特的作用。❷国际上的教师志愿

---

❶ 林蒲田. 华侨教育与华文教育概论[M]. 厦门：厦门大学出版社，1995：2.
❷ 马箭飞. 办好孔子学院贡献中国智慧[N]. 中国教育报，2018-01-24（1）.

者和外派教师，也是在教授语言的同时，成为文化的代言人和友谊的使者。汉语国际推广积极地塑造与传播我国正面的国家形象，为国家营造了良好的国际环境和国家形象，提升了国家的软实力。

（二）行使话语权，推进语言文化外交

在争取话语权上不退让，拥有话语权时要正确行使、互相尊重彼此的话语权，也要有效保留话语权，这是在协调国际关系时要面对的重要问题。作为一个崛起的大国，中国的伟大实践和中国的话语权是不匹配的，可以说是敏于行，讷于言。正如学者玛雅·泽福思（Maya Zephos）所指出："我们视为真实的东西，实际上本身就是表达的结果。"面对西方发达国家的文化长期占主导地位的情况，中国急需有自己合适的话语表达，争取话语权，行使话语权，来构建自己的国际形象和提升自己的国际地位。

语言文化外交是文化外交的重要形式和组成部分，借助语言教学和文化传播为内容，通过教育和交流的方式塑造国家形象，达成外交目标，实现国家利益，是当前越来越多国家采用的战略手段，也是外交政策的重要组成。语言推广历来备受发达国家重视，为此设立了专门的语言文化推广机构，意在让本国语言能在更广的范围内得到推广，在软实力提升方面发挥重要的作用。汉语国际推广具有典型的语言文化外交属性，是中国语言文化外交的重要实践方式。通过汉语国际推广的各种形式，在日常语言教学和文化传播的过程中，通过语言、文化和人作为桥梁，用中国真实的发展历程作为语料素材，向世界讲述中国故事，可以让国际社会对中国的认识与了解更加深入和真实，能客观地看待中国的发展，包括中国在各个历史时期取得的成绩、治国方略、发展道路、制度选择等，充分意识到中国在国际合作、维护和平、促进发展等方面贡献的力量。从而构建中国自己的话语体系，争取和行使国际话语权，确保国家发展战略和方针政策的顺利实施。[1]

（三）加强国际化，实现汉语经济价值

通过汉语国际推广，可以把汉语和中华文化推向世界，让越来越多的人通过学习汉语来了解中国的历史和现在，使汉语的国际化程度逐渐加强。汉语的经济价值与国际化程度紧密相关，汉语的国际化程度越高、使用人数越多，汉语的经济价值也就越高。随着中国综合国力的提升，越来越多的人对汉语青睐有加，学习汉语成为一种与中国开展经贸往来、教育文化交流的需要，世界掀起了"汉语热"。从眼前看，据不完全统计，世界上现有6000万华人华侨和

---

[1] 杨洁篪. 努力开拓中国特色公关外交新局面[J]. 求是，2011（4）：45-48.

4000万外国人在学习汉语；2018年末，到中国留学的外国留学生数量共计49.22万人，一半以上来自"一带一路"合作地区，占比达到了52.95%，即26.06万人，其余留学生来自其他一百多个国家。在亚洲国家中，最大的留学目的国是中国。❶根据教育部发布的《2023年度中国教育现状统计公报》，2023年我国共有来自214个国家和地区的51.6万名国际学生在中国高校就读。其中28.9%是学位生，71.1%是非学位生。遍布世界的庞大的汉语学习大军，请进来和走出去的汉语国际推广，直接推动了汉语学习的相关产业发展，是汉语经济价值的最直接体现。从长远看，通过汉语国际推广，世界上越来越多的人懂得汉语和使用汉语，大大促进了中国和世界的交往，增进了中国人民与各国人民的感情，也增强了政府间的互信，创造了更多的交流与合作的机会，包括经贸的合作，降低了合作的成本，提高了成功率，这就是汉语的长远经济价值。

三、汉语国际推广与华文教育的关系

汉语国际推广与华文教育二者涵盖的内容有相同之处，也有不同之处，但随着时代的发展，今后在以汉语国际推广为主流，海内外华文教育为重要组成部分的中国语言文化国际推广事业中，两者将不断相互融合，呈现出三大特点：一是目标一致；二是主要服务对象不断交叉重合；三是主要途径和组织形式逐渐整合成多元优化模式。因此，此处中国政府主导的华文教育被纳入汉语国际推广的研究范畴，成为其中的一个重要组成部分。

（一）目标一致

汉语国际推广和华文教育的开展都以将汉语和中华文化推广到全世界为宗旨，目标都是推动交流和增进对中国的友谊和情感。汉语国际推广的目的是让世界各国的人民通过学习中国语言文化，加深对中国的了解，与中国进行交流合作，进而增进中国与世界各国人民之间的友谊；华文教育早期主要是为了让华侨、华人子女不忘中国根，以语言文化教育为载体，同时实施爱国教育，让他们不忘记祖（籍）国；后来华文教育的对象主要是华裔，在入籍国出生成长，对祖籍国的感情比先辈较为平淡，因此华文教育是一个重要的纽带，在中国语言文化的学习中，作为一种民族语言文化教育，唤起他们对祖籍国的情感，寻求一种文化认同和归属，让他们不会忘记自己是中华儿女。汉语国际推广最基本和最主要的内容是在世界各地进行汉语教学和传扬中国文化；华文教育的首要内容在早期主要表现为华侨教育，是华侨为其子女学习

---

❶ 中华人民共和国教育部：2018年来华留学统计。

中国语言文化和科学知识，在居住地兴办的教育，❶华侨教育纳入中国教育体系，学历受中国承认；"二战"后，华文教育对象改变和扩大，内容也随之变化，即主要对华侨、华人和华裔，也包含一部分外国人开展中国语言文化教育，内容还包括社会、政治、经济、宗教、民俗等。

（二）主要服务对象不断交叉重合

汉语国际推广是面向世界各国人民，尤其对有汉语学习需求者提供资源，其中也包含华人及华裔。早期华文教育由华侨社会自己兴办，受中国的教育法令所制约和中国教育管理机构的管辖，华侨学校的学历得到中国的承认，它是中国教育的一个组成部分。❷华文教育早期的对象是中国侨民及其子女，实质上还是对中国人的教育。但"二战"后东南亚国家走上独立，普遍采取管制华侨学校的政策，大多数侨民都入籍所在国，华校演变为所在国华人的私立学校或民族文化学校，华侨教育也演变为对外籍华人的民族文化教育。随着时间推移，当今社会的华文教育面向的对象不断扩大，主要是华人、华裔，也包含非华人的外国人群体。可以说，汉语国际推广和华文教育的服务对象侧重点不同，但服务对象不断交叉重合。

（三）主要途径和组织形式逐渐整合成多元优化模式

汉语国际推广的组织形式多样，早期以来华留学生教育为主，逐渐发展为"走出去"的以语言教学和文化传播为主，有以办学形式存在的孔子学院、有以文化传播活动形式存在的汉语桥比赛、各类夏（冬）令营，有以人才输出形式的选派赴国外汉语教师和志愿者，以及以考试形式的HSK考试、对外汉语教师资格考试等等，组织形式多样，包含广泛。华文教育主要是采用办学的组织形式，从早期私塾、书院到传统华侨学校、新式华侨学校，再到"二战"后统称的华文学校，有组织地采用办学的形式来传授中华民族语言和传统文化。20世纪后半期，华文教育的办学形式主要有四种：一是传统侨校，有悠久办学历史，提供从幼儿园、小学到中学的教育，办学经费主要来源于华人社团捐资，主要集中分布在东南亚，有6000多所侨学校；二是补习性质的华文学校或补习班，华文作为第二语言进行教学；三是为新移民开办的中文学校，多为周末补习学校，分布在欧美、大洋洲等一些发达国家和地区；四是被所在国收编并纳入国民教育体系的老侨校，华文仅作为一门课程，主要分布在菲律宾、新加坡等国家。❸中华人民共和国成立后，国侨办开办的面向海外的华文教育活动和项目，与海外华社一同发挥越来越重要的作用。国侨办主导的华文教育组织形式和活动内容不断成熟，如设立华侨学生补习学校，复

---

❶ 顾明远. 教育大词典[M]. 上海：上海教育出版社，1992：377.
❷ 林蒲田. 华侨教育与华文教育概论[M]. 厦门：厦门大学出版社，1995：2-8.
❸ 贾益民. 华文教育概论[M]. 广州：暨南大学出版社，2012：27-28.

办暨南大学、创办华侨大学，为侨服务；举办各类师资培训班，以请进来和走出去的方式培训海外华校教师；开展各类语言文化短期夏令营，选派外派教师赴海外华校任教，支持当地华文教育。可以说，汉语国际推广和华文教育发展历程不同，但所采用的主要途径和组织形式随着事业的不断发展，逐渐整合为由办学、海外师资培训、短期语言文化活动、输送汉语优秀师资等组成的多元优化模式，发挥了教授语言和传播优秀文化的很好效用。

四、高校与汉语国际推广的关系

高校承担汉语国际推广的使命不是偶然，因为高校与汉语国际推广事业有契合点。两者之间的契合点是都具有传承文化的功能，都用教与学作为主要的途径，都服务于社会的需求，都致力于国际交流与合作，高校是汉语国际推广的重要载体和平台，汉语国际推广进一步提升高校的国际化程度。

（一）都具有传承文化的功能

一般认为，大学的职能是人才培养、科学研究和服务社会。随着高等教育在国内的迅猛发展，从精英教育到大众化教育，以及现在进入普及化教育时代，高等教育在培养专门化人才和促进社会发展中发挥着越来越重要的作用。高校在培育人才的过程中、在同其他国内外学校交流的过程中、在科研创新的过程中，都是以知识为载体，对知识进行保存和传递，同时也是对文化的传承创新。潘懋元教授曾指出：文化功能是大学的基本功能，大学的一切工作其实就是为了文化发展；大学不仅要让文化得到传承，也要对其进行保存、批判和选择，最重要的一点就是要对文化进行创新。❶而汉语国际推广是以相关教学和文化活动为载体，以推动中外文化交流与合作，增进中国与世界各国人民之间的友谊为目标的语言文化国际传播事业。❷在教授汉语的过程中，通过语言之美，通过文字承载的文化符号和信息，通过各种文化体验活动，向学习者诠释、传播中华优秀文化，发挥了传承文化的功能。结合大学文化传承与创新职能的视角，能更好地理解大学致力于汉语国际推广的意义和使命。大学是传授知识和创新知识的场所，也是传承五千年优秀文化的重要场所，通过大学的教与学，把文化的精华传递给学生，通过高校汉语国际推广，把汉语和优秀中华文化传递给世界，是传承文化的有效途径，也是创新文化传承的方式。

---

❶ 卢丽君. 引领文化：大学功能研究的深化和升华[J]. 中国高等教育，2006（18）：14.
❷ 吴应辉，央青，谷陵. 北京市汉语国际推广现状与发展战略研究报告[M]. 北京：中央民族大学出版社，2012：1.

（二）都用教与学作为主要的途径

高校的主要职能是教学，通过教学传授人类已有的经验、理论和知识，引导和帮助学生探索未知的领域，通过教与学为社会培养符合需求的专门人才。汉语国际推广的主要形式是通过将海外孔子学院作为一个载体和平台，来推广汉语和中华文化。孔子学院通过语言课堂开展教学，教授不同层次、不同类型和不同功能的汉语，有的进入所在大学的汉语课程体系，开展有学分的汉语课程教学，使所在国家的学生能够在学习汉语和汉字的过程中，学会使用汉语的技能，从而增进对汉语所承载的悠久文化的理解，以及对当代中国的认识。

（三）都服务于社会的需求

服务社会是高校的职能之一，为社会和经济发展培养所需要的各类专门人才，从而促进了社会经济的发展，是对社会最直接的服务形式；高校还利用自身所具备的科研能力，积极进行产学研合作，为社会提供科研方面的服务，有效实现服务社会的职能。汉语国际推广通过设立海外孔子学院、选送和培训当地急需的汉语师资、开展各种语言文化交流活动服务于世界各国的汉语学习需求，为各国培养了一大批掌握汉语技能、熟悉中华文化的人才，这部分人才为所在国家发挥积极作用，不仅促进了社会发展，还促进了不同地区和国家之间的合作交流。

（四）都致力于国际交流与合作

2017年2月中央下发《关于加强和改进新形势下高校思想政治工作的意见》，文件明确提出高校在新形势下的五大职能，提出把国际交流与合作作为大学的"第五项职能"。"第五项职能"的提出，对高校在发展过程中的理论创新、办好中国特色的高等教育、提高高等教育发展水平、增强国家核心竞争力和软实力，具有十分重要的指导意义。高校是传授和创新知识的重要场所，知识没有国界，是人类进步共享的宝贵财富，高校必须通过积极的对外交流合作，来获取前沿的知识和科研信息，为知识更新和科学研究提供渠道和平台；同时高校通过中外合作办学、合作课程、选送访问学者等方式，与国境外高校与教育机构联合培养人才，因此国际交流合作是高校发展内在的需求。而汉语国际推广的宗旨就是推进中外文化的交流与合作，在推广过程中，也离不开国际交流与合作。可以说国际交流合作是汉语国际推广的宗旨和实践，当前已设立了孔子学院与课堂分别为541所、1170个，有效地把语言文化推广到162个国家与地区，在国际合作过程中，这是重要的丰硕成果，也是与"一带一路"合作伙伴的重要交流平台。从国际交流合作职能的视角，大学的汉语国际推广也是大学进行国际交流的途径，在交流过程中，将语言和文化作为桥梁，构建合作的平台和开展具体合作项目；也在多元交流的过程中，汉语和中华文化作为主要的内容，得到了有效的推广，这是一个相互作用的过程，一种良性的互动循环。

（五）高校是汉语国际推广的重要载体和平台

高校与汉语国际推广的契合是由高校身负的职能决定的。在汉语国际推广中，高校是积极践行者，是重要的载体和平台。一是高校直接参与了汉语国际推广事业，截至2019年在海外500多所孔子学院中，95%以上是国内高校、国外高校和孔子学院总部三方合作设立的，国内高校选荐中方院长，承担日常教学和开展文化活动，取得了很好的成效。二是高校为汉语国际推广培养了大批汉语国际教育专门人才，为孔子学院提供师资和志愿者，解决世界各国对汉语教师的紧张需求。汉语国际推广对于师资的要求较高，既要对汉语语言有较深的造诣，了解和掌握中华文化和相关技能，还要有丰富的教学实践经验，能因材施教、因地制宜教授和指导所在国学生。高校师资力量雄厚，培养的相关专业人才成为汉语国际推广的人才储备，是汉语国际推广的重要师资库，能够可持续地输送具有较高专业水平和素质能力的汉语教师。三是高校强大的科研功能，对政治、经济、文化、社会以及教育等各个领域的问题能进行深入研究并且提出解决问题的对策和措施。汉语国际推广是一个跨多学科领域的事业，在发展中会面临着这样或那样的一些问题，高校可以从教育学、传播学、管理学、政治学等多学科的视角去思考、研究和提出解决问题的办法，为孔子学院的发展提供理论基础，甚至多方位地参与汉语国际推广的实践；另外，汉语国际推广可以借助高校的科研能力，对自身发展的一些重点、难点问题进行联合攻关，从而为汉语国际推广的长远发展保驾护航。

（六）汉语国际推广进一步提升高校的国际化程度

开展国际交流合作是高校自身发展的需求，与国外的高校、教育机构、科研机构和社会团体开展学术和文化交流，是高校提升国际化程度的重要途径，可以促进高校提高办学质量、教学水平及科研能力。汉语国际推广是面向世界推广语言文化的事业，遍布158个国家的孔子学院，为高校搭建了遍布世界的国际交流平台。高校参与合作设立海外孔子学院，承担教学、文化推广活动，与国外合作高校建立密切的合作关系，孔子学院成为一个窗口和平台，展示国内高校的办学水平和特色，也为国内高校对外交流合作提供便利的条件和环境，承担前期的筹备，成为合作期间的稳定联络沟通渠道，为顺利交流合作提供很好的平台。遍布全球的孔子学院网络，为国内高校提供了取之不尽的合作资源，一所孔子学院不仅可以联系500多所孔子学院，还可以联系这些孔子学院的外方合作高校，获取便捷的合作信息和途径。同时，高校在参与汉语国际推广的过程中，合作设立海外孔子学院和提供汉语师资，这也是提升高校国际化程度的一个过程。

第三节
主要理论基础

主要理论基础是采用战略管理理论和汉语国际推广圈理论。战略管理理论主要解决高校汉语国际推广战略分析框架问题，汉语国际推广圈理论则重点解决推广过程中的区域战略问题。

一、战略管理理论

战略管理理论最早用于企业管理，美国学者钱德勒（Alfred D. Chandler）是企业战略管理问题研究的先行者，他的《战略与结构：工业企业史》于半个世纪之前出版，他在这本书中提出了"结构追随战略"的理论，分析环境、战略、组织之间建立了怎样的联系，认为企业要根据具体环境制定合适的管理战略，让市场发展所需得到满足，也要根据发展战略对组织架构进行调整，增强二者的契合度。安德鲁斯（Andrens）在20世纪70年代初他出版的专著《公司战略概论》中，提出了战略制定的SWOT框架，即战略制定过程中要从企业内部考虑自身的优势和劣势，以及外部环境中提供的机会和存在的威胁。20世纪80年代，迈克尔·波特（Michael E. Porter）系统地提出了战略管理理论，他在《竞争战略》这本书中分析产业结构的五种作用力及模型。在《竞争优势》一书中对价值链理论进行了深入研究，由此构建了完善的理论分析框架，对企业的各种行为及相互联系进行分析，从整体上把握企业具备怎样的竞争优势。[1]战略管理包含分析、规划、实施、控制等环节。在战略管理之中，战略分析处于首要环节，从分析内部与外部发展环境两个方面入手，认清企业目前的优劣势，判断怎样才能把握住机遇、应对挑战。在战略管理之中，居于核心位置的是战略规划，包含总体战略和相关竞争、科技、营销、生产、人才、质量等职能战略；战略实施是战略规划实现的过程，包含结构调整、资源配置、年度计划、目标管理、绩效管理等；战略控制是实现战略目标的保证，将实施过程中达到的与预期目标进行比较、评价、分析和及时纠正偏差。

美国管理学专家斯蒂芬·P.罗宾斯（Stephen P.Robbins）在专著《管理学》中指出战略管理的过程（图2-1）分五步进行：一要认清组织现阶段应该承担怎样的责任、设定怎样的目标、实施怎样的战略；二是从外部入手进行外部环境分析，从内部入手分析组织内部环境；三是确

---

[1] 迈克尔·波特.竞争优势[M].北京：华夏出版社，2015.

定战略；四是战略执行；五是评估结果。❶他还特别指出制定一种有效的竞争战略，要求清楚地定义和理解组织自身的竞争优势，即与众不同的优势和特征，来自组织的核心竞争力；可以把质量作为一种竞争优势，通过有效开发和利用来保持竞争优势。

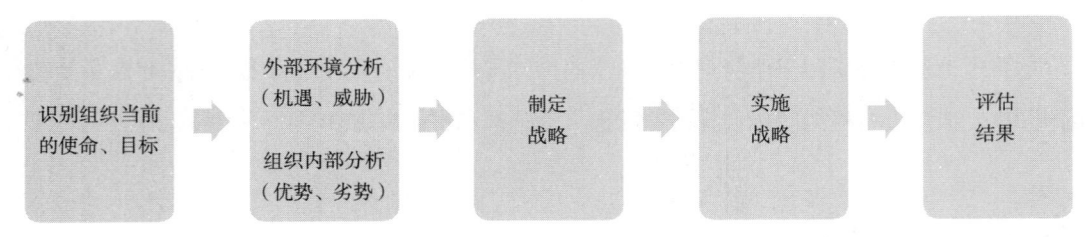

识别组织当前的使命、目标 → 外部环境分析（机遇、威胁）/ 组织内部分析（优势、劣势） → 制定战略 → 实施战略 → 评估结果

图2-1　斯蒂芬·P.罗宾斯的战略管理过程

把战略管理理论引入高等教育管理领域比较有影响的著作是丹尼尔·诺雷（Daniel Nore）和赫伯特·谢尔曼（Herbert Sherman）编写的《从战略到变革：高校战略规划实施》，其中明确指出，不同类型的学校代表着不同的发展战略，对各种资源形成的依赖、在竞争中遭遇的风险等也有所不同。因此在制定战略时，高校要分析基本资源的约束和进行风险评估，增强发展战略的可行性。❷英国布莱顿大学校长戴维·沃森（Watson D.）在著作《高等院校战略管理》中从外部视角、内部视角和个人视角进行战略分析，提出战略管理思想。❸加拿大学者明茨伯格教授（H.Mintzberg）提出战略5P定义，即从计划（plan）、计谋（ploy）、模式（patten）、定位（position）、视角（perspective）等五个方面，充分考量和谋划。

中国高等教育研究专家别敦荣指出战略规划要关注三个重点，一是谋划全局；二是谋划重点；三是谋划长远。❹学者唐世纲认为大学发展战略是在研究揭示大学未来发展规律的基础上，而形成的对大学未来发展的重大的、带全局性或决定大学全局的谋略或谋划。❺学者张晓报认为大学发展战略是大学为了实现自身发展所进行的长期的、重大的、全局性的谋划。❻由此可见，大学制定发展战略的目的就是要促进发展，大学发展战略要体现出对未来发展的前瞻性、全局性、长期性的特点。

基于战略管理的理论，笔者从历史的视角，梳理汉语国际推广历史和高校汉语国际推广的历程，从现实发展的视角，总揽高校汉语国际推广的发展现状，并了解高校汉语国际推广重点

---

❶ STEPHEN R，MARY C. 管理学[M]. 李原，孙健敏，黄小勇，译. 北京：中国人民大学出版社，2012：221-223.
❷ 丹尼尔·诺雷，赫伯特·谢尔曼. 从战略到变革：高校战略规划实施[M]. 周艳，赵炬明，译. 桂林：广西师范大学出版社，2015：4-5.
❸ 戴维·沃森. 高等院校战略管理[M]. 孙俊华，王宏林，徐黎，译. 南京：江苏教育出版社，2010.
❹ 别敦荣. 论大学发展战略规划[J]. 教育研究，2010（8）：36.
❺ 唐世纲. 现代大学发展战略：内涵、特征与功能[J]. 长春工业大学学报，2010（1）：16.
❻ 张晓报. 大学发展战略内涵与功能探析[J]. 教育探索，2013（7）：27.

面向的周边国家的汉语教育情况和存在问题；从理论和实践层面，深入阐析高校在汉语国际推广的使命和任务，会面临市场、竞争和选择，会有自身的优势、劣势和外部环境带来的机遇和威胁；高校汉语国际推广必须被视为一个战略，需全面掌握高校承担汉语国际推广的情况，深入了解各种形式，分析现状和问题，制定出切实可行的战略目标和战略实施措施，并在实施过程中进行阶段性的评估以不断地改进和提升，使高校在汉语国际推广中获得持续的竞争优势，为国家大战略服务（图2-2）。

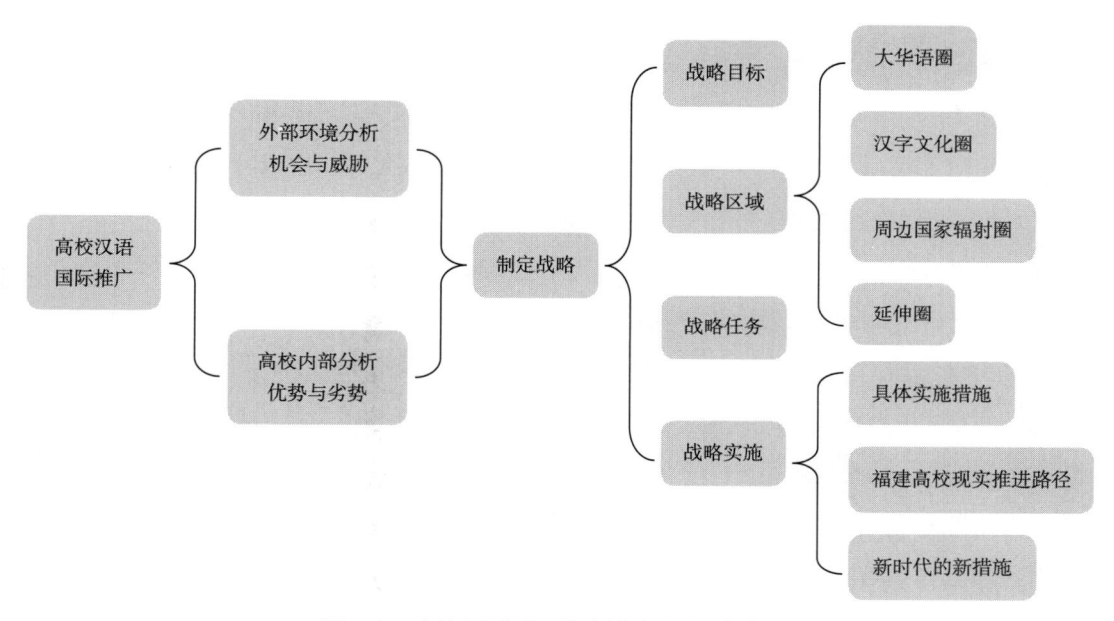

图2-2　高校汉语国际推广战略的分析框架图

二、汉语国际推广圈

　　汉语国际推广圈理论是笔者基于三位学者在语言推广方面的研究，总结提炼而来的。印度裔语言学家布拉吉·长齐鲁（Braj Kachru）按照英语国家和地区的不同特征，提出了三层同心圆模型，每个圈层对应不同类型国家，内圈为把英语作为母语的国家，外圈为把英语作为官方语言或第二语言的国家，延伸圈为把英语作为外语的国家。中国学者李宇明根据汉语国际传播的国家与群体将其划分为由三个层次构成的战略圈，一是海外华人社区，二是汉字文化圈国家，三为辐射圈国家。姚敏也提出了汉语国际传播层级的观点，认为可分为华语传播圈、汉字文化圈、汉语辐射圈。可见，在语言国际推广和传播过程中，因群体、地域、文化、传统等原因，不同国家和地区之间存在着层级关系，有些国家和地区处于核心地带，在语言传播和推广中发挥关键作用，而有些则处于外围地带，起到辐射和延伸的作用。

受这些理论的启发，笔者认为汉语国际推广可以根据汉语使用和推广的情况以及地理位置划为四个圈，即大华语圈、汉字文化圈、周边国家辐射圈和延伸圈（图2-3）。大华语圈来自华语这一概念，是指至今仍在学习、使用和传播华语的华侨、华人和华裔，以及他们所处的社区，这是汉语国际推广的核心圈，是基础和根据地。大华语圈不是一个特定的地域概念，因为华人和华人社区遍布世界各地，主要分布在东南亚，因此大华语圈的覆盖范围与周边国家辐射圈重叠度较高，也与汉字文化圈及延伸圈有重叠，具有广泛性和弥散性的特点。华侨、华人和华裔与中华民族的语言有着天然的血缘关系，世代都有着对汉语的学习需求以及通过汉语了解和学习母族文化的愿望。因此，大华语圈是汉语国际推广中发挥核心作用的区域，也是汉语国际推广的丰沃土壤和深厚根基，从某种意义上说，在汉字文化圈、周边国家辐射圈和延伸圈中，汉语国际推广在很多时候都是通过大华语圈而进一步辐射和延伸出去的。

汉字文化圈是指日本、韩国、越南等国家，自古就受到中华文化的影响，在使用汉字的基础上创造了自己的文字，并承袭了中华文化的传统。以日本和韩国为例，作为汉字文化圈国家的代表，这两个国家是我国的邻国，地处东北亚，自古以来与我国在政治、经济、文化等方面有着深厚的渊源。而且，这两个国家还有一个共同点，最早都没有自己的文字，是在学习和使用汉字的基础上，逐渐创造的自己的文字，同时学习中国的思想文化和管理制度。而以文字为纽带，文化为渊源，汉语教育在这两个国家均受到重视，有较好的基础。

周边国家辐射圈是指与我国相邻或相近的国家，与中国在经济、政治、文化上往来密切，且华侨、华人分布较多的国家。以菲律宾、印度尼西亚、泰国、新加坡等四个国家为例，均是东盟的主要成员国，地处东南亚，有着各自的发展历程和不同的汉语教育历史，地理位置上与我国邻近，与当代中国在经济、政治、文化上往来密切，而且华人均较多，这些国家与中国有着天然纽带，具备较强的汉语国际推广潜力，是汉语国际推广应该重点面向的国家。

延伸圈是指除去汉字文化圈和周边国家辐射圈以外的其他国家和地区，这些国家的人民或出于对汉语和中华文化的尊敬和喜爱，或出于对经贸往来、交流合作的需求，把汉语作为一门外语来学习和推广。延伸圈是在汉语国际推广中有较大发展空间的区域，受大华语圈、汉字文化圈和周边国家圈的影响和带动，它发

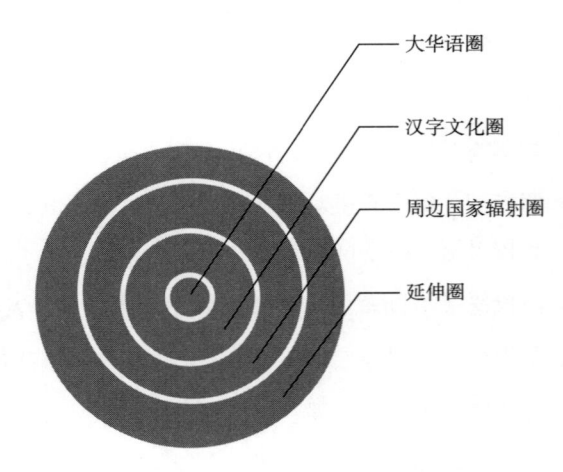

图2-3　汉语国际推广圈

挥延伸的功能。

　　处于汉字文化圈和周边国家辐射圈的周边国家，总的特点是其汉语教育与地缘政治紧密相关，受国家间外交关系的影响很大，国家间外交关系趋好时，汉语教育因得到政府支持而发展迅速，反之则遇到挫折和打击，因此汉语教育也是国家关系的晴雨表。在建设"一带一路"的时代大背景下，周边国家对汉语教育需求更加迫切，迎来了很好的发展时机，也得到了中国的有力支持。汉字文化圈国家中，日本和韩国，自古与我国渊源深厚，深受中国文化的影响，汉语学习以中国文化为纽带，汉语教育有较好的基础，是高校汉语国际推广该重点关注的国家。处在周边国家辐射圈的泰国、菲律宾、印度尼西亚和新加坡，是华人人口分布较多的周边国家，也是与大华语圈重叠度较大的圈层，汉语教育以华文教育为主体，推动汉语教育渐渐拓展到主流社会，天然的血缘关系和众多的华人人口，使这些国家成为汉语国际推广的重点面向国家，需要高校充分发挥自身优势，加大与华社和华文教育机构的合作，开展国别化研究，大力培养本土化汉语师资，建设本土化个性汉语教材，积极发挥孔子学院语言文化推广作用，推进汉语国际推广在这几个国家取得更明显的成效。

本章小结

　　本章界定了汉语国际推广、华文教育和高校汉语国际推广战略等核心概念。深入分析了四组重要的关系，首先是语言和文化密不可分的关系，语言是文化的重要组成部分，文化的传播离不开语言，两者的发展相互依赖、相互影响、相互制约；其次是在社会政治经济发展中，汉语国际推广产生的推动作用，可以提升软实力，营造良好国际环境；可以行使话语权，推进语言文化外交；可以加强国际化，实现汉语经济价值；再次是汉语国际推广和华文教育，两者有互相融合发展的趋势，并具有目标一致、服务对象交叉融合、主要推广途径和组织形式逐渐整合成多元优化模式的三个明显的特点；最后是高校与汉语国际推广，主要从两者的契合点进行探析。本章阐明了主要理论基础是战略管理理论和汉语国际推广圈理论，从战略的高度来研究高校汉语国际推广，按战略管理过程，制定关于高校汉语国际推广战略的分析框架，是后续对高校汉语国际推广发展环境分析和提炼战略目标、区域、任务和战略实施的前期理论梳理和基础。

第三章 我国高校汉语国际推广的历史、现状和问题

历史与现实的区分只具有相对的意义，历史与现实之间相互依存、相互渗透；追溯它的产生、发展的历史有助于透彻地了解它的现实情况。[1]同理，追溯高校汉语国际推广的历史，了解它的过去、不同时期的发展过程和特点，是为了更好地了解高校汉语国际推广的现状，为研究打下扎实的实践基础。

第一节 我国汉语国际推广的发展历程

在我国，汉语国际推广有着悠久历史，此处分别从中华人民共和国成立前和成立后两个阶段，来梳理汉语国际推广的发展历程。

一、中华人民共和国成立之前的汉语国际推广

汉语国际推广始于汉武帝时代，张骞出使西域打通了丝绸之路，带来了中西交往和贸易的发展，也带动了域外学习汉语的需求。在汉语国际推广的历史中，有两个主要影响因素，一是宗教的传播，二是中国的政治、经济和文化综合实力。随着佛教、天主教、基督教的传入，僧侣和传教士们把汉语作为传播宗教的必要工具，以个人行为或有组织地进行汉语学习，使对外汉语教学得到了较大的发展。在唐、宋、元三个朝代的鼎盛时期，中国的政治、经济和文化实力对外产生了强大的影响力，外国派僧侣、使节前来学习汉语和文化，或者在本国进行汉语学习，使对外汉语教学得到国家层面的重视，不断朝正规化发展。从明清时期到民国，传教士们对汉语的国际推广起到一定的积极作用。纵观这段历史，汉语国际推广主要是以对外汉语教学为主线，在中西贸易、宗教和综合国力的影响下不断向前发展。

（一）汉语国际推广的肇始

汉武帝时，汉高祖至文景之治时期培植的国力得到充分发挥，汉武帝征战四方，不断扩展汉朝的疆域。汉武帝为了联合周边国家攻打匈奴，两次派张骞出使西域。张骞历经十七年的艰难险阻，了解到当时西域各国的风土人情，包括大宛、大夏、大月氏、康居和乌孙等国，打开

---

[1] 刘海峰, 史静寰. 高等教育史[M]. 北京: 高等教育出版社, 2010: 3.

了汉人的视野，也打开了中西往来和贸易的通道"丝绸之路"。西域各国商人到中国做生意，汉语也自然成为进行贸易活动的语言之一。可以说，汉语国际推广肇始汉代，与丝绸之路的兴起紧密相连。

（二）早期来华僧侣的汉语学习

东汉永平年间至魏晋南北朝时期，汉语国际推广的发展与佛教传入中国的进程和不断发展、兴盛息息相关。东汉永平年间，佛教传入中国，西域和印度的僧侣纷纷来到中国，主要目的就是弘扬佛法。早期以西域僧侣为主，他们要传教、翻译经文，就必须借助汉语。从东汉到隋唐时期，河西地区的敦煌、酒泉、张掖、凉州是僧侣的必经之地，也是学习汉语的场所。河西走廊的一些大寺院有教授汉语的僧人，"很可能在敦煌、凉州等地形成了西域僧人汉语培训班，主要培训与中国佛教相关内容"。❶在魏晋南北朝时期，佛教空前兴盛，译经是当时最重要的佛教活动之一。东晋时期著名的西域龟兹国僧人鸠摩罗什就是在凉州十七年，学习汉语和弘扬佛法，之后入长安从事译经，率领弟子共译佛经74部、384卷。在隋唐时期，佛教得到极大的发展，周边国家选派僧侣来中国学习佛法和汉语，也有印度和周边国家的僧侣来中国传法和翻译佛经，高僧辈出，佛经翻译硕果累累。佛教的传入与发展，推动了对外汉语教学的发展和实践。

（三）有组织的对外汉语教育

唐宋时期，许多留学生来华学习汉语和文化，当时对来华外国人子弟开设的"蕃学"，使汉语教育走向有组织的正规化教育。唐朝时期，中国国力强盛、科技先进、社会富足，文明程度在当时世界上首屈一指，吸引一些外国人前来交往、做生意和学习等，对外经济文化交流十分频繁。日本从630年派出第一批遣唐使开始，共派出遣唐使20批次，一般每批不超200人，但中后期三个批次的人数均达550人以上。盛唐时期的长安是世界大都市之一，在长安居住的外国人达数千人，唐代首都长安有如20世纪后半叶的纽约。因此，汉语教学的重要性与迫切性日益凸显。唐朝管理官派留学生的机构是鸿胪寺，鸿胪寺虽然是北齐以后开始设立的中央机构，但在唐代具有留学生管理的职能，对促进留学生人数的增加和汉语及文化的教学具有重要的意义。

唐代外国来华留学生可以进入中央官学国子监学习，官方负责所有费用，学制最长的可达9年。当时留学生分为三类，一是学问生，愿意长期留在中国学习与深造；二是请益生，他们

---

❶ 张西平.世界汉语教育史[M].北京：商务印书馆，2009：23.

在来到中国之前就已经在某个领域进行了深入研究并有一定的造诣；三是还学生，他们学成随自己国家的遣唐使一起返回自己的国家。❶当时留学生大量增加，据五代王定保的《唐摭言》记载，贞观五年（631年）以后，唐太宗多次到国子监视察，并新修建学舍1200间；高丽、百济、新罗、吐蕃、高昌等国都派遣人员到大唐学习，一时之间国子监学生人数突破了8000人。❷虽然这些学生中有多少是留学生没有具体记载，但肯定是一个不小的数目。

唐朝的留学生代表有：阿倍仲麻吕（698—770），日本著名遣唐留学生，后参加科举考试中进士第，在唐为官，玄宗赐名晁衡，官至左散骑常侍安南都护，与唐代诗人李白、王维、储光羲交往密切。他一生在唐朝生活五十四年，七十三岁在长安去世。他的文学造诣很高，诗作收录在《全唐诗》中。崔致远（857—928？），新罗庆州沙梁部（今韩国庆尚北道庆州市）人，12岁时来到唐朝求学，并在17岁时考取了唐僖宗乾符元年（874年）的"宾贡进士"，被授以江南西道宣州溧水县尉。他的文集《桂苑笔耕集》不仅是唐代著名文集，更是韩国（朝鲜）历史上早期著名的经典文献之一。

宋朝时期，中国的经济、文化、科技遥遥领先于世界。当时的对外经济文化交流渠道是东南的海上丝绸之路。宋代对外交往最重要的港口是广州和泉州，开宝四年（971年），广州设市舶使；元祐二年（1087年），泉州也设立了市舶司。由于在广州、泉州居住的外国人众多，出现了专门的"蕃坊""蕃巷"。在此背景下，宋徽宗时期，在广州、泉州等地设立了"蕃学"，对外侨子弟进行汉语、汉文化和外语教学。

（四）汉文字体系的形成

南北朝至宋这段时期，周边国家、地区以及少数民族受中国先进的文化和强大政治势力的影响，"借用"汉字来创制自己的文字。"非汉民族大规模地借用汉字是在南北朝至宋的这八百年间"。❸920年，突吕不等仿照汉字创制契丹大字，总字数达数千个。1036年，西夏大臣野利仁荣效仿汉字，主持创制西夏文字，总字数6000余字，编纂成书，分12卷，称作"国书"。1119年，金国的大臣完颜希尹以"依仿汉人楷字，因契丹字制度，合本国语"为原则创制的女真文字正式颁行。越南原来一直使用汉字，在13世纪至14世纪之交，运用汉字造字方式，越南人创造了自己的文字"字喃"，不过直到19世纪，越南人主要还是使用汉字。而早在唐朝，日本留学生吉备真备根据汉字正楷创制了日语中的片假名。

---

❶ 张西平. 世界汉语教育史[M]. 北京：商务印书馆，2009：26.
❷ 王定保. 唐摭言·卷一·两监[M]. 西安：三秦出版社，2011：7-8.
❸ 聂鸿音. 中国文字概略[M]. 北京：语文出版社，1998：89.

（五）对外汉语教学的转变

元朝是中国历史上疆域最大的朝代，而且各民族交通畅通，陆路可以到达俄罗斯、东欧、中东和非洲，水路可以到达中东、印度、波斯和非洲。元朝的外交活动相当频繁，使域外文明得以进入中国，而中国的语言文化可以传到国外。客观上为中外文化交流与传播创造了前所未有的良好环境，汉语作为第二语言的教育显得尤为必要。❶专用汉语教材《老乞大》和《朴通事》是古代朝鲜半岛最早的汉语教材，以当时的北京话为标准音，内容为日常会话。根据学者程相文的观点，这两本对外汉语教材具有开创性的意义，因为它实现了汉语作为第二语言教学的三大改变：一是从词汇教学为中心转向以课文教学为中心的转变；二是从书面语教学为中心到口语教学为中心的调整；三是在教学活动中重视语言交际技能，不再以语言要素为教学中心。❷

（六）传教士来华带动西方人学习汉语

明清至民国时期，传教士在中国的传教活动和汉语学习推广，在对外汉语教学的发展史中有着重要的作用。对外汉语的教与学，与宗教在中国的传播密不可分。佛教传入中国，西域和印度的僧侣纷纷来中国传教，他们学习汉语，用于布法和翻译经文。在大航海时代，西方传教士陆续来华，他们通过学习掌握汉语，以传播西方的宗教和科学技术，取得一些成果。

1584年至1588年，耶稣会士罗明坚和利玛窦开创了汉欧双语词典的编纂工作，他们共同编写的《葡汉词典》是最早的汉语欧洲语言双语词典，收录词汇6000余条，也是汉字用拉丁注音的初创。在他们的带领下，耶稣会士编撰出了一大批双语词典。根据学者王立达的研究，在1575年至1800年，传教士曾编写过60多种汉语或汉外对照词典，约有50多种保留至今。❸法国传教士马若瑟1728年写于广州的《汉语札记》，首次把汉语分成文言和白话两部分来研究，是第一部西方系统研究汉语语法的著作，也是近代汉语语法研究的奠基性著作。1816年，汤姆斯（Thoms）编辑出版了一部颇为特别的《英译汉语对话与句子》，其中采用大量英汉对照的例句，中间为竖排的汉字，汉字左侧为英语注音，右侧为对应的英语单词。每一中文句子之下，再横排列出对应的英语句子。其中的例句在当时都相当实用。此类书都是为了对外国人进行汉语教学而编纂的，与后来为了中国人学习外语而编纂的书不同。

19世纪中期，伴随欧风美雨的强劲冲击，基督教新教传教士在此时大量进入中国，形成了

---

❶ 张西平.世界汉语教育史[M].北京：商务印书馆，2009：35.
❷ 程相文.《老乞大》和《朴通事》在汉语第二语言教学发展史上的地位[J].汉语学习，2001（2）：55-62.
❸ 王立达.汉语研究小史.[M].北京：商务印书馆，1963：12.

西学东渐的大潮，出现了西方人学习汉语的一个高潮。晚清许多传教士精通汉语，还在中国建立了学校。有不少充分掌握汉语的西方人成为中国通，尤其是长期担任京师同文馆总教习的美国传教士丁韪良（W. A. P. Martin）博士，他出版了《万国公法》《西学考略》等一系列中文著作，在清末有"西儒"之称。丁韪良认为中国人比较专心于本国之文，西方则比较注重探究"异邦之文"，也就是外国语文。因此在清末，西方来华传教士通晓中文的人众多，编出了许多双语词典，翻译了许多著作，在对外汉语推广方面起到重要作用。

民国时期，国内战乱不断，国际上经历两次世界大战，外国人对学习汉语的需求十分有限。但外国教会于北平创办的华北协和语言学校，却培养了一大批汉语人才，发挥了积极的作用。华北协和语言学校是在1910年由伦敦教会传教士里思创建，初衷是为初到中国的基督教青年会干事和传教士教授中国语言文化，后来渐渐扩大到外交人士和外资公司。到1925年，华北协和语言学校和燕京大学合并，成为该大学的一个系。在此期间，"共有24个国家的学生在此学习，毕业生有1621人，其中美国学生1140人，英国学生323人。"❶民国时期对外汉语教学相对中落，真正出现汉语国际推广的大发展，还是在中华人民共和国成立以后。

二、中华人民共和国成立之后的汉语国际推广

中华人民共和国成立以后的汉语国际推广，从2004年第一家孔子学院挂牌到2005年世界第一次汉语大会召开，在这一时间线之前，汉语国际推广主要依靠对外汉语教学，依托高校开展来华留学生教育，也有一些对外的语言文化推广活动；同时，为接收归国华侨华人学生，由政府主导开展的华文教育，在汉语国际推广范畴之中也成为一个重要的组成。

在这一时间节点之后，我国专门成立国家汉办，前身即为对外汉语教学领导小组办公室，标志着我国在汉语国际推广从"请进来"的战略，转变为积极实施全面的"走出去"战略，更主动地向世界推广汉语和中国优秀文化，依托孔子学院构建了一个分布在162个国家（地区）的语言文化传播和推广的大网络。孔子学院不以营利为目的，培训汉语教师，开展汉语教学，组织汉语考试和汉语师资认证等活动，从经济、教育、社会等方面积极从事当代中国研究和提供相关咨询。孔子学院总部❷与国家汉办合署办公，国家汉办领导担任孔子学院总部总干事。

---

❶ 张西平.世界汉语教育史[M].北京：商务印书馆，2009：90.
❷ 2020年7月5日，为适应国际中文教育事业发展需求，在原国家汉办和孔子学院总部的基础上，成立"中外语言交流合作中心"，隶属中国教育部，是发展国际中文教育事业的专业公益教育机构，致力于为世界各国民众学习中文、了解中国提供优质的服务，为中外语言交流合作、世界多元文化互学互鉴搭建友好协作的平台；2020年6月16日，中国国际中文教育基金会宣布成立，主要负责全球孔子学院的管理与支持。原有孔子学院总部的职能由这两个机构分担。

国家汉办与孔子学院总部是我国汉语国际推广的组织实施机构。在这一时期，国侨办主导的华文教育，也有长足发展，我国在2004年正式设立了华文教育基金会，理事会成员来自部委、民主党派和暨南大学、华侨大学两所高校，为境内外各种华文教育活动提供资金资助，包括在国内外推进的项目、与华文教育有关的公益活动，并支持开展理事会认同的与华文教育有关的工作。❶这一时期是汉语国际推广的跨越式高速发展阶段。

2020年，汉语国际推广的组织机构和性质发生深刻的变革，由在2020年先后成立的中国国际中文教育基金会和教育部中外语言交流合作中心代替原有国家汉办和孔子学院总部的职能，后续会详细表述。

（一）设立海外孔子学院

孔子学院是中外合作建立的非营利性教育机构，承担着教授汉语和传播中华优秀文化的使命，担负着提升国家文化软实力的战略任务。国家汉办是孔子学院早期的管理机构，孔子学院总部于2007年4月正式成立，是海外孔子学院的最高管理机构，采取合作设立、授权经营等模式设立海外孔子学院。在现有的孔子学院中97%以上是采用合作设立模式，依托国内高校的教学、师资和文化资源，与国外高校或机构、孔子学院三方合作设立海外孔子学院。第一所孔子学院成立于2004年，截至2019年在全球范围内增至541所，遍布于162个国家与地区，也设立了1100多个大量孔子课堂。从孔子学院与课堂数量看，欧洲最多，分布较广，有187家孔子学院，346家孔子课堂，分布在43个国家和地区；美洲有138家孔子学院，560家孔子课堂，分布在27个国家；亚洲共有39个国家设立了孔子学院和孔子课堂，分别为孔子学院135家，孔子课堂115家（表3-1）。分布在世界各地的孔子学院承担着同样的职能，包括组织汉语教学活动、语言文化交流活动、培训汉语师资、组织汉语水平考试和提供信息咨询服务等活动。据孔子学院2018年度发展报告的统计数据，最近十年间，孔子学院与课堂共举办了22万场文化活动，受众达1亿人。孔子学院已然成为世界各国人民学习汉语、中华文化和了解当代中国的重要场所和窗口，数量的飞速增长从一定程度上说明了其受欢迎的程度。

表3-1 海外孔子学院数量和分布（数据截至2019年）

孔子学院与课堂总数	分布	学院数量/所	课堂数量/个
孔子学院541所 孔子课堂1170个	亚洲39国	135	115
	非洲46国	61	48
	欧洲43国（地区）	187	346

---

❶ 胡仁友. 汉语国际推广战略研究[D]. 吉林：东北师范大学，2014：23.

续表

孔子学院与课堂总数	分布	学院数量/所	课堂数量/个
孔子学院541所 孔子课堂1170个	美洲27国	138	560
	大洋洲7国	20	101

资料来源：根据孔子学院总部网站数据整理。

除了分布在世界各国的孔子学院外，孔子学院总部还利用广播、网络等手段，建设了空中孔子课堂。2007年12月孔子学院总部与中国国家广播电台合作，依托国际电台遍布世界的听众俱乐部，创建了广播孔子课堂，采用统一教材，用38种语言向各国的汉语学习者教授汉语和传播中华文化。网络孔子课堂为汉语学习者提供了灵活和便捷的学习方式，接受学员在网上注册和学习。

自2006年开始，每年召开孔总学院大会，总结过去一年，谋划新一年工作。来自全球的孔院院长、汉学家、从事汉语国际推广的机构和工作人员参加，每年确定不同主题，但皆围绕展望、发展、融入、融合、可持续等关键词，对汉语国际推广工作起到一定的推动作用，意义深远。虽然因为国际形势的变化，孔子学院的发展遇到了很大的挑战，在一些国家尤其是美国，孔子学院的数量减少许多，但就世界范围而言，孔子学院仍是汉语国际推广最重要的途径和载体。

（二）选派公派教师和国际汉语教师中国志愿者

为了应对世界"汉语热"带来的急剧增长的汉语学习需求和汉语师资匮乏的问题，国家汉办向国外教育机构、大中小学派出汉语教师（被称为公派教师），从有从事对外汉语、中文、外语和与教育有关专业教学工作，从有两年以上工作经验的大中小学在职老师中选派。每年根据国外岗位需求，由国家汉办公开招聘教师，并组织面试选拔，入选后赴国外任教，一般为两年。国际汉语教师中国志愿者计划于2004年正式启动，国家汉办承担相关工作的开展与管理，面向社会招募具有一定汉语教学能力的志愿者，到海外有需求的地方教授汉语和传播中华文化。志愿者项目由汉办委托省教育厅或高校负责相关的招募、遴选、培训和派出等具体工作；志愿者赴任前须接受一般为期两周的培训，包括汉语教学、现代技术、外事礼仪、赴任国国情等内容。以公派教师和志愿者为桥梁和纽带，增进其他国家对中国的了解，建立互信和友好的关系，也提高当地的汉语教育水平，可以说公派教师和志愿者是语言文化的推广者，也是友谊的使者。截至2019年末，到欧美与东南亚等国任教的教师与志愿者数量达到了10.5万人次。[1] 菲

---

[1] 孔子学院2019年度报告。

律宾华社和华校对公派教师和志愿者评价很高，认为他们为菲律宾华文教育输入有生力量，缓解师资紧缺，提高当地华文教育水平。由此可见，外派教师和志愿者对海外汉语推广的作用。

（三）实施"汉语桥"工程并组织"汉语桥"各类比赛

在对外汉语教学事业发展的现实基础上，汉办于2003年对未来五年工作做出了规划，这就是"汉语桥"工程，并于一年之后正式启动。"汉语桥"工程涉及九项工作：①设立孔子学院；②中美网络语言教学；③编写教材、制作音像资料和多媒体等；④培育国内外优秀汉语师资；⑤建设国内外对外汉语教学基地；⑥组织汉语标准化考试；⑦组织各类"汉语桥"比赛活动和世界汉语大会；⑧设立基金并对海外中文图书馆建设提供支持；⑨开展科研活动，提高教学水平。❶随后启动了各类"汉语桥"中文比赛、"汉语桥"外国中小学校长之旅和"汉语桥"高中生夏令营，设立"汉语桥"基金、援建海外中文图书馆，这些举措对汉语提升国际影响力和汉语的国际推广起到非常的积极意义。为了推动世界各国的汉语教学，不同类型与层次的"汉语桥"比赛成为重要的载体。2002年，汉办首次组织世界大学生中文比赛活动，之后每年暑假举办一次。参赛的对象是在国外的汉语爱好者和学习者，主要是在校的大学生和研究生；比赛内容涵盖汉语语言能力、中国国情知识、中国文化技能，比赛的形式有测试、演讲、竞赛和表演等。选手在所在国参加初赛，优胜者到中国参加复赛和决赛；比赛的获胜者获得不同类型的来华研修的奖学金。除此之外，还举办了"汉语桥"世界中学生汉语比赛、在华留学生汉语大赛等。2002年举办至今，"汉语桥"系列中文比赛已吸引众多国家和地区的青少年参加，被称为汉语"奥林匹克"。"汉语桥"中文比赛从一定程度上激发了国外的汉语爱好者和学习者的学习积极性，也成为看当代中国的窗口，了解当代中国的桥梁，对汉语国际推广有着重要的作用。

（四）华文教育长足进展

2004年9月，中国华文教育基金会成立，旨在加强华文教育，弘扬中华文化，增进中外交流。中国华文教育基金会受国侨办管理，设有理事会，理事单位由部委、民主党派中央和暨南大学、华侨大学两所高校组成。探索出由政府投入，社会力量支持来共同推动华文教育事业的模式，为华文教育事业注入更强的生命力，加大了支持境内外开展华文教育活动的力度。同时，主要依托北京华文学院、暨南大学、华侨大学等三所华侨学府，面向海外招收华侨、华人学生；建设国家、省、市三级华文教育基地，支撑华文教育事业发展；选送外派教师赴周边国家华校任教，教授汉语和传扬中华文化，支持当地华文教育。并组织内容丰富、形式多样的文

---

❶ 李盛兵，吴坚．汉语高效率国际推广研究[M]．北京：科学出版社，2013：16．

化活动，作为海外华裔青少年学习中文、了解中国优秀传统文化的平台和渠道。"请进来"的具有代表性的活动是"中共寻根之旅夏（冬）令营"，由国侨办或地方侨办与海外华社、华教组织合作，邀请海外华裔青少年来中国参加夏（冬）令营，以寓教于乐、寓教于游的活泼形式，让华裔青少年在课堂内外感受中华优秀文化和中国的建设发展成就，活动成效显著，成为面向海外华裔青少年的一个品牌；"走出去"的代表性活动是"中华文化大乐园"，与海外华社、华校和机构合作，到海外举办华裔青少年夏令营，传授中华文化和中华才艺，成为在海外传播中华文化的有效途径。

第二节 我国高校汉语国际推广的发展阶段

高校汉语国际推广是一项服务国家战略、意义深远的事业和工作，高校承担汉语国际推广的使命可以说是一种必然，是由两者之间的契合点和互补性决定的。两者之间的契合点在于都具有传承文化的功能、都用教与学作为主要的途径、都服务于社会的需求、都致力于国际交流与合作；互补性体现在高校是汉语国际推广的重要载体和平台，汉语国际推广进一步提升高校的国际化程度。无论2004年之前的初创和稳步发展阶段，还是在2004年之后的跨越式高速发展阶段，高校对于汉语国际推广都发挥了不可替代的积极作用。

一、初创阶段（1949~1971年）

中华人民共和国成立以后，汉语国际推广开始起步，以始于1950年的对外汉语教育为发端。1950年9月，中华人民共和国刚成立不久，清华大学率先承担起接收留学生的任务，设立了东欧交换生中文专修班，设立专修班是为了帮助留学生掌握汉语知识，以便进入专业学习。1951年初，专修班迎来了首届33名留学生。1950年至1961年的十年间，中国共接收来华留学生3215人，来自近57个国家，1961年在校生为471人。❶

1965年初，为方便外国来华留学生学习汉语、本国师生赴国外学习，成立了高等预备学校，这就是人们熟知的北京语言学院。从此以后，北京语言学院一直是中国唯一的以对外汉语

---

❶ 李秀丽. 对外汉语教学发展阶段的回顾分析[J]. 航海教育研究，2011（4）：50.

教学为主要任务的大学，在这一领域的教学、科研、师资培养以及国内外交流等方面，它发挥着基地、骨干和"龙头"作用。但后来，除对外国驻华使团进行教学和少量向外派汉语教师工作外，全国的对外汉语教学陷入停顿，停止接受留学生长达6年，北京语言学院也于1971年停办。这一阶段的汉语国际推广以接收留学生并开展对外汉语教学为主要形式，可称为汉语国际推广的初创阶段。

二、稳步发展阶段（1971~2004年）

我国于1971年在联合国的合法地位得到恢复，掀起了中外建交高潮。在1973年第28届联合国大会（以下简称联大）召开时，汉语被认定为联大工作语言之一。在这段时间内，我国政治局面相对稳定，高等学校恢复招生。1972年，北京大学早于其他高校一步开始正式招收留学生，紧随之后北京语言学院复校，越来越多的高校陆续恢复招生，对外汉语教学开始恢复并得到了发展。北京语言学院对外汉语本科专业于1983年正式设立，培养了大量对外汉语教师。北京大学、北京语言学院两所高校于1986年设立对外汉语硕士专业，开始培养硕士层次对外汉语教学专门人才。北京语言学院于1997年设立了首个对外汉语教学方向的语言学及应用语言学博士学位点。在此期间，为了让对外汉语师资管理和培养进一步规范化和制度化，推动对外汉语教师素质的提升，国家教育委员会于20世纪90年代初对此类教师资格认定下发了《对外汉语教师资格审定办法》。

1984年，为了改变中国标准规范汉语水平测试比较落后的状况，受教育部委托，北京语言学院开展初、中级汉语水平考试的研究，针对母语非汉语的人的汉语水平而设置了标准化考试。于1993年取得较大进展，我国的汉语水平考试（HSK）正式达到国际级标准化考试层面。在国务院的批复之下，我国于1987年正式成立了国家汉办，领导和协调相关对外汉语教学工作，接受国家教育委员会的直接管理。自此以后，对外汉语教学走上了更加有计划、有组织的快速发展道路。国家汉办成立之后开展了一系列积极有效的工作，为对外汉语教学在我国的发展起到了推进作用，在汉语国际推广中成为重要的主力军。

中华人民共和国成立之后到20世纪90年代，对外汉语教学构成当时汉语国际推广的主线，以国家汉办为主导开展的活动，起到了主导作用。但除此之外，对于归国华侨华人开展的华文教育，也发挥了重要作用。中华人民共和国成立之后，于1949年设置了中央人民政府华侨事务委员会，负责华侨相关事务。1950年成立"北京归国华侨学生中等补习学校"，接收满怀爱国激情的归国华侨学生，提供大学先修课程，人数最多时达3500多人。政府于三年后围绕华侨学生的长期收容下发文件，指明了工作方针并提供了具体方案❶，归国华侨学生得到了有效安置。为了满足学生接受高等教育的需求，1957年复办暨南大学，1960年创办华侨大学，这两所大学因侨而生、以侨立校。1978年1月，国侨办成立，于1981年5月复办了20世纪50年代用于接收归国华侨学生的北京华侨学生补习学校，在1982年国侨办主持召开的"北京华侨学生补习学校工作会议"上，确定办学方向和任务是向海外华侨华人传播祖国的语言和文化，并决定在北京、广州、集美新增三所华侨补校。❷随后，北京华侨学生补习学校举办了短期夏令营、海外教师培训班，受到海外华侨华人的欢迎，成为求学首选。

三、跨越式高速发展阶段（2004~2019年）

2004年，全球第一家孔子学院在韩国首尔成立，迈出了走出国门传授汉语和传扬中华优秀传统文化的第一步。2005年，首届世界汉语大会在北京召开，标志着我国的对外汉语教学发生了转变，汉语国际推广成了新的工作重点和方向。国务院办公厅于2006年下发了《关于加强汉语国际推广工作若干意见》，指出了这项工作的紧迫性和重要性，并指明汉语加快走向世界的总体规划和政策措施，汉语国际推广工作进一步被提高到国家战略的高度。同时，汉办的职能也在不断拓展，具有为国家制定汉语国际推广的方针政策与发展规划的职能，还包括向各国各级各类汉语教育机构提供汉语教学活动，积极传播优秀中华文化；加强标准化建设，包含国际汉语师资标准，汉语能力测评标准，国际汉语教学通用课程大纲；选派大量教师与志愿者到海外从事汉语教学活动，并组织相关培训活动；开发与组织汉语标准化考试，全面推行"孔子新汉学计划"，为一系列研究工作提供支持；提供孔子学院奖学金，组织各种类型的比赛活动，构建立体化数字资源平台，把广播、电视、网络等资源引入国际汉语教学。

2006年，国家汉办主任许琳提出了对外汉语教学的"六大转变"❸，从发展战略、工作重心、推广理念、推广机制、推广模式和教学方法等六个方面发生全方位的转变，实施汉语"走出去"战略，推动应用型转型，会同政府民间多方力量，进行市场化运作，用信息技术创新教学方法。许琳明确表示，为了实现这六大转变，要以海外汉语学习需求为出发点，从孔子学院建设与发展、教材改革、师资力量培养、网络平台搭建、汉语考试革新、加大力度支持重点国家等方面入手提升质效。2007年4月成立孔子学院总部，与国家汉办合署办公，管辖全球所有的孔子学院，对海外孔子学院的发展建设起引领、指导、推动和支持作用。在随后的十几年时间里构建了一

---

❶ 1953年出台《长期收容处理华侨学生工作方针与方案》。
❷ 李盛兵，吴坚. 汉语高效率国际推广研究[M]. 北京：科学出版社，2013：10.
❸ 许琳. 汉语加快走向世界是件大好事[J]. 语言文字应用，2006（S1）：8-12.

个分布在世界各国的语言文化传播和推广的大网络。这也标志着汉语国际推广事业从"请进来"转变为全方位地"走出去",这一阶段是跨越式高速发展阶段。在这一阶段,高校参与了汉语国际推广的全面工作,承担汉语国际推广的具体项目。高校与孔子学院总部、国外高校三方合作共建海外孔子学院,至2019年达500所以上,遍布世界各地,为汉语国际推广搭建世界网络和交流合作平台;承办汉办的汉语国际推广基地和国侨办的华文教育基地,为汉语国际推广提供智力、教学、科研支持和文化交流的条件,承担具体项目运作,是汉语国际推广的有力支撑;开设汉语国际教育硕士和相关专业,为汉语国际推广直接输送高层次专门人才和提供人才储备;依托高校办学优势,举办各类语言文化推广活动,促进教育文化交流合作,助力汉语国际推广。在汉语国际推广的跨越式高速发展阶段,高校发挥了不可替代的重要作用。

第三节 我国高校汉语国际推广的现状和问题

我国高校经历汉语国际推广的初创阶段和稳步发展阶段,接收来华留学生、开展对外汉语教学、开办对外汉语专业、培养对外汉语师资、设置汉语水平标准化考试、开展华侨华人教育,积累了专业人才和教学科研力量。在汉语国际推广的跨越式发展阶段,在共建海外孔子学院、承办汉语国际推广基地和华文教育基地、培养专门人才等方面凸显高校文化传承与创新的职能,并开展形式多样的语言文化交流活动。近年来,高校成为汉语国际推广的主要阵地,发挥重要的作用,但高校汉语国际推广也存在几个较突出的问题。

一、高校共建海外孔子学院的现状分析

高校汉语国际推广的最主要形式是共建海外孔子学院,目前全世界有541所孔子学院,国内高校参与合作设立的孔子学院占比达97%以上(表3-2)。

表3-2　高校合作设立孔子学院情况(数据截至2019年)

大洲	孔子学院数量/所	高校合作设立孔子学院数量/个	占比
亚洲	135	132	97.78%
非洲	61	61	100%

续表

大洲	孔子学院数量/所	高校合作设立孔子学院数量/个	占比
欧洲	187	183	97.86%
美洲	138	131	94.93%
大洋洲	20	18	90%

资料来源：根据孔子学院总部网站数据整理。

共建孔子学院模式是指孔子学院总部、国内高校和国外高校三方合作在国外高校所在地设立海外孔子学院，通过孔子学院总部的批准和前期的资金投入和支持，由国内高校承担孔子学院具体语言教学以及开展各项文化推广活动，由国外合作高校提供硬件设施并参与共同管理，日常运作接受孔子学院总部的检查和指导的模式，称为共建孔子学院模式（以下简称共建模式）。97%以上的孔子学院的设立和发展都依托于国内的高校，国内高校共建孔子学院模式具有典型性，也具有普遍共性（表3-3）。

表3-3 国内高校合作设立孔子学院数量最多的十所高校（数据截至2019年）

序号	中方大学	孔子学院数量/所
1	北京外国语大学	23
2	北京语言大学	18
3	厦门大学	16
4	上海外国语大学	10
5	中国人民大学	10
6	北京大学	10
7	大连外国语大学	10
8	天津外国语大学	10
9	南开大学	8
10	南京大学	8

资料来源：根据孔子学院总部网站数据整理。

截至2018年12月，日本孔子学院数量达到了15家，孔子课堂2家，其中孔子学院全部与中国高校合作设立（表3-4）。2005年秋，日本首家孔子学院——立命馆大学孔子学院成立；2018年底，第15家孔院，山梨学院大学孔子学院正式成立。日本孔子学院数量的不断增加，是中日双方在政治、经济、文化各领域不断深入交往的结果，对推动日本汉语教育，国内高校在其中发挥了积极作用。

表3-4 日本孔子学院/课堂

序号	名称	成立时间	中方合作机构
1	立命馆大学孔子学院	2005.6	北京大学
2	札幌大学孔子学院	2005.11	广东外语外贸大学
3	冈山商科大学孔子学院	2005.11	大连外国语大学
4	樱美林大学孔子学院	2005.11	同济大学
5	北陆大学孔子学院	2005.11	北京语言大学
6	立命馆亚洲太平洋大学孔子学院	2005.11	浙江大学
7	爱知大学孔子学院	2005.11	南开大学
8	早稻田大学孔子学院	2005.11	北京大学
9	大阪产业大学孔子学院	2007.8	上海外国语大学
10	福山大学孔子学院	2007.8	对外经贸大学、上海师范大学
11	工学院大学孔子学院	2007.8	北京航空航天大学
12	神户东洋医疗学院孔子课堂	2007.10	天津中医药大学
13	长野县日中友好协会广播孔子课堂	2007.11	中国国际广播电台
14	关西外国语大学孔子学院	2009.9	北京语言大学
15	学校法人兵库医科大学中医药孔子学院	2009.9	北京中医药大学
16	武藏野大学孔子学院	2015.8	天津外国语大学
17	山梨学院大学孔子学院	2018.12	西安交通大学

资料来源：根据孔子学院网站资料整理。

韩国是汉语学习大国，随着"汉语热"迅速升温，从20世纪90年代起，韩国来华留学生的人数超过了日本，居于来华留学国家的首位。据统计，韩在华留学生2002年有36093人，占来华留学总人数的42.1%，到2018年，韩在华留学生已达到6.7万人，数量居世界第一。[1]为了满足韩国民众对汉语学习的需求，从2004年第一所孔子学院在首尔设立，孔子学院的数量持续增加，不断蓬勃发展。到目前为止，韩国已有23所孔子学院和5所孔子学堂，其中22所孔子学院是与中国高校合作设立的（表3-5）。孔子学院以教授汉语和传扬中华优秀文化为己任，学历教育和非学历教育并举，依托国内高校办学实力和特色，开设具有浓郁中国特色的书法、绘画、太极拳、烹饪等课程，组织各类文化活动、讲座和比赛，积极推动了当地的汉语学习热潮。

---

[1] 中华人民共和国教育部.2018年来华留学统计.

表3-5　韩国孔子学院/课堂

序号	名称	成立时间	中方合作机构
1	首尔孔子学院	2004.10	—
2	忠北大学孔子学院	2006.9	延边大学
3	东亚大学孔子学院	2006.11	东北师范大学
4	湖南大学孔子学院	2006.11	湖南大学
5	东西大学孔子学院	2006.11	山东大学
6	又松大学孔子学院	2006.11	四川大学
7	忠南大学孔子学院	2006.12	山东大学
8	启明大学孔子学院	2007.4	北京语言大学
9	顺天乡大学孔子学院	2007.7	天津外国语大学
10	世翰大学孔子学院	2007.6	青岛大学
11	江原大学孔子学院	2007.2	北华大学
12	大真大学孔子学院	2007.7	哈尔滨师范大学
13	泰成中高等学校孔子课堂	2008.10	石家庄市第42中学
14	又石大学孔子学院	2009.1	山东师范大学
15	济州汉拿大学孔子学院	2009.4	南开大学
16	华山中学孔子课堂	2009.7	吉林市第一中学
17	仁川大学孔子学院	2009.8	大连外国语大学
18	韩国外国语大学孔子学院	2009.9	北京外国语大学
19	仁川新岘高中孔子课堂	2010.1	天津市第三中学
20	仁川国际高中孔子课堂	2010.1	天津市第一中学
21	庆熙大学孔子学院	2010.1	同济大学
22	延世大学孔子学院	2012.11	四川师范大学
23	圆光大学孔子学院	2014.2	湖南中医药大学、湖南师范大学
24	安东国立大学孔子学院	2012.5	曲阜师范大学
25	彩虹孔子课堂	2014.5	吉林省对外汉语培训中心
26	世明大学孔子学院	2014.7	江西中医药大学
27	汉阳大学孔子学院	2015.6	吉林大学
28	济州大学商务孔子学院	2016.4	对外经济贸易大学

资料来源：根据孔子学院网站资料整理。

在泰国，厦门大学、北京大学、上海大学等中国高校与泰国各大学合作建立孔子学院，截至2019年共有孔子学院16家，均和国内高校合作设立，另有孔子课堂11个，所提供的中文课、书法、绘画和诗词等汉语课程在泰国大受欢迎（表3-6）。

表3-6 泰国孔子学院

序号	名称	成立时间	合作机构
1	皇太后大学孔子学院	2005.12	厦门大学
2	孔敬大学孔子学院	2006.3	西南大学
3	宋卡王子大学孔子学院	2006.2	广西师范大学
4	宋卡王子大学普吉孔子学院	2006.3	上海大学
5	勿洞市孔子学院	2006.2	重庆大学
6	朱拉隆功大学孔子学院	2006.8	北京大学
7	川登喜大学孔子学院	2006.3	广西大学
8	玛哈沙拉坎大学孔子学院	2006.2	广西民族大学
9	东方大学孔子学院	2006.11	温州大学等
10	农业大学孔子学院	2006.11	华侨大学
11	曼松德昭帕亚皇家师范大学孔子学院	2006.12	天津师范大学
12	清迈大学孔子学院	2006.11	云南师范大学
13	华侨崇圣大学中医孔子学院	2015.11	天津中医药大学
14	海上丝路孔子学院	2015.4	天津师范大学
15	易三仓大学孔子学院	2014.9	天津科技大学
16	海上丝路·帕那空皇家大学孔子学院	2017.12	大理大学

孔子课堂11个：合艾国光中学孔子课堂、吉拉达学校孔子课堂、罗勇中学孔子课堂、玫瑰园中学孔子课堂、明满学校孔子课堂、南邦嘎拉娅尼学校孔子课堂、暖武里河王孔子课堂、彭世洛醒民公立学校孔子课堂、普吉中学孔子课堂、易三仓商业学院孔子课堂、岱密中学孔子课堂

资料来源：根据孔子学院网站资料整理。

值得一提的是，泰国的第一所孔子学院皇太后大学孔子学院（表3-7），由厦门大学、孔子学院总部和皇太后大学于2006年11月合作设立，开展汉语教学和文化推广项目，通过组织各类比赛推动当地汉语学习，通过培训汉语师资提高当地汉语教学水平，并研发和出版教材。厦门大学利用自身办学优势，向该孔院选派优秀中方院长进行管理，输送志愿者老师开展语言教学，提供专家学者讲学，并选送艺术团体等进行艺术文化交流，为该孔院发展提供有力支撑，一同积极地服务合作大学和当地社会，产生了较好的社会影响，也为厦门大学赢得很好的海外声望。

表3-7　泰国皇太后大学孔子学院情况

设立时间及地点	2006年11月4日挂牌，位于泰国皇太后大学诗琳通中国语言文化中心
合作院校	泰国皇太后大学、厦门大学
活动内容	培训、讲座、文化展、承担部分中文学院课程教学和其他文化活动
学生来源	当地中小学生、泰国皇太后大学学生、教职员工以及校外人士
教材	由教师自选，主要选用《快乐汉语》《汉语会话301句》
经费来源	主要由中方拨款；外方提供水电、外方工作人员工资、卫生以及志愿者住宿、午餐费用；部分项目收费、部分项目免费

资料来源：根据厦门大学汉语国际推广南方基地·孔子学院南方基地编《厦门大学共建孔子学院2018年度工作报告》和该孔子学院提供的信息进行整理。

综上所述，国内高校是合作设立海外孔子学院的主要力量，是国家汉办、孔子学院总部的重要依托。在合作设立孔子学院的共建模式中，孔子学院总部、国内高校和国外高校三方相互依存、相互作用，各司其职、通力合作，来实现孔子学院的目标和宗旨，取得了有目共睹的成效，为孔子学院的发展构建了十分良好的框架和基础，高校在其中发挥了不可替代的重要作用。

二、高校承办汉语国际推广基地的现状分析

高校在直接参与共建海外孔子学院的同时，也积极承担了为汉语国际推广事业提供强大支援的责任。截至2019年，国家汉办、孔子学院总部在全国设立的19个汉语国际推广基地（表3-8），其中就有16个是直接依托国内高校，有19所大学直接承担了汉语国际推广基地的不同功能，为汉语国际推广提供发展战略研究和咨询、师资培训、教学研究、资源开发、教材研发、国别区域研究等方面的强大支撑。这19所大学基本都参与建设海外孔子学院，参与建设海外孔子学院数量最多的是北京外国语大学，共参与建设23所海外孔子学院，形成基地建设与孔子学院发展相互支撑、互为依托的良性运行机制，为加快中国语言文化走出去的步伐，早日实现"中国梦"作出了贡献。

表3-8　高校承办汉语国际推广基地

序号	所在地	获批时间	基地所在单位	基地名称	合作孔子学院数量/所
1	北京	2006	中国人民大学	汉语国际推广研究所	10
2	北京	2008	北京师范大学	汉语国际推广新师资培养基地	8

续表

序号	所在地	获批时间	基地所在单位	基地名称	合作孔子学院数量/所
3	北京	2008	北京外国语大学	汉语国际推广多语种基地	23
4	北京	2008	北京语言大学	国际汉语教学研究基地	18
5	北京	2009	北京大学	国际汉学家研修基地	10
6	北京	2009	对外经贸大学	国际商务汉语教学与资源开发基地	8
7	东北地区	2009	吉林大学等四所高校	汉语国际推广东北基地	11
8	福建	2008	厦门大学	厦门大学汉语国际推广南方基地	16
9	广东	2009	中山大学	国际汉语教材研究与培训基地	3
10	海南	2009	海南师范大学	东南亚汉语推广师资培训基地	1
11	河南	2008	河南省教育厅	汉语国际推广少林武术基地	—
12	湖北	2009	武汉大学	国际推广教学资源研究与开发基地	4
13	湖南	2010	湖南省政府等多个部门	国际汉语传播湖南基地	—
14	辽宁	2009	大连外国语大学	汉语国际推广多语种大连基地	10
15	山东	2011	山东大学	中华文化研究与体验基地	8
16	上海	2008	华东师范大学	国际汉语教师研修基地	7
17	上海	2010	上海财经大学	国际商务汉语教学与资源开发基地（上海）	2
18	天津	2009	南开大学	跨文化交流研究与培训基地	9
19	新疆	2008	新疆维吾尔自治区教育厅	汉语国际推广中亚基地	新疆大学：3 新疆师范大学：3 新疆财经大学：1 石河子大学：1 新疆职业大学：1 新疆农业大学：1

资料来源：根据孔子学院总部网站数据整理，孔子学院数据截至2019年。

国家汉办、孔子学院总部依托厦门大学，于2008年9月设立厦门大学汉语国际推广南方基地。该基地承担的主要任务有汉语文化传播研究及推广，国际汉语教师及孔子学院管理人员培训，提供教学资源支撑，开发国别化教材，为相关工作的开展增加人才储备。汉语国际推广南方基地与厦门大学共建孔子学院，是相互支撑、互为依托的运行机制的典型代表。一方面，南方基地为厦门大学共建孔子学院可持续发展提供服务和支撑，在师资培训、教研、人才储备等方面发挥积极作用；另一方面，厦门大学共建孔子学院推动南方基地各项工作的新进展，作为对外交流的桥梁和合作的平台，使南方基地朝着规模化、专业化、一体化发展。目前，南方基地开展的各类培训涵盖孔子学院中、外方院长、公派教师、志愿者教师、外国本土汉语教师、教育官员和中小学校长等，其中包含来自美国、加拿大、法国、西班牙、泰国、韩国、日本、柬埔寨等世界各国的本土汉语教师，已成为中国现有汉语国际推广基地中规模最大的国际汉语师资培训基地。❶

国家汉办、孔子学院总部依托北京语言大学，于2009年4月建立国际汉语教学研究基地，是首批建立的十个汉语国际推广基地之一。基地的主要任务是创新教学理念，运用现代信息技术手段和市场优势，研发适应新形势下海外汉语教学发展需要的教学方法、教材资源和教师培训模式等。❷北京师范大学汉语国际推广新师资培养基地是2008年国家汉办、孔子学院总部批准设立的，主要任务是面向来自国内外国际汉语教师开展培养培训，并承担相关科研工作。在人才培养方面，具体开展了汉语国际教育专业硕士培养、国内外各类国际汉语师资培训以及志愿者教师培训；在科研方面，研发培训大纲、课程模式和编写教材，调研我国对外汉语教师队伍和师资培养状况；就我国公派汉语教师选拔标准与测评体系进行研究，研发国际汉语教育网络等工作，取得很好的成效。❸

综上，高校承办汉语国际推广基地直接服务于国家的汉语国际推广，为海外孔子学院可持续发展提供智力和人力支持。每个基地依托高校的办学优势与资源，依托所在地域的特色和文化，承担不同任务，具有不同职能侧重，发挥不同作用，既分工又形成合力，共同为汉语国际推广提供全方位的有力支撑。

三、高校承办国侨办华文教育基地的现状分析

2000年开始，国侨办在全国先后遴选了一批大专院校，作为开展海外华文教育的基地。华文教育基地的任务就是秉承"为侨服务"的宗旨，承担教材研发，招收、培养海外华侨华人子弟，也承办海外华裔青少年各类语言文化推广活动，还负责培训和输送汉语教师，以及开展华文教育领域的理论研究。现有基地50个，其中76%为高校具体承办和负责建设。在36个高校华文教育基地中，有31所高校合作设立海外孔子学院，其中又有5所高校同时还是汉办汉语国际推广基地，分别是北京外国语大学、厦门大学、华东师范大学、延边大学和海南师范大学（表3-9）。由此可见，高校在承担文化传承职能的时候，可以以多种形式、依托多个平台、整

---

❶ 厦门大学汉语国际推广南方基地[EB/OL]https://baike.baidu.com/item.
❷ 北京语言大学国际汉语教学研究基地。
❸ 北京师范大学汉语国际推广新师资培养基地。

合学校优势，同时发挥汉语国际推广和华文教育最大的效能，相互依托，相辅相成。

表3-9 高校承办国侨办华文教育基地

序号	所在地	获批时间/年	基地所在单位	合作孔子学院数量/所
1	安徽	2000	安徽大学	4
2	安徽	2000	安徽师范大学	1
3	北京	2000	北京华文学院	—
4	北京	2016	北京外国语大学	23
5	福建	2000	华侨大学	2
6	福建	2001	厦门大学	16
7	甘肃	2012	西北师范大学	3
8	广东	2003	暨南大学	1
9	广西	2011	广西师范大学	3
10	贵州	2015	贵州师范学院	—
11	海南	2000	海南师范大学	1
12	海南	2000	海南大学	1
13	河北	2017	河北大学	4
14	河南	2012	河南大学	1
15	河南	2012	郑州大学	2
16	湖北	2000	华中师范大学	4
17	湖南	2004	湖南师范大学	3
18	吉林	2000	延边大学	1
19	吉林	2012	东北师范大学	4
20	江苏	2000	南京师范大学	3
21	江苏	2016	南京晓庄学院	—
22	江苏	2017	常州大学	1
23	江西	2000	九江学院	2
24	辽宁	2000	辽宁师范大学	2
25	青海	2016	青海民族大学	—
26	山东	2000	泰山学院	—
27	山东	2006	青岛大学	2
28	山西	2002	山西大学	1
29	陕西	2007	陕西师范大学	1
30	上海	2000	华东师范大学	7

续表

序号	所在地	获批时间/年	基地所在单位	合作孔子学院数量/所
31	上海	2000	上海师范大学	3
32	四川	2008	四川大学	5
33	天津	2001	天津大学	3
34	浙江	—	浙江大学	2
35	浙江	2004	温州大学	1
36	重庆	—	重庆师范大学	2

资料来源：根据国侨办网站资料和孔子学院总部网站数据整理。

湖南师范大学于2003年成为国侨办华文教育基地，在基地建设方面，学校整合优势资源，凝炼地域特色，融入湖湘文化内涵，打造项目品牌，努力建设"国内一流，海外具有一定影响"的华文教育基地。❶在对华裔青少年开展的各类语言文化推广活动中，通过课程设置、文化考察、课外活动等多元组合，让华裔青少年深入接触湖湘文化，了解当代湖南和当代中国。在师资培育中，依托师范院校的办学积淀和教师教育优势，在基地建设、华文师资培训、函授学历教育、外派教师培训等方面取得很好成效。在构建华文教师培训体系中，将"华文本体知识"与"华文要素教学法""华文课型教学法""华文教学实践"有机结合，取得很好的实践成果，提高了海外教师华文教学水平。并面向印度尼西亚推广"课外自学+集中面授+本地辅导"的函授教学模式，加大本土师资培训力度。

除了国侨办华文教育基地外，还有省级和市级华文教育基地，构成三级华文教育基地体系，开展华文教育研究、编写特色教材、开展夏令营活动、选派教师赴海外华校任教，成为密切联系海外华社、华人的桥梁和传承中华文化的重要平台，国内高校也积极参与其中。泉州师范学院自2012年入选福建省海外华文教育基地以来，培训海外华裔青少年1000多人，编写针对华裔青少年夏令营的特色教材，选送外派教师和志愿者近400人赴海外任教，培训海外本土华文师资1000多人，❷与菲律宾华教中心、菲华商联总会、菲律宾晋江同乡总会、马来西亚教师会总会等海外华人社团建立了密切合作关系。

综上，高校承办华文教育基地结合自身办学力量和地方优势文化，形成了一定的品牌效应。同时，高校的体制，也让华文教育更加专业化，形式多样、内容多元，社会化水平逐渐提升，为海外华文教育的发展提供有力支撑。

---

❶ 湖南师范大学国务院侨务办公室华文教育基地。
❷ 根据2019年泉州师范学院海外华文教育基地工作汇报整理。

四、培养汉语国际教育高层次专门人才

2007年，国务院学位委员会办公室发文，包括北京大学在内的24所高校正式启动汉语国际教育硕士专业学位试点工作。❶两年后，包括中国传媒大学在内的39所高校被新增为汉语国际教育硕士专业学位培养单位。❷截至2023年，全国共有107所高校培养汉语国际教育硕士人才。高校着力培养学生的汉语教学能力、文化传播能力和跨文化交际能力，使之成为能够在汉语国际推广中担当责任、完成教学任务、具有较高理论水平与较强实践能力的高层次、复合型人才，成为我国汉语国际教育的主力军，充当文化的使者和友谊的桥梁，为提升国家文化软实力发挥应有的作用。在汉语国际教育硕士的人才培养方案中，一般会设置一年的海外实习期，用于担任汉语国际教育志愿者，到海外华校、教育机构和孔子学院任教，到海外任教的经历可以提高专业能力，也能一定程度上缓解海外汉语师资的不足。而且，汉语国际教育硕士专业学位设立之后，不仅培养了国内的一大批学生，也吸纳了一大批外国学生加入汉语国际教育的行列，他们是本土师资的骨干，在所在国发挥着教授汉语和传播中华优秀文化的积极作用。

五、当前存在的主要问题

在梳理高校汉语国际推广的不同发展阶段和现状后，结合前面对相关学术论文的研究综述，提炼总结出高校汉语国际推广存在的几个较突出的问题。

一是高校汉语国际推广的战略规划和参与力度不够。从政府宏观层面，汉语国际推广的战略定位不明确，缺乏战略规划的引导，对汉语国际推广的大众性和普及性重视不够。❸高校是汉语国际推广的主要阵地和重要依托，但在国家层面没有对高校汉语国际推广的总体进行战略规划。虽提出高校的第四大职能是文化传承与创新，但推动高校自觉自愿投入汉语国际推广事业，缺乏政策导向和全方位支持；从高校层面，也较少对汉语国际推广制定专门战略规划，有的高校仅作为国际交流合作的一个项目纳入规划，重视程度和参与力度还是需要加大。

二是孔子学院的可持续发展和功能拓展问题。孔子学院造血功能还需加强，经费投入渠道要从较单一的来源，转变为社会各界支持的多元投入。厦门大学朱崇实校长在任孔子学院总部理事时，也指出过关于孔子学院经费问题，仅靠政府投入是不行的，"除了争取社会各界的支

---

❶ 国务院学位委员会办公室《关于开展汉语国际教育硕士专业学位教育试点工作和推荐全国汉语国际教育硕士专业学位教育指导委员会委员人选的通知》。
❷ 国务院学位委员会办公室《关于批准新增法律硕士等类别专业学位研究生培养单位的通知》（学位办[2009]35号）。
❸ 胡仁友.汉语国际推广战略研究[D]. 吉林：东北师范大学，2014：32.

持、捐赠和政府的帮助之外，孔子学院要想长期可持续发展，探索出一条市场化运作的方法和道路也是非常重要的"。❶此外，除了语言和文化功能外，孔子学院还需结合当地需求，灵活设置课程，尤其在"一带一路"建设中，把职业培训和就业需求等结合起来，要思考如何拓展"汉语+"功能。

三是高校为汉语国际推广输送专门人才的问题。首先，"汉语热"带来对汉语师资的大量需求，国家汉办选派的公派教师、国际汉语教师中国志愿者、国侨办选派的外派教师和高校培养的汉语国际教育师资，满足不了国际汉语教育对教师的需求缺口，依托高校加快本土化师资培训和汉语国际推广师资的培养和储备，才能逐步解决师资短缺的问题。就菲律宾华校而言，汉语教师的缺口很大，160多所华校，7万多名学生，仅有2000多名汉语教师，❷尽管我国外派教师、志愿者缓解了一些困难，但师资匮乏依然是难以解决的问题。其次，我国的公派教师、志愿者是在中国的教育环境中成长起来的，深受影响，中国式的教学方法需要因地制宜地调整变化，以适应现实环境和针对学习需求。教学方法的不适用性的根本原因，主要在于国家间教育体制与教学方法存在宏观上的区别。❸适应不同文化、不同学习群体、不同国度的教学方法，依然是需要不断在实践中探索和改进的关键问题。

四是高校研发的国别化、本土化汉语国际教育相关教材不足。尽管近年来高校在教材研发方面加大力度，但本土化、国别化教材研发力度还是不够，尤其专门用途教材数量不多。在《北京市汉语国际推广现状与发展战略研究报告》中，也提出教材问题：一方面是针对性的本土化教材不能满足市场需求；另一方面是语言技能类教材占比大，商务类、法律类、文史类专门用途教材少。❹本土化就是要以学习者熟悉的社会和生活的场景为背景，来设计教材。高校有多语种、多学科优势，在组织研发国别化教材和专门用途教材上要投入更多力量。另外，设有孔子学院的高校，对当地文化和真实环境有深入了解和接触，应该利用这个优势多开发本土化教材。

五是汉语国际推广和华文教育基地要进一步整合力量。两者的目的是一样的，为语言文化推广提供可持续发展的强大助力。但汉语国际推广基地由汉办设立，华文教育基地由国侨办设立，交流合作少，从既是汉语国际推广基地又是华文教育基地的高校为数不多，也可看出汉语国际推广和华文教育因主管部门不同，存在一定的分界线。随着汉语国际推广的跨越式发展，两者要整合力量，要鼓励更多高校承担基地工作，既为汉语国际推广输送人才和资源，也为华

---

❶ 孔子学院特刊.中外双方加大投入是可持续发展的关键[J].孔子学院特刊，2010（1）：56.
❷ 数据来源：菲律宾华教中心提供相关数据。
❸ 胡仁友.汉语国际推广战略研究[D].吉林：东北师范大学，2014：34.
❹ 吴应辉，央青，谷陵.北京市汉语国际推广现状与发展战略研究报告[M].北京：中央民族大学出版社，2012：13.

文教育活动提供有力支撑，你中有我，我中有你，发挥更大合力。

本章小结

追源溯本，汉语国际推广最早始于汉武帝时代丝绸之路的开通，之后与中西贸易、宗教传播和国家的政治经济文化综合实力紧密相关，并不断发展。高校汉语国际推广的发展脉络，可分为初创阶段、稳定发展阶段和跨越式高速发展阶段。中华人民共和国成立后，高校积极承担了接收首批留学生的汉语培训任务，是高校汉语国际推广的缘起。随后，高校在对外汉语教学领域的持续耕耘，更是成为学科建设、人才培养、教学科研等方面的中坚力量。在汉语国际推广的新时代，高校蓄势而发，积极服务于语言文化"走出去"战略，共建孔子学院、承办汉语国际推广基地和华文教育基地、培养专门人才和开展各类型汉语国际推广工作。研究这段历史和高校汉语国际推广的发展阶段、现状和存在问题，可以从历史和现实的角度，深入了解高校与汉语国际推广的关系，为后续研究打下基础和提供依据。

第四章 我国高校汉语国际推广案例研究——以福建高校为例

我国很多高校都长期致力于汉语国际推广，但由于不同的高校有不同的办学传统和办学文化，因此其采取的推广模式也不同，形成各具特色的高校汉语国际推广实践。笔者身处福建高校汉语国际推广的工作岗位，以福建高校为案例研究对象，一是笔者对福建省情和福建高校汉语国际推广总体情况有较全面深入的了解，便于开展深入的研究；二是福建本身的特殊性，以及福建高校在汉语国际推广中发挥积极的作用，使福建高校在国家汉语国际推广事业中具有一定的代表性。

福建地处海上丝绸之路核心区，又是著名侨乡，与海上丝绸之路合作伙伴的经济贸易和文化交流合作十分密切，与海外1500多万闽籍华人血脉相连，特殊的地缘和血缘关系，赋予福建高校的使命与责任，就是以自身办学特色及文化积淀，依托人才培养、学科专业建设和教学科研力量，为海上丝绸之路核心区建设和语言文化推广出力，从而服务国家战略。地处福建的高校有89所，其中本科39所。福建高校围绕国家战略并结合自身办学定位及区域文化优势，积极转化传统文化优势，长期致力于汉语国际推广，以共建孔子学院、输送专门人才、承担华文教育基地和承办各类型汉语推广活动等多种形式来践行大学文化传承和创新的使命。

一是共建孔子学院。截至2019年，福建高校在海外设立的孔子学院22所，其中厦门大学设立孔子学院16所，华侨大学设立2所，福建师范大学设立2所，福建农林大学设立1所，闽江学院设立1所。福建与海外高校共建的孔子学院积极开展语言教学和人文交流，彰显出办学特色，成为学习汉语和中华文化以及了解中国、福建的重要平台。

二是培养专业人才。福建高校着力汉语国际教育人才培养，推进国际中文教师队伍建设，建立汉语国际教育、汉语言文学等专业学科体系，储备能够支撑汉语推广的专业力量，培养专业知识扎实、教学实践能力强、国际视野开阔的专门人才，为选派外派教师及汉语国际教育中国志愿者提供了有力的人才保障。近年来，福建共派出1000多名志愿者和外派教师赴泰国、菲律宾、印度尼西亚、马达加斯加、柬埔寨、新加坡、巴西、美国等国家任教。志愿者和外派教师在海外教授中文，不单是在传承中华文化，更主要的是充分发挥融通中外、推广汉语及中华文化、塑造良好的中国形象、深化中外人文交流等方面的独特优势。

三是发挥汉语国际推广南方基地的作用。2006年7月国家启动了汉语国际推广基地建设工作，目前已在全国建立起19个汉语国际推广基地。厦门大学汉语国际推广南方基地是中国现有同类基地中规模最大的，在师资培训、志愿者培训、教材培训等方面发挥重要的作用。到2019年末，该基地培训了本土师资、国际汉语教师和管理人员2万多人，成效明显。

四是举办针对青少年的语言文化推广活动。2001年起，福建高校连续19年承办由菲律宾华侨陈永栽先生资助的菲律宾华裔青少年学中文夏令营，接待1.5万多名菲律宾华裔学生来福建学习中文和中华文化，感知福建，了解中国。同时，福建高校积极拓展和承办"中国寻根之旅"各类语言文化活动，以"汉语+中华传统文化"的主题和模式，让华裔青少年和外国学生在学习中文的同时，体验中华优秀传统文化、走遍祖籍国文化名胜，深入了解中国，感知中国，成为福建高校华文教育的品牌，也是回馈海外侨亲的重要举措。

部分福建高校在汉语国际推广事业中，业绩突出，特色鲜明，很好地践行了大学文化传承与创新的使命。本文选取地处福建的部属厦门大学、省重点建设高校福建师范大学、部属华侨大学和地方院校泉州师范学院作为个案研究的对象，深入了解高校在汉语国际推广中的作用、具体举措和发展思路。厦门大学以共建孔子学院为研究视点，福建师范大学从本土化专业人才培养入手，华侨大学以华文教育为例，泉州师范学院以输送外派教师和志愿者作为切入点，共同反映出高校汉语国际推广的全貌。

第一节 共建模式：厦门大学孔子学院

厦门大学是具有百年发展历史的高水平大学，也是我国第一所由华侨创办的高校，创办者是华侨领袖陈嘉庚先生。该校与国境外的250所高校缔结合作关系，构建了多元国际化交流平台；于2014年在马来西亚创办分校，在"走出去"办学中迈出了重要的一步，成为国内高校在境外办学并设立独立校园的第一家。学校大力实施汉语国际推广，与北美洲、欧洲、亚洲、非洲等地区的大学合作建立孔子学院，至2019年共建成16所，是"双一流"建设高校中承建孔子学院数量最多的中方合作院校。"十三五"期间，孔子学院累计注册学员30万人次，举办文化活动5800多场，受众200万人次，承接各项培训任务191项，培训学员2万多人，学校五次荣获孔子学院总部颁发的"先进中方合作院校"称号。并积极打造厦门大学汉语国际推广南方基地，建成全球孔子学院院长和汉语教师高端培训及人文交流的重要基地。

一、厦门大学共建孔子学院概况

随着综合国力和国际地位的提升，中国和世界的相互交流越来越多，汉语作为一种交流的工具和文化的载体，日益受到世界的重视。汉语的国际推广顺应了我国政治、经济发展的需求，被提升到了战略发展的重要地位。肩负汉语和中华文化推广使命的孔子学院应运而生。而在孔子学院的发展过程中，孔子学院总部、国内高校和国外高校或机构三方共建并由国内高校具体承办的共建孔子学院模式成为主导，国内高校在其中发挥着积极的作用。厦门大学在国家汉语国际推广的关键时刻，承担起大学应有的文化传承使命，与孔子学院总部、国外高校三方合作共建孔子学院。至2019年，厦门大学共建孔子学院达16所，并建立了附属孔子课堂47所。笔者着重以厦门大学共建孔子学院为视点，了解基本情况、合作模式、具体运作、办学特色，结合对相关负责人的访谈和收集材料的梳理，进一步思考厦门大学共建孔子学院今后的发展。

（一）共建孔子学院模式

在共建模式中，孔子学院总部、厦门大学和国外高校三方相互依存、相互作用，各司其职、通力合作，来实现孔子学院的目标和宗旨，取得了有目共睹的成效，为孔子学院的发展构建了良好的框架和基础（图4-1）。

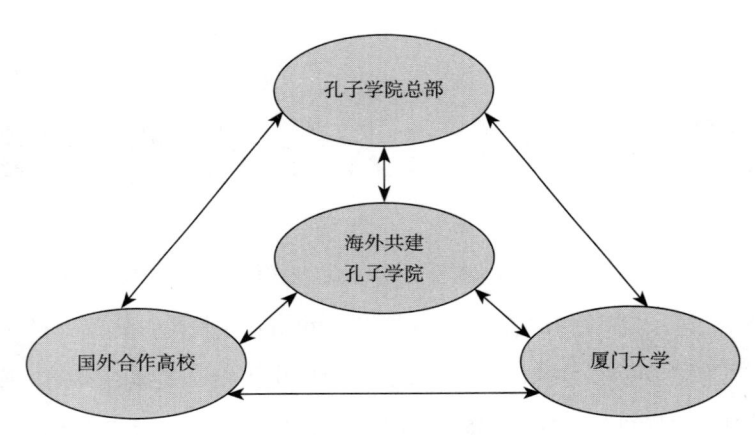

图4-1　厦门大学共建孔子学院模式图

在这种共建模式中，各方承担不同的职责，具体如下：

（1）孔子学院总部的主要职责。首先对孔子学院的标识、名称使用给予授权。其次在日常运作中，为孔子学院办学提供丰富的教学资源，包括免费的图书、教材、音像制品等；为孔子学院提供启动经费，并每年给予专项经费支持，用于组织文化活动和教学活动；授权并委托中方院校，作为中方具体执行机构与外方合作建设孔子学院；对孔子学院教学业务进行指导，组织教学检查、质量评估及提出指导意见。

（2）国外合作高校的主要职责。为孔子学院提供办学场所和办公设备；选派外方院长及行政人员，并承担相应费用；在工作中为中方提供便利条件，为孔院在当地银行设立单独账户，为中方工作人员办理入境工作的相关手续，并提供必要的工作条件。

（3）厦门大学职责。向孔子学院派遣一名中方院长和专职汉语教师；具体承担孔子学院与汉语教学、文化推广有关的事项，开展孔子学院的各项活动；编制孔子学院年度预算，向孔子学院总部申请部分经费，并配合做好年度审计；与外方院长协调开展工作；就孔子学院的其他需求与孔子学院总部进行协商。

（二）数量及分布情况

厦门大学从2006年参与共建第一所孔子学院——泰国皇太后大学孔子学院开始至2018年底，发展迅速，已经与13个国家共建了16所孔子学院，其中欧洲7所，美洲3所，亚洲3所，非洲2所，大洋洲1所，并建立了附属孔子课堂47所，注册学生共达到58864人，比2012年13652人增加了45212人，与2009年注册学生7618人相比，增加了近8倍。数据表明❶，厦门大学共建孔子学院发展迅速、规模不断扩大，是共建孔子学院数量位居前列、地域分布最广的国内高校（表4-1）。

表4-1 厦门大学共建孔子学院情况

序号	孔子学院名称	启动时间	孔子学院学生数/人				
			2014年	2015年	2016年	2017年	2018年
1	泰国皇太后大学孔子学院	2006.11	2997	4342	4939	6077	9058
2	南非斯坦陵布什大学孔子学院	2008.01	837	1200	1675	2030	1772
3	英国卡迪夫大学孔子学院	2008.02	792	3645	4156	4474	5716
4	尼日利亚纳姆迪·阿齐克韦大学孔子学院	2008.03	1550	1560	1780	1880	4376
5	法国西巴黎南戴尔拉德芳斯大学孔子学院	2008.07	248	172	226	227	—
6	德国特里尔大学孔子学院	2008.10	225	427	530	751	764
7	土耳其中东技术大学	2008.11	1502	1535	2070	2080	1520
8	波兰弗洛茨瓦夫大学孔子学院	2008.12	724	800	960	1389	4112
9	美国圣地亚哥州立大学孔子学院	2009.03	3523	3686	4670	4880	5128
10	马耳他大学孔子学院	2009.06	400	457	512	262	293
11	新西兰惠灵顿维多利亚大学孔子学院	2010.06	7695	12442	14518	20247	21742
12	美国特拉华大学孔子学院	2010.10	1882	2217	2277	1025	410
13	加拿大圣玛丽大学孔子学院	2010.10	343	315	309	156	176
14	英国南安普敦大学孔子学院	2011.10	860	1045	1210	1581	1750

---

❶ 因数据统计临近结束的时候，国家汉办与孔子学院总部改制，孔子学院由国际中文教育基金会负责，以民间的形式来运营孔子学院，但共建模式还是存在的，今后会进一步厘清职责分工，淡化政府色彩，引入市场化运行机制。

续表

序号	孔子学院名称	启动时间	孔子学院学生数/人				
			2014年	2015年	2016年	2017年	2018年
15	英国纽卡斯尔大学孔子学院	2012.02	446	462	626	1542	1152
16	菲律宾大学孔子学院	2015.10	—	—	180	525	892
		合计学生数：206957					

资料来源：根据《厦门大学共建孔子学院2014年度工作报告》《厦门大学共建孔子学院2015年度工作报告》《厦门大学共建孔子学院2016年度工作报告》《厦门大学共建孔子学院2017年度工作报告》《厦门大学共建孔子学院2018年度工作报告》整理。

（三）办学投入情况

厦门大学共建孔子学院的经费主要来源于中方与外方的资金支持。作为中方，孔子学院在创立时可获得由总部提供的10万美元资金作为启动经费，之后每年的投入按实际开展工作情况上报经费预算，申请经费。外方投入较为多元，有提供场所、参与人员经费、办公设施及条件、日常办公费用等多种形式。

从整理的数据来看，厦门大学共建孔子学院的经费来源稳定，以合作双方的投入为主，自身"造血功能"较弱。2013年，50%以上的厦门大学共建孔子学院（马耳他大学孔子学院和英国纽卡斯尔大学孔子学院不计算在内）的中方或外方经费投入都比2012年有所增加（表4-2）。其中，美国圣迭戈州立大学孔子学院的外方经费投入近几年逐年减少，2018年中外双方经费投入达1044692美元，居首位；英国卡迪夫大学孔子学院经费投入达521283美元，居第二位；新西兰惠灵顿维多利亚大学孔子学院经费投入达427836美元，居第三位；尼日利亚纳姆迪·阿齐克韦大学孔子学院居第四位，经费投入达400000美元；其余10所孔子学院2018年经费在5万美元至40万美元之间（除法国西巴黎南戴尔拉德芳斯大学孔子学院和菲律宾大学孔子学院），也都有一定的经费保障。厦门大学共建孔子学院的办公场所由国外合作大学提供，办学场所总面积自2014年的9616平方米不断扩大到2018年的15853平方米，有的大学则按需要提供。每所厦门大学共建孔子学院都有一定的图书资料供教与学使用，其中每年的藏书量均在上涨，2014年有58000册，2018年增至80481册。❶

---

❶《厦门大学共建孔子学院2014年度工作报告》《厦门大学共建孔子学院2018年度工作报告》数据。

表4-2 厦门大学共建孔子学院资金情况

序号	孔子学院名称	资金美元 外方					中方				
		2014年	2015年	2016年	2017年	2018年	2014年	2015年	2016年	2017年	2018年
1	泰国皇太后大学孔子学院	38400	158621	165000	175000	161000	152052	158621	171816	161614	159521
2	南非斯坦陵布什大学孔子学院	250589	242035	201585	107650	105442	166834	166834	183237	116299	96174
3	英国卡迪夫大学孔子学院	165607	209453	204340	431000	341698	235490	259995	103894	221000	179585
4	尼日利亚纳姆迪·阿齐克韦大学孔子学院	90000	75000	76500	76500	210000	100500	99811	94870	95660	190000
5	法国西巴黎南戴尔德芳斯大学孔子学院	150000	382048	276328	271792	—	80000	结算中	44045	57503	—
6	德国特里尔大学孔子学院	110682	31080	25000	30120	29563	75000	160440	146195	153056	150224
7	土耳其中东技术大学	114715	76600	77400	87700	82800	114715	147930	157350	79200	63290
8	波兰弗洛茨瓦夫大学孔子学院	60000	58919	52768	35543	68749	100000	143270	67047	30000	95318
9	美国圣地亚哥州立大学孔子学院	799004	742245	672360	610585	587085	649822	631851	594856	590080	457607
10	马耳他大学孔子学院	12500	9000	16059	45100	50000	50000	152735	24624	58900	28000
11	新西兰惠灵顿维多利亚大学孔子学院	219930	235699	463179	207200	169135	198983	295010	295790	350420	258701
12	美国特拉华大学孔子学院	160614	232064	168338	171042	157613	159163	191050	186218	0	165855
13	加拿大圣玛丽大学孔子学院	228254	228254	300000	305736	38000	220060	104030	64000	69410	21676
14	英国南安普敦大学孔子学院	212633	182605	181958	233755	146258	113848	191384	141081	159404	242009
15	英国绍卡斯尔大学孔子学院	144548	209197	216276	284752	228284	46060	103117	42113	184918	101461
16	菲律宾大学孔子学院	—	—	0	200000	—	—	—	150000	49490	—

资料来源:《厦门大学共建孔子学院2014年度工作报告》《厦门大学共建孔子学院2015年度工作报告》《厦门大学共建孔子学院2016年度工作报告》《厦门大学共建孔子学院2017年度工作报告》《厦门大学共建孔子学院2018年度工作报告》整理。

（四）厦门大学共建孔子学院开展文化活动情况

孔子学院的功能除了汉语教学之外，还有同样重要的就是文化推广。厦门大学共建孔子学院在语言教学基础上，致力于开展各种各样的文化活动，包括语言文化讲座和研讨会、中国传统节庆庆典、文化周、各类展览和竞赛、夏（冬）令营等活动，吸引越来越多的各国汉语爱好者加入其中，影响范围不断扩大（表4-3）。2012年14个共建孔子学院组织各类文化活动489次，参加总人数达139891人。2018年15个共建孔子学院组织各类文化活动1015次，参加总人数增加至213100人（除菲律宾大学孔子学院）；其中，美国圣地亚哥州立大学孔子学院组织的各类文化活动参加人数达到70000人；波兰弗洛茨瓦夫大学孔子学院参加人数达40000人，比2014年增加了近17倍。可见，孔子学院的文化功能逐步增强，在当地的影响力也不断增大，从各类文化活动举办的场次和参加的人数中可以直观地体现。

表4-3 厦门大学共建孔子学院文化活动情况

序号	孔子学院名称	场次/次					人数/人				
		2014年	2015年	2016年	2017年	2018年	2014年	2015年	2016年	2017年	2018年
1	泰国皇太后大学孔子学院	45	23	20	27	29	45000	17855	21000	12150	17900
2	英国卡迪夫大学孔子学院	22	20	40	13	36	2500	—	3500	2000	—
3	尼日利亚纳姆迪·阿齐克韦大学孔子学院	80	30	—	—	65	4000	5000	6101	15160	30000
4	法国西巴黎南戴尔拉德芳斯大学孔子学院	15	7	12	17	3	3000	3000	1000	1800	400
5	德国特里尔大学孔子学院	25	24	26	41	41	22500	10908	9401	10174	8540
6	土耳其中东技术大学	—	—	26	11	—			6000	3000	—

续表

序号	孔子学院名称	场次/次					人数/人				
		2014年	2015年	2016年	2017年	2018年	2014年	2015年	2016年	2017年	2018年
7	南非斯坦陵布什大学孔子学院	90	—	—	37	11	11900	—	—	—	2279
8	波兰弗洛茨瓦夫大学孔子学院	17	10	50	20	50	2400	2000	4000	7000	40000
9	美国圣地亚哥州立大学孔子学院	169	187	196	201	200	61500	67338	68889	70610	70000
10	马耳他大学孔子学院	13	16	9	—	50		800	1500	—	1000
11	新西兰惠灵顿维多利亚大学孔子学院	92	157	197	269	447	2500	4700	33925	20000	20000
12	美国特拉华大学孔子学院	64	132	53	27	11	18229	34363	43885	5875	4332
13	加拿大圣玛丽大学孔子学院	14	23	31	36	44	3039	4600	4000	6000	11104
14	英国南安普敦大学孔子学院	23	23	18	21	20	5000	4500	3000	4000	4545
15	英国纽卡斯尔大学孔子学院	—	—	16	9	8	—	—	1150	1720	3000
16	菲律宾大学孔子学院						—				

资料来源：根据《厦门大学共建孔子学院2014年度工作报告》《厦门大学共建孔子学院2015年度工作报告》《厦门大学共建孔子学院2016年度工作报告》《厦门大学共建孔子学院2017年度工作报告》《厦门大学共建孔子学院2018年度工作报告》整理。

（五）管理与服务机构：厦门大学汉语国际推广南方基地/孔子学院办公室❶和海外教育学院

2013年1月，厦门大学汉语国际推广南方基地/孔子学院办公室正式成立，专门管理孔子学院事务和汉语国际推广南方基地事务。孔子学院事务方面负责选拔和外派中方院长，选派汉语教师与志愿者，对孔子学院的文化交流活动提供支持，与孔子学院合作院校开展学生交流和科研合作、赴海外孔子学院巡回慰问演出以及向海外孔子学院寄送学校主办的学术刊物等，促进与各孔子学院的密切联系；此外，承办总部理事座谈会、孔子学院中外方院长座谈会、合作院校孔子学院联席会议。汉语国际推广南方基地现在主要开展的项目有孔子学院院长研修、孔子学院（孔子课堂）师资培训、教材培训、外国中小学校长班、外国学生夏（冬）令营等。

南方基地成立于2008年9月，依托海外教育学院开展工作。2012年末，厦门大学为了进一步推进汉语推广工作，将汉语国际推广南方基地与孔子学院办公室合并为一个独立的正处级机构。新机构的成立体现了厦门大学对汉语国际推广工作的重视和支持，将更好地为汉语国际推广和孔子学院建设可持续发展提供支撑和服务。2008年至今，南方基地培训了20000多名国际汉语教师及管理人员，其中包括孔子学院中外方院长、公派教师、汉语教师志愿者、外国本土汉语教师、教育官员和中小学校长等。此外，广泛开展围绕"三教"问题的国际汉语教学调研活动，利用多媒体网络技术构建远程教师教育体系，建设教学资源支撑体系，结合国别化研究改进教法和编写教材，并根据国际汉语学习需求建设人才储备库。❷

厦门大学海外教育学院是国侨办华文教育基地，也是南方基地的重要支撑，以服务于汉语国际推广和孔子学院建设为目标。海外教育学院办学历史悠久，前身是1956年国侨办在厦门大学试办的华侨函授部，最初开设数学、物理、化学3个专修科，意在培养海外华侨学校师资。中国语文、中医两个专修科于20世纪50年代后期先后设立，前者在开设两年之后调整为师范专修科。1960年增加中国语文、化工技术班。两年之后，厦门大学华侨函授部更名为厦门大学函授部，培养对象扩大到海外华人。1979年底根据国侨办提出的"促进与世界各国的文化交流，发展友好关系，用函授和面授等多种形式向外国提供学习中国文化的机会，为海外华侨和港澳台湾同胞学习祖国文化提供条件"的宗旨，❸先恢复中文和中医两科。1981年，经教育部批准改名为厦门大学海外函授学院，院长为潘懋元先生，十年之后再次更名，为厦门大学海外教育学院。学院自创办以来，为海外华侨、华人培养了大批专业人才。经过60多年的成长历程，华文教育与对外汉语教学实力不断增强，形成鲜明的学科特色，同时兼顾语言教学和中华文化传

---

❶ 厦门大学汉语国际推广南方基地/孔子学院办公室。
❷ 厦门大学海外教育学院。
❸ 同❷。

播、学历与非学历教育，线上远程教学与线下面授两种模式、理论研究与应用等方面。

二、厦门大学共建孔子学院的具体运作

此处主要针对南非斯坦陵布什大学孔子学院、土耳其中东科技大学孔子学院、新西兰惠灵顿大学孔子学院的现状、管理、工作内容、经费、师资等情况，访谈三所孔子学院的管理者、教师，参考孔子学院的网站信息、年度工作报告等，概括这三所共建孔子学院的情况及办学过程中形成的特点。

（一）南非斯坦陵布什大学孔子学院情况（表4-4）

表4-4　斯坦陵布什大学孔子学院情况

设立时间及地点	2008年1月签署协议，12月派遣中方院长正式运作，位于南非斯坦陵布什大学
合作院校	南非斯坦陵布什大学、厦门大学
活动内容	汉语教学、宣传推介会、培训、讲座、文化展、夏令营和冬令营
管理模式	理事会管理下的院长负责制
中方院长职责	沟通汉办、中外大学之间的关系；教师与当地大学的关系；做预算、教师聘任、制定行政与教学管理制度、到社会推介汉语教学，举办各种中国文化推介活动
学生来源	本孔子学院的学生；在孔子学院修习非学分课程；中小学汉语班学生
教材	编写商务汉语教材
收费	部分收费、部分免费
经费来源	主要中方拨款，其他包括学费、合作大学支出、中方大学的部分赞助、社会中外企业的赞助

资料来源：根据厦门大学汉语国际推广南方基地·孔子学院南方基地编《厦门大学共建孔子学院2018年度工作报告》和该学院相关信息进行整理。

该孔子学院积极地在当地开展汉语教学和文化推广项目，服务合作大学和当地社会，产生了较好的社会影响。其在办学过程中形成的特点总结如下：

（1）合作承担所在大学汉语学分课程，提升合作层次。从2011年开始，斯坦陵布什大学孔子学院和该大学现代外语系合作承担本科生汉语专业学分课程，四分之三的汉语课程由孔子学院老师承担，每周一双方召开汉语教学例会，合作运行机制取得较好成效。承担学分课程，提升了合作层次，促进了孔子学院的发展。

（2）与当地教育部门密切合作，主动推广汉语、促进双方交流。斯坦陵布什大学孔子学院与当地教育部门建立了密切的关系，结成合作伙伴，召开当地校长会议，为汉语进入当地普及

教育奠定很好的基础。2018年，斯坦陵布什大学孔子学院根据当地汉语教学需求新开三个教学点，分别是凯乐莫高中、斯坦陵布高中和保罗·儒斯高中，形成了从小学到高中的教学体系。并主动到社区推广汉语，为社区汉语爱好者提供汉语非学分课程，并开展丰富多彩的文化活动。另外，多次组织当地教育界、校长访问中国，考察中国教育，起到了很好地推动双方教育交流的作用。

（3）积极举办各类文化活动，提高当地人对中国语言文化的理解。斯坦陵布什大学孔子学院积极举办了春节、元宵庆典、中秋节艺术演出晚会、中国文化体验活动、中华食品烹饪体验活动、文化讲座、各类展览、家庭日活动等各类文化推广项目，2018年举办与参与11次各类活动，共计约2279人参与其中。

（二）土耳其中东技术大学孔子学院情况（表4-5）

表4-5　中东技术大学孔子学院情况一览表

设立时间及地点	创办于2008年11月28日，位于土耳其首都安卡拉市
合作院校	土耳其中东技术大学、厦门大学
活动内容	教学、培训、夏令营、文艺展演、文化体验、宣传推介会
管理模式	理事会领导下的院长负责制
中方院长职责	承担着教师管理、课程建设、文化活动、招生咨询等工作，负责内外联系
学生来源	中东技术大学学生（学分课程）；学校教职工、其他大学学生、社会人员（分学分课程）；中学生（各个教学点的选修课）
教材	《新实用汉语课本》《长城汉语》《汉语乐园》《跟我学汉语》
收费	部分收费、部分免费
经费来源	中方和外方约1∶1

资料来源：根据厦门大学汉语国际推广南方基地·孔子学院南方基地编《厦门大学共建孔子学院2018年度工作报告》和土耳其中东技术大学孔子学院中方教师提供的信息整理。

土耳其中东技术大学孔子学院积极地在当地开展汉语教学和文化推广项目，服务合作大学和当地社会，产生了较好的社会影响。其在办学过程中形成的特点总结如下：

（1）承担所在大学汉语学分课程，依托本土教学资源，组织汉语水平考试。土耳其中东技术大学将汉语课纳入大学学分课程系统，周六、周日开设非学分汉语班，周五下午开设汉语角，多方位适应校内外各类汉语学习者的需要，汉语课已成为中东技术大学外语选修课最受欢迎的课程之一。为鼓励学生积极参加HSK（中国汉语水平考试）和HSKK（汉语水平口语考试），申报孔子学院奖学金，中东技术大学孔子学院启动了孔子学院奖学金的巡回宣讲工作。此外还设置了土语报名网站，并制作中、土、英三种文字的考试指导和考生手册，参考学生数稳步增长。

（2）密切各方联系，加强交流合作。土耳其中东技术大学孔子学院着眼于高层次的中国文化推广与中土文化交流，与土耳其教育部、知名高校以及本土汉学家们保持密切的交流与合作。通过组织汉语推广专题会议、派遣访华团和赴华留学生等形式，增进中土两国互相了解、交流合作与两国人民的友谊。

（3）借助中外主流媒体力量，宣传孔院文化。土耳其中东技术大学孔子学院坚持以中外主流媒体为媒介，积极报道中东技术大学孔子学院事迹和文化活动，社会反响热烈。2018年国家汉办网站发布新闻39篇，在新华网、中央人民广播电台、中国国际广播电台国际在线（CRI）、湖南卫视、土耳其国家广播电视台（TRT）等国家级媒体发表报道共6篇。

（4）积极举办中土文化交流活动，促进中土两国文化交流。土耳其中东技术大学孔子学院积极整合中外资企业及本土教育和文化资源，适时、多次举办富有中国特色、引发热烈反响的较大型中土文化交流活动。例如，汉语作文比赛、汉语桥活动、新春茶话会、端午文艺展演、中秋文化庆等活动，2018年中东技术大学孔子学院举办的各类文化活动参与总人数达到2000余人。

（三）新西兰惠灵顿维多利亚大学孔子学院（表4-6）

表4-6　惠灵顿维多利亚大学孔子学院情况

设立时间及地点	2010年6月19日揭牌
合作院校	新西兰惠灵顿维多利亚大学、厦门大学
活动内容	汉语教学和中华文化推广，包括支持当地中小学汉语教学的汉语教师志愿者项目、校长团访华项目、赴华"奖学金"留学项目、"汉语桥"大学生中文演讲比赛项目、"汉语桥"中学生中文演讲比赛项目、HSK考试项目、"汉语角"口语会话项目、"发现中国"文化活动项目等
管理模式	理事会领导下的院长负责制
中方院长职责	行政管理职责包括负责制定孔院年度预决算、与办学各主体单位协调沟通、与新西兰其他两家孔院联系协调、负责中方汉语教师、志愿者管理、督促协调理事会会议的召开、撰写年度报告和收集年度统计数据、新闻报道的撰写与审核 中文教学与推广职责包括孔院奖学金和学术交流活动，志愿者在中国招聘的组织与联系，赴华学生团的组织与联络，"汉语桥"比赛的组织，赴华校长团的组织与联络，中文教师培训的组织工作 文化推广职责包括协助外方院长开展的各项文化推广活动等
学生来源	当地大学、中学、小学学生，社会人员
教材	以自编教材为主，辅以《长城汉语》《汉语乐园》《跟我学汉语》
收费	部分收费、部分免费
经费来源	惠灵顿维多利亚大学提供孔院约一半的运营经费，国家汉办提供项目的运营经费

资料来源：根据厦门大学汉语国际推广南方基地·孔子学院南方基地编《厦门大学共建孔子学院2018年度工作报告》和该孔子学院提供的信息进行整理。

该孔子学院积极地在当地开展汉语教学和文化推广项目，服务合作大学和当地社会，产生了较好的社会影响。其在办学过程中形成的特点总结如下：

（1）与多所艺术高校和团体合作，推广中国文化和中华才艺。新西兰惠灵顿维多利亚大学孔子学院注重中华民族传统音乐的推广，与新西兰音乐学院、厦门大学艺术学院、浙江音乐学院等多所高校和团体建立了合作关系，文艺交流活动频繁，表演范围深入孔子课堂。文化活动既注重与汉语教学相结合的、针对中小学生喜闻乐见的中国文化的体验，又注重高端文化活动的展示。"发现中国！"是维大孔院的品牌活动，该活动充分发挥汉语助教的才艺，与聘请的当地才艺教师合作，积极向新西兰大中小学校的师生展示中国书法、绘画、舞蹈、太极拳、烹饪、茶艺、手工艺等活动，受到了学生及其家长的青睐。

（2）积极培训当地汉语师资，提高当地汉语教学水平。该孔子学院拥有新西兰乃至整个大洋洲规模最大的汉语助教项目，为当地中小学提供高素质的汉语母语助教，为当地汉语教学及相关文化活动的开展带来保障。孔子学院注重师资培训，每年组织本土教师及部分汉语助教参加岗中培训，有效地保证了师资质量。

（3）与当地政府、学校密切合作，促进汉语推广。截至2018年，该孔子学院与154所学校建立了合作关系（其中10所为孔子课堂），如奥克兰孔院和坎特伯雷大学孔院等。此外，惠灵顿维多利亚大学孔子学院还与新西兰政府部门、民间机构等保持着密切的合作关系。

三、厦门大学孔子学院的办学特色

办学特色是指"一所学校在办学过程中形成的比较持久稳定的发展方式和被公认的、独特的、优良的办学特征。"❶办学特色是学校赖以生存和发展的生命线，是优势所在。❷从内容和外延来看，办学特色可以体现在四个方面：一是独到的教育理念；二是学校成员共同认定的规章制度；三是独特的优良传统和校风；四是良好的社会影响和效果。❸厦门大学共建孔子学院在办学历程中形成了鲜明的办学特色，可以从理念、课程、传统和社会影响等四方面分析。

在办学理念方面，厦门大学海外孔子学院注重语言和文化并行，服务面向大学和当地社区，通过优质语言教学和多样化的文化推广活动，借助合作大学的办学优势和特色，加大辐射作用，与大学和所在社区建立良好的关系，从内部建设和外部环境营造形成合力，推动汉语国际推广工作。

---

❶ 2002年中外校长论坛课题组.大学办学特色的形成发展战略[J].国家教育行政学院学报，2003（3）：17.
❷ 李泽彧.关于大学办学特色的一点探讨[J].辽宁教育研究，2002（1）：22.
❸ 刘献君.论本科教学评估中的办学特色[J].高等教育研究，2005（6）：40-43.

在课程建设方面，根据学员层次和需求，灵活设置课程。每所孔子学院都能针对所在学校和地区的汉语学习者情况，开设不同层次、不同类型的课程。如学分课程、非学分课程；语言课程、文化推广课程；初级汉语、中级汉语、高级汉语、行业汉语等课程。丰富的课程设置满足了不同学习者的需求，使孔子学院学生的注册率逐年增加，2018年注册率比2014年增加40.81%。

从学校办学传统方面，依托厦门大学资源和优势，举办形式多样的文化活动，更好发挥孔院功能。紧密依托厦门大学教学、科研和艺术团体等方面的优秀资源，通过聘请教师讲座、合作编写教材、校际文化交流等方式，为孔子学院的良性可持续发展提供了不竭的动力；各地孔子学院邀请专家开设了汉语语言教学、汉字教学和中国现代文学的讲座和培训；举办了《同一首歌》等文艺活动，演出展示了中国的艺术文化。同时，汉语国际推广南方基地为共建孔子学院提供各种支持，如孔子学院院长研修班、师资培训班、教材培训班，以及开展与合作大学的师生交流活动等，为厦门大学16所共建孔子学院提供了最直接的支持，是他们健康发展的强大后盾。同时，在语言教学的基础上，每所孔子学院都致力于中国文化推广，组织丰富多样的文化活动，从不同于语言的另一个角度阐扬中国文化，如春节（元宵）庆典、艺术演出、文化体验活动、文化讲座以及各类展览等，直接面向当地人，提高当地人对中华文化的认同和理解，取得很好的效果。

在社会影响方面，主动服务所在大学，积极联系当地社区，建立友好关系。每所孔子学院一般承担起合作高校的部分汉语课程，有一些还和所在高校合作开设汉语学分课程，提高了合作层次。平时也能主动在所在高校举办各类文化推广活动，推动学校的汉语学习热潮和多元文化氛围。同时，依托共建孔子学院，厦门大学共申办了47所附属孔子课堂，在孔子学院办学基础上，起到很好的辐射和服务地方汉语教学的作用。2018年，厦门大学孔子课堂共招收学生15438人。孔子课堂主要面向所在地中小学开设，通过汉语学习和丰富的文化活动带动了更多中小学生和当地人来学习汉语。同时与所在地的政府和教育部门建立了很好的合作关系。例如，皇太后大学孔子学院就和泰国政府、教育委员会建立了很好的合作关系，承担官员培训和当地汉语师资培训等工作。南非斯坦陵布什大学孔子学院与当地教育主管部门建立合作伙伴关系，并以此为突破口，在当地中小学推广汉语，取得很好的效果，在当地掀起学习汉语的热潮。

四、战略规划分析及今后发展建议

厦门大学在践行大学使命和传扬中华文化方面，走在高校的前列。查阅厦门大学

"十二五"和"十三五"发展规划,在"十二五"发展规划中,提出"加快孔子学院总部南方基地建设,为全球孔子学院和汉语国际推广工作提供强有力的支撑和服务。按照'设立一所、办好一所'的要求,加强孔子学院建设。"在"十三五"发展规划中,提出"建好汉语国际推广南方基地、孔子学院院长学院和示范孔子学院,促进孔子学院健康发展。"可以看出在厦门大学的战略规划中,规划长远、规划全局、规划重点。厦门大学长期以来致力汉语国际推广,从"十二五"到"十三五"的十年间,坚持以孔子学院为重要推广手段和平台,共建了16所孔子学院,成为孔子学院分布最广的高校。发展过程重视孔子学院质量建设,注重孔子学院南方基地的支撑作用,以及发挥孔子学院在国际交流合作方面的作用,全局性地考虑孔子学院建设和发展。

笔者访谈了厦门大学孔子学院办公室的相关负责人和厦门大学选派的孔子学院中方院长和志愿者,并查阅相关资料,总结整理出厦门大学共建孔子学院工作中遇到的突出问题:一是"三教"问题限制孔子学院的高质量发展;二是孔子学院经费来源较单一,造血功能不足,不利于长远的可持续发展;三是孔子学院的功能还要强化和拓展,为当地社会服务的能力还需进一步加强。

结合前面研究,笔者以厦门大学就孔子学院的今后发展为主线,从加强自身建设和营造外部有利条件两方面,提炼总结了以下发展建议。

(一)加强孔子学院自身建设

(1)从解决三教问题入手,提升孔子学院办学质量。孔子学院办学之初,周济任教育部部长时表示,孔子学院是一个优秀品牌,要对其办学质量的提升予以高度重视。首先,共建孔子学院要严把质量关,在教师、教材、教法上下功夫,用优质的汉语教学和丰富的文化推广项目为学员服务,为孔子学院谋求发展空间,以保证孔子学院的健康发展。其次,还需要不断建立健全教学、发展质量认证和评估体系,定期对学院的办学规模、教学质量、管理机制等情况进行检查,对存在的问题及时整改,从根本上保证孔子学院的办学质量。

受访者B2认为"三教"问题是孔子学院发展面临的主要问题,要从国别化和本土化入手,针对性解决问题。

"'三教'问题是孔子学院发展的关键,要有与孔子学院快速发展相匹配的充足的教师储备,要有高素质的师资,能熟悉教材教法,因地制宜;也要多开发国别化、符合当地需求的本土化教材,或由有经验的任课老师编写学习材料,及时针对学院的个性化需求提供教学内容。"(受访者B2)

同时,要运用现代信息技术促进孔子学院的发展。当今社会信息技术日新月异,对人们的学习、生活等方面的影响也越来越大。在这种形势下，就要充分发挥信息技术的优势，把信息技术运用到孔子学院的教学中去，不断创新教学手段，促进孔子学院的发展。首先，孔子学院在汉语教学过程中，可以充分利用现代信息技术，通过网络开展教学，实施远程教育，使所有共建孔子学院构成一个汉语学习的大网络，实现资源信息及时共享，互相促进发展。其次，还要善于发挥厦门大学的优势，总结一线教学经验，致力开发贴近外国人思维、习惯和生活的多媒体教材和配套文化书籍，不仅要通过传统面授教学，而且要积极发展多媒体网络教学，实现教学模式的转变，从而为国外汉语学习者提供更大的方便。

（2）在教学的基础上充分实现孔子学院的其他职能。孔子学院处于汉语学习网络的中心位置，是中国与其他国家在经济、教育和文化方面的交流合作平台和重要的桥梁。孔子学院要满足学员们在汉语学习方面的需求，还要成为他们了解中国的便捷窗口，更要成为一个从教育文化领域辐射到其他领域的交流合作的大平台。同时，也要努力使孔子学院成为一条纽带，加强大学之间、所在地城市以及区域之间的联系，推动大学朝着国际化、社会化和开放型的方向发展，从整体上提升办学水平。从城市和区域的角度来说，通过双方多学科合作、经济文化与社会交流等，能够加强两地甚至两国人民之间的友谊和两国经济、文化甚至政治的密切关系，为创造和谐世界、保卫世界和平、促进人类共同发展作出有益贡献。❶

（3）增强"造血"功能，多渠道筹集发展资金。根据目前共建孔子学院的发展状况来看，因为有政府的行政主导发挥作用，资金支持不是大问题。除了第一年总部提供的开办经费外，孔子学院每年还可以根据自己实际开展的工作编制经费预算，向孔子学院总部申请拨款。但从长远来看，随着孔子学院的发展，孔子学院的办学规模会不断扩大，政府主导作用会渐渐淡化，即实现"六大转变"之一。因此，孔院要在学习借鉴国际上其他语言推广机构市场化运作的经验，努力通过自身的努力来筹集孔子学院运行的资金，加强自身的造血功能。同时，孔子学院要面向社会和市场，积极吸引企业、机构和社会力量参与到孔子学院建设中来，发挥高校和民间力量在孔子学院办学中的更大作用，渐渐淡化政府行政部门的具体参与，使孔子学院能够加快市场化的运作，利用社会力量和市场机制加快发展，促进孔子学院的可持续发展。

（二）营造外部有利条件

（1）加快汉语国际推广南方基地的建设发展。2008年，国家汉办和孔子学院总部依托厦门大学建立了汉语国际推广南方基地。南方基地的指导思想是以质量和服务求发展，实现资源整合和优势互补，致力建设七大基地：孔子学院院长及师资培训基地、汉语国际推广人才储备基

---

❶ 赵鹰，崔雪芹. 中国大学成汉文化推广主力军建文化交流大平台.

地、教学资源支撑基地、国别化教材开发基地、中华文化体验基地和法律法规研究基地。同时努力实现四个统一：实现教学资源、教学质量、教学评估标准的统一；实现各级汉语测评标准、孔子学院评估质量标准、教师岗位等级标准的统一；实现对孔子学院、教师、学员的统一管理；实现运营、支持、交流等统一服务。❶基地的创建与发展，就是要为孔子学院的壮大提供良好服务与有力的支撑，通过跟踪全球孔子学院建设现状和发展需求，掌握第一手资料，为汉语国际化推广能早日实现"六大转变"，进一步整合高校的专业优势、师资力量和科研成果，为全球孔院提供更完备的师资培训、能力测评、多元教学资源等服务。因此，孔子学院总部和厦门大学应加大投入，加快汉语国际推广南方基地的建设，为孔子学院今后可持续发展保驾护航。

受访者B1认为南方基地有力地支撑了孔子学院的发展。

"南方基地为孔子学院的发展保驾护航，发挥很关键的作用。南方基地设立以来，培训大批的志愿者和外派教师，也为外方院长和本土汉语教师提供短期培训，可以说从根本上支撑孔子学院的发展。"（受访者B1）

（2）紧密依托厦门大学来提升孔子学院的社会影响力。在未来的发展中，共建孔子学院要把握住发展的趋势，争取发展的先机，与厦门大学紧密配合，提升孔子学院的办学层次和水平，扩大影响。主要可以从以下几个方面去着手规划。一是把孔子学院提供的汉语课程正规化融入合作大学的学位课程中，承认选修学分，以保证稳定的生源和孔子学院的课程进入合作大学的常规课堂；二是建立和合作大学的合作项目，如"2+2""3+1"项目，并为汉语学习者提供获得厦门大学学位的机会。同时，还要根据厦门大学自身的办学特色和优势来实现、扩充孔子学院的功能，扩大孔子学院在当地的影响。

（3）持续服务国家软实力战略。在厦门大学"十二五"发展规划中，明确指出要加快孔子学院总部南方基地建设，全方位支持和服务海外孔子学院建设和汉语国际推广工作；在"十二五"发展时期，厦大以"设立一所、办好一所"为原则，加大建设力度，选派优秀的中方院长、教师和志愿者，编制符合当地需求的教学实际的教材，采用适宜的教学方法，加快推动汉语走向世界。"十三五"发展规划是"十二五"规划的延续和提升，指出要服务对外开放战略，建好汉语国际推广南方基地、孔子学院院长学院和示范孔子学院，促进孔子学院健康发展，以精准规划做好未来发展的长远谋划，切实为国家提升文化软实力战略服务。

受访者B1认为孔子学院除了担负语言文化的功能，其对承办的大学也有很好的推动对外交流的作用，甚至是对所在城市和国家。

---

❶ 厦门大学汉语国际推广南方基地. 基本概况. 建设目标.

"从大的方面讲，孔子学院传播中华文化和教授汉语，能够增进世界各国人民对中国的了解和友谊，提升国家的文化软实力，为国家战略服务；从小的方面讲，孔子学院同时也深化了校际的交流，推动城市及国家间的合作，也带动老师和学生的国际化，达到共赢。"（受访者B1）

自2019年以来，受国际环境的影响，孔子学院的发展空间受到挤压，但是厦门大学所办孔子学院所受到的影响相对较小，厦门大学还是中国985高校中举办孔子学院最多的大学之一，仍然是研究孔子学院的典型案例。

第二节 本土化模式：福建师范大学本土汉语师资培育

福建师范大学是一所具有百年历史的省属重点综合性大学，作为国家汉办确定的支持周边国家汉语教学的重点学校，近年来以积极、创新的姿态投入汉语国际推广工作当中。福建师范大学在培训本土汉语师资、培育高层次本土汉硕人才、拓展国外远程网络汉语教育等方面取得较好的成绩，构建了本土化人才培养的成熟模式。同时开展教材建设、选送汉语教学志愿者和开设孔子学院，得到海外汉语教育界的高度重视和充分肯定。学校2013年获批教育部"来华留学示范基地"和外交部、教育部"中国—东盟教育培训中心"；2014年获评"全国来华留学先进集体"；2019年获评"优秀中国—东盟教育培训中心"；在菲律宾、印尼建立了2所孔子学院；至2019年向菲律宾、泰国、印度尼西亚、美国等26个国家派出汉语教师志愿者954人次。❶

一、福建师范大学本土汉语师资培育概况

福建师范大学汉语国际推广的地域重心主要在福建籍华人华侨最为集中的东南亚国家，尤其是菲律宾、印度尼西亚和泰国等国。福建师范大学充分发挥区域优势和开展师资培训的学科优势，支持周边国家汉语教育，并以此为基础，向欧洲、美洲、日韩辐射，逐步形成全方位开展汉语国际推广的格局。2003年至今，承担国家汉办"国外汉语教师来华研修"项目，其间也

---

❶ 福建师范大学海外教育学院简介。

承担国侨办的海外华文教师培训计划,以"请进来"和"走出去"相结合的方式,培训了大批的国外本土汉语师资(图4-2),并不断提升培训层次,如本科和研究生学历教育;积极拓展培训形式,开展远程网络汉语教育,扩大培训的覆盖面;组织攻关开发网络和多媒体教材。

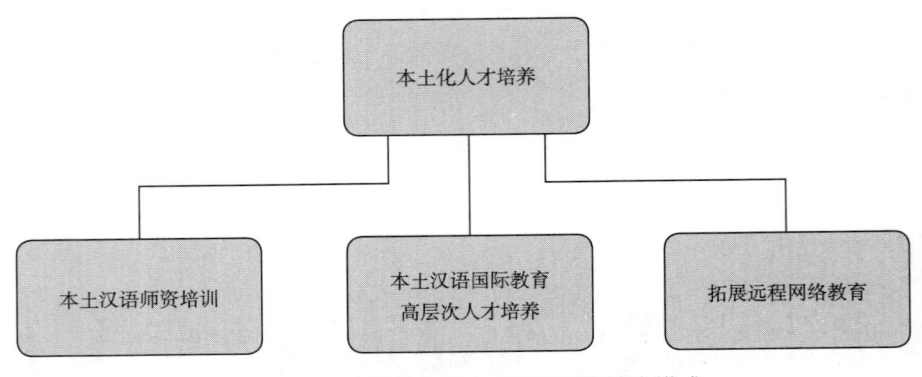

图4-2 福建师范大学本土汉语师资培育模式

(一)培训国外本土汉语师资

福建师范大学着重发挥汉语师资培训的学科优势,以"请进来、走出去",特别是"走出去"的方式大力培训国外汉语教师。在培训形式上,同时兼顾长期培养与短期培训、学历与非学历教育相结合;在培训对象上,不仅培训中小学、幼儿教师,也对大学老师和教学管理人员进行培训;在培训内容上,除了汉语本体、中华文化、汉语作为外语教学理论等知识结构外,更注重汉语课堂教学技巧、多媒体辅助汉语教学等教学技能的提高;在培训手段上,除了传统的教学方式,还注重现代教育信息技术的运用。

国家汉办的国外汉语教师来华培训项目和国侨办的海外华文教师培训计划都已启动多年,为国外培训了相当数量的汉语教师。在此基础上,福建师范大学着力提高国外本土汉语教师培训的层次,通过接受委托培养、在国外举办汉语师资学历班、"2+2"或"3+1"合作培养、远程网络学历教育等模式,为国外培养学历层次较高、受过系统训练的骨干汉语教师。同时充分利用汉语师资培训的学科优势,开办了面向海外招生的对外汉语(学前教育方向)本科学历班,为海外培养急需的幼儿教育师资。福建师范大学从1984年正式接收留学生,对外汉语教学由此开端,为东南亚等国培养了大批汉语教师。据了解,2010~2019年,学校累计培训印、菲、马、越本土汉语教师共33批次,共1262人,赴海外培训华校教师500余人。

(二)培养本土汉语国际教育专业硕士人才

福建师范大学于2009年获批成为国家第二批汉语国际教育硕士学位授权点,同年开始招收国际学生。据了解，到2019年末，汉语国际教育硕士数量达到了502人，其中207名为外国研究生。学校在设置人才培养目标时，以教师职业需求为导向，重点培养学生的汉语教学能力、跨文化交际能力和文化传播能力，改善学生的知识结构，增强学生的实践能力，开设了"汉语教学案例分析""中华文化技能""汉语微格教学理论与实践"等应用型、实践类课程，较好地提高了学生的教学能力。同时，在人才培养过程中，引入文化元素和文化体验活动，学习咏春拳、茶艺、陶艺、书法等中国传统文化，并加入实地文化考察活动。为加强汉语国际教育专业硕士生教学实践能力，实行"双实习"的实践方式，采用2个月在国内语言教学见习，加上10个月在海外的汉语教学实践，在实践中夯实专业技能。

（三）拓展国外远程网络汉语教育

福建师范大学是教育部指定的开展现代远程网络教育试点学校，在常年面向东南亚国家开展汉语教学和培训的基础上，结合远程网络技术和软硬件建设，借助较先进的网络教育教学手段，实施远程网络教育，为东南亚等国提供有品质的、覆盖面更广泛的汉语教学和本土师资培训。目前，学校已开始向菲律宾高校华文学会所属的部分院校开展远程网络汉语教学，迈出了向国外开展远程网络汉语教育的坚实步伐。并加大对现代远程网络汉语教育的软硬件投入，进一步完善远程网络汉语教学课件制作。好的教材是汉语国际推广的载体，缺乏面向不同国家和地区、不同层次学习要求的多元化教材和网络多媒体教材已经成为制约汉语国际推广的又一障碍。为此，学校组织力量编写针对东南亚特定国家学习者的汉语教材，并特别加强多媒体和网络教材的开发，对"中华文化"等多媒体教材进行修订，使之成为汉语国际推广的精品教材，在菲律宾高校、华文学校和主流社会中小学中推广。

二、战略规划分析及今后发展建议

福建师范大学是国家汉办确定的支持周边国家汉语教学的重点学校，外交部、教育部"中国—东盟教育培训中心"，长期致力汉语国际推广，尤其是面向东南亚国家的汉语推广工作，在海外取得很好的成效和声誉。查阅福建师范大学"十二五"和"十三五"发展规划，在"十二五"发展规划中，提出加强汉语国际推广工作，重要举措是积极争取国家汉办的支持，力争在印度尼西亚设立东南亚本土汉语教师培养基地；在"十三五"发展规划中，提出参与文化"走出去"战略，重要举措是拓展东南亚高层次汉语师资本土化培养。由此可见，福建师范大学十分重视面向东南亚国家的本土化汉语师资培育，以此作为汉语国际推广的重要抓手，从加强本土师资培养来推进在这些国家的汉语教学，从而为国家汉语国际推广工作服务。在10年发展规划中，注重规划长远、规划重点，使本土化汉语师资培育工作有延续性，有计划性，久久为功，取得成效。

笔者访谈了福建师范大学国际处和海外教育学院的相关负责人，并查阅相关资料，发现在汉语国际推广工作中也存在问题，较为突出的有：一是"走出去"方面，到海外开设孔子学院、举办本土师资学历提升教育和培训的力度不够；二是人才培养方面，需扩大面向海外招生规模，还需提升本土汉语师资培养的层次和质量。

结合前面研究，从宏观层面加强顶层设计、中观层面提升办学能力、微观层面针对学生个体素质提升等方面，就汉语国际推广和本土汉语师资培育工作今后的发展，提炼总结了以下几点建议。

（一）从宏观层面做好规划，推进汉语国际推广

福建师范大学在"十三五"发展规划中，明确提出实施社会服务深化工程，其中的主要路径就是通过参与文化"走出去"战略，强化服务教育发展能力。指出要积极参与国际文化交流，为扩大中华文化的国际影响力作出贡献；推进汉语国际推广工作，高标准建设好孔子学院、孔子课堂，拓展东南亚高层次汉语师资本土化培养。

受访者B8认为高校在汉语国际推广事业中发挥很大的作用，要加大"走出去"的力度，发挥人才培养和汉语教学的优势，做好超前的长期规划。

"高校作用很大，人才培养、教学、科研、服务社会，资源丰富，功能声誉被海外认可，在海外华人华裔的教育中发挥的作用明显，是其他途径不可替代的。大学不仅引进来，还要走出去，不只是在学术、师资、教材、设备等方面，对国家提升软实力也有积极的作用。大学应该有更高的目标，培养具有影响力的人才。师大教书育人，文学院和海外教育学院实力强，在汉语教学和推广方面具有优势，也有规划。"（受访者B8）

（二）从中观层面加大招生力度，提高合作办学层次

充分依托福建省的地理优势、文化优势、血缘优势，以面向东南亚为重点，进一步增强与菲律宾、印度尼西亚、泰国和越南等国家的来华汉语国际教育本科生和硕士生的招生力度，同时加大汉语国际教育专业建设和改革，科学合理设置课程，设置国别化特色课程，培养具有扎实理论和知识储备、符合所在国汉语教学需求的本土化专门人才，以点带面，发挥种子作用和储备一批本土汉语师资。

同时，福建师范大学以合作办学的方式，帮助东南亚国家建立本土化师资培养项目，把"输血"变为"造血"，帮助所在国培养高层次、高学历的本土化汉语师资。于2004年率先以

"3+1"模式与印度尼西亚基督教大学合作培养本科层次的印度尼西亚本土华文师资,并逐步拓展到印度尼西亚其他高校,并合作组织印度尼西亚本土师资来校强化培训。在合作培养的良好基础上,继续创新合作模式,拓展合作国家,建立"3+1+2""2+2+2"本硕连读项目,为汉语国际教育硕士遴选优质生源,为所在国培养高素质人才。

受访者B8强调要发挥学校培养专门人才的优势,加大海外本土华文师资的培养规模,帮助从根本上解决本土师资短缺、层次较低的问题。

"华文教育的根本问题在于本土化师资培养,输血变造血。无论语言文化教学还是传统伦理道德传承,光靠志愿者和外派教师帮扶能力有限,教授方法和情感上本地人更有优势。从教学和教材方面多帮助当地人,加大本土化培养力度,这样造血功能强大起来,海外的华文教育和汉语国际推广才能有后劲,才能可持续发展。"(受访者B8)

(三)从微观层面针对个体发展,提高学生综合素质

在人才培养环节,进一步强调教学改革,拓宽学生学术视野,培养具有扎实知识储备、较强文化认知能力、环境适应能力、语言运用能力的国际化复合型人才。根据海外任教的要求,还需注重培养学生具有扎实的英语基础和较强的听、说、读、写、译能力,具备运用教育学、心理学、第二语言教学基本理论及现代教育技术进行汉语教学的能力;并创新多元文化背景下的学生成长成才模式,把文化元素融入教育的各个环节,并加强实践教育,提高学生综合素质。

第三节
"大华文"发展模式:华侨大学华文教育

华侨大学成立和发展紧紧围绕"侨",坚持为侨服务,以华文教育为特色。中华人民共和国成立后在国际上的声望和地位不断提高,大大提高了向心力。自1949年至1957年,回国求学的华侨青年就达到4万余人。❶为了满足这一日益增长的需求,1960年初,在中华人民共和国华

---

❶ 华侨大学校史编写组. 华侨大学50年(1960—2010)[M]. 北京:中国文史出版社,2010:4.

侨事务委员会（简称中侨委，今国务院侨务办公室）的批准下，华侨大学成立，选址福建泉州。选择泉州是因为福建省是海外华侨最多的省份，泉州是全省华侨最多的地区，是著名侨乡，当时有670多万居住在海外的华人华侨。同时，泉州历史底蕴深厚，是唐、宋、元时期著名的贸易大港，海上丝绸之路的起点，而且民俗、语言等与华侨华人相同。在中侨委和教育部联合向国务院提交的《创办华侨大学方案》中，确定学校性质和任务为办成具有文、理、工、农等多科性的综合大学；培养热带亚热带经济作物和化学工业方面的技术人才、通晓东南亚国家语言文字的人才、国内外侨务工作干部、国内外华侨学校教师和一部分科学研究人才。创办初期，华侨大学的学生中96%是华侨学生。❶1978年，华侨教育方针和政策得到恢复和发展；以"为侨服务"为办学理念，主要受教育者为华侨华人与中国港、澳、台学生，也招收一定数量的归侨、侨眷子女、普通内地学生，成为国内最有代表性的华侨高等教育学府。❷1983年6月"中央24号文件"决定将华侨大学的隶属关系划归至国侨办，为华侨大学的发展带来了历史性的机遇。肩负着面向海外开展华文教育和传播中华文化的使命，1997年2月13日，集美华侨补习学校并入且成为华侨大学（集美）中国语言文化学校，后期归并于华文学院。华文学院利用以前补习学校在海外华人华侨中的影响和作用，主要开展面向海外的华文教育工作。依托对外汉语教学的优势，学校积极为海外华校培训师资，也开展华文教育研究，召开国际华文教育研讨会，出版相关论文集。1997年4月15日，华侨大学华文教育研究所正式成立，研究范围以微观华文教育教学为主，同时兼顾华文教育宏观研究。❸

2000年以来，全球汉语热兴起，国家对华文教育十分重视，国家成立由各部委组成的中国华文教育基金会。新的形势下，在学校的"十五"规划中，明确提到把学校建成坚持为侨服务，以华文教育为特色的综合性华侨大学。在"十五""十一五"期间，学校进一步构建和实践大华文教育理念，华文教育涵盖境外生教育、海外办学、汉语推广、华文学科建设、华侨华人研究、华文教育师资队伍建设等范畴（图4-3）。华文教育的对象也不仅是海外华人华侨，还包括华裔、外国人，服务的范围也从侨界、华界延伸到外国主流社会；学校还把海外华文教育作为一个学科，加大了学科建设投入，努力建设成全方位、高层次、大范围的较为完整的华文教育体系。

学校在东南亚国家设立办事处，加大招生宣传和采用灵活的招生方式，吸引境外学生来校就读，至2010年来自30多个国家和地区的学生共计3600余人，是全国境外生最多的大学。❹2002年华侨大学集美华文学院再次更名为华侨大学华文学院，任务也扩展为面向海外华侨华人及其

---

❶《华侨大学校史》编写组. 华侨大学50年（1960—2010）[M]. 北京：中国文史出版社，2010：25.
❷ 蔡振翔. 中国大陆高校境外生教育研究[M]. 厦门：厦门大学出版社，2004：1.
❸《华侨大学校史》编写组. 华侨大学50年（1960—2010）[M]. 北京：中国文史出版社，2010：125.
❹《华侨大学校史》编写组. 华侨大学50年（1960—2010）[M]. 北京：中国文史出版社，2010：171.

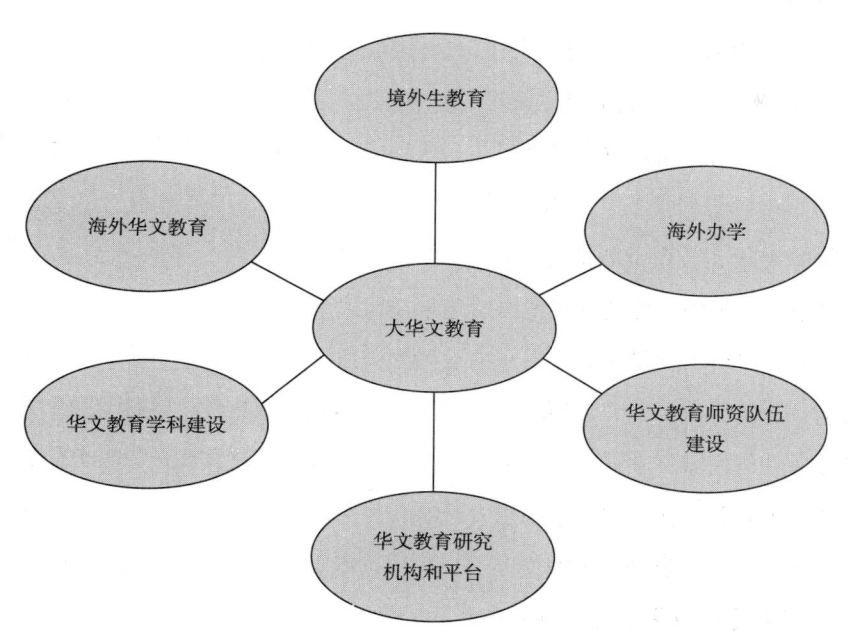

图4-3 华侨大学"大华文"发展模式图

他外籍人士传播中国语言文化,进行汉语培训,促进中外文化交流。之后,为了推进华文教育工作,2010年3月还成立了华文教育办公室,以期通过整合校内外资源,提高华文教育办学水平与层次,形成华文教育的品牌。在这一时期,华侨大学也积极地走出去,以东南亚为突破点,到境外办学,招收海外生,形成学历教育、非学历教育、全日制教育、非全日制,高等教育、预科教育等多层次办学体系。还积极在东南亚、美国和我国港、澳、台地区举办多种形式的合作办学,在泰国、印尼、美国、菲律宾建立代表处。这些机构的设立,使华侨大学的华文教育在海外,特别是在东南亚地区得到全面加强,进一步密切了学校与当地教育机构、社团的联系和沟通,拓宽了合作办学的渠道,为新时期的大华文教育工作打下了坚实的基础。同时,依托这些机构和合作,开展多样化的华文教育、编写华文教材,召开研讨会,组织中华文化大乐园夏(冬)令营等活动,进一步扩大了学校在海外的影响,为华文教育工作增添了许多亮点。

一、华侨大学华文教育概况[1]

(一)发展多形式、多层次华文教育,着力培养海外本土华文师资

华侨大学积极发挥对外汉语教学办学优势,为海外华校培养师资,促进海外华文教育发

---

[1] 根据华侨大学华文教育相关工作报告整理。

展。1993年4月，学校积极与福建海外交流协会合作，开设了面向泰国华文教师的师资研修班。1997年4月，学校对菲律宾华文师资进修班近40名老师进行了业务培训。1998年9月，马来西亚独立中学教师团体和华校幼教教师进修团40多人到华文教育中心进修培训，这是马来西亚华文教育首次组团到中国进修交流。学校采取"走出去"的方式，加强与海外华文教育机构的联系，主动了解海外华文教育发展情况；每年选派优秀教师赴海外任教，教授华校学生中文课，指导、培训当地中文教师，传扬博大精深的中华文化。

2000年以后，华侨大学华文教育以东南亚为突破点，大力发展多种形式、多种层次的华文教育，包括全日制学历教育、非学历教育，以及非全日制学历教育。学校充分利用外向型学校的优势，依托海外华文教育学科平台，为海外培养和培训各类华文人才。2005年，与泰国农业大学合作设立孔子学院；在印尼、泰国开办华文教育自学考试班。2007年，学校启动了泰国和印尼研究生班项目，进一步提高了海外办学层次；选派汉语教师志愿者赴泰国、菲律宾、印尼等国家任教，积极传播中华文化；举办各类海外学生夏（冬）令营、短期汉语培训班等，承办"首届中华文化知识竞赛总决赛——中华文化挑战营"等活动，每年举办"中华文化大乐园"夏（冬）令营，积极打造华文教育品牌项目。2001年起，承办"菲律宾华裔青少年中文夏令营"，培训营员4000余名。拓展各类"中国寻根之旅"活动，以"汉语+中华传统文化"的主题，让华裔青少年在学汉语的同时，体验中华传统文化。2006年至2019年，已选派了16个学院的应届毕业生及在读研究生617名，分赴40个国家担任汉语教师志愿者。❶

着力打造一支高水平的本土华文教育师资队伍，一直是华文教育工作的重点之一。华侨大学近年来已在境内举办来自10多个国家的60余个师资培训班，近2000名海外华文教师参加了培训。2007年至2013年间，华侨大学与泰国华文教师公会、泰国留学大学校友总会、泰华通讯记者协会、泰国华侨语言培训中心等联合举办"泰国华文教师暑期培训班"，培训泰国本土华文教师1000多名。❷之后，该班提升为华文教育学历班。

在充分发挥国侨办外派教师、短期师资培训班作用的同时，为能长期提升华文教育的水平，提升华文教育自我的"造血"能力，华侨大学与海外相关华教组织合作，努力培养海外的本土化高层次师资力量，在印度尼西亚、马来西亚、泰国、越南、缅甸、菲律宾等国，以及日本、美国、新加坡等国，相继开设了华文教育方向的硕士研究生班，专门培养华文教育领域的高层次师资人才。如2012年12月，华侨大学2012级海外华语与华文教育专业日本硕士研究生班开班，这也是华侨大学在日本招收的第一批华文教育方向的硕士研究生，首批学员20名；2014

---

❶ 中国侨网、华侨大学2020年上半年汉语教师志愿者选派工作启动。
❷ 人民网、华侨大学：华文教育新亮色。

年10月下旬，华侨大学2014级华语与华文教育专业研究生班在昆明开班，共有来自泰国、缅甸、越南3国的44名专职从事华文教育事业的华校教师参加该班攻读硕士学位。❶同年，与菲律宾侨中学院合作，设立"1+2+1"菲律宾本土华文师资培训班。研究生层次的本土化华文师资人才培养，为华文教育注入了强有力的具有可持续发展能力的新鲜血液。

（二）融入海外主流社会，开展外国政府官员中文培训

2000年以来，海外华文教育工作的另一个重要亮点是借助海外华侨华人社会的力量，把华文教育拓展到国外主流社会，尤其是政府官员层面。如华侨大学依托多年在泰国开展华文教育工作的资源优势，于2005年成功举办"泰国政府官员中文学习班"，满足了泰国政府对高层次汉语人才的需求。自2011年以后，该班进一步拓展为"外国政府官员中文培训班"，学员国别也发展至泰国、菲律宾、印度尼西亚3个国家。2012年"外国政府官员中文学习班"的影响力进一步扩大，学员人数增加至90名。目前，参加该班的泰国政府官员已基本涵盖泰国各个部委，所招收的印度尼西亚官员也分别来自印度尼西亚国会、商务部、外交部、国防部、工业部、文化与旅游部等政府重要部门。至2019年，该学习班已经为多个国家培养了超过600名的高级汉语人才，包含泰国、菲律宾、老挝、柬埔寨等国家。❷项目顺应了"东盟一体化"的区域发展需要，已逐渐打造为海内外具有重要影响力的华文教育知名品牌，一方面增进了外国政府官员对中国及中华文化的认知和了解，另一方面也促进了中外友好往来和文化教育交流，极大地发挥了华文教育在国家语言文化外交中的作用。2014年起，学校与安哥拉总统基金会共同举办"安哥拉政府青年科技人才班"，每年接收安哥拉国籍优秀高中毕业生来校就读，采用"2+4"模式，为安哥拉的战后重建培养大批急需的懂科学、懂技术的青年人才。

（三）打造完整专业体系，华文教育学科建设获得新发展

华侨大学华文教育经过多年发展，已经建立起了从短期培训到学历教育，从本科到博士研究生培养的完整专业体系。2004年，教育部正式批复同意开办华文教育本科专业，之后华文教育硕士研究生专业和博士研究生专业也相继在相关高校设立。华文教育的教材体系也日益得到完善和发展，本土化教材日益涌现，适应海外学习者需要的初中版、高中版华文教材相继编写出版；各类课外读物、基于"互联网+"的华文教材建设也受到学界的广泛关注。作为华文教育专门研究平台的华文教育研究院先后在华侨大学和暨南大学设立，华文教育各领域的理论研

---

❶ 中国华文教育网，华侨大学2014级华语与华文教育研究生班昆明开班。
❷ 华大外国政府官员中文学习班泰国校友录中文视频为中国加油。

究成果丰硕，这些都极大地推动了华文教育学科专业的发展。

华侨大学组织编撰的《世界华文教育年鉴》，不仅保留原有内容体系，也增加了"台湾地区华文教育"和"海外示范华校华文教育活动撮要"等内容，从整体上全面地展现华文教育在全球的发展情况；较为全面地梳理了台湾地区的华文教育机构和组织，呈现了台湾地区开展的主要华文教育活动；呈现了部分华文教育示范学校的活动和建设情况，有助于相关部门和研究者更全面地了解华文教育示范学校的发展状况和特色性工作。

二、战略规划分析及今后发展建议

华侨大学是国侨办华文教育基地，中国华文教育基金会两个高校理事单位之一。华侨大学因其特殊的立校使命，面向海外开展华文教育，华文教育成为该校鲜明的办学特色。纵观该校历年的战略规划，也可见其对华文教育的高度重视。在学校的"十五"发展规划中，提出把学校建成坚持为侨服务，以华文教育为特色的综合性华侨大学；在"十五""十一五"期间，学校以"大华文教育"理念为引领，构建大华文教育体系，进行了一系列有益的实践。详细查阅福建师范大学"十二五"和"十三五"发展规划发现，在这两份规划中，华文教育均作为单独的一个部分进行规划，设立发展目标，明确工作任务和工作思路。在"十二五"发展规划中，设立的发展目标为树立"大华文教育"理念，形成"大华文教育"的机制。在做好为侨服务的同时主动"走出去"，成为国家开展华文教育工作的拓展者和主力军。同时围绕实现这一目标，制定开展华文教育资源整合、世界华文教育资源库建设、全球华文教育发展状况普查、华文教育海外办学基地建设、华文教育品牌项目拓展和境外生招收等具体工作计划和任务。在"十三五"发展规划中，明确提出的发展目标是，继续贯彻"大华文教育"理念，完善大华文教育格局，提高开展和实施华文教育的整体水准。制定的具体工作是整合华文教育资源、拓展海外华文教育、开展境外生教育和海外办学、建设华文教育学科和华文教育师资队伍。由此可见，"大华文教育"的理念和实践贯穿学校近20年的发展历程，并在顶层设计中谋划长远、谋划发展、谋划全局，使大华文教育模式日趋完善，大华文教育实践取得很好的成效。

结合媒体对贾益民校长的重要访谈，以及对华文学院、华文教育研究所相关人员的访谈，总结提炼出目前存在的突出问题：一是构建大华文教育格局，需进一步整合校内、校外资源形成合力，但目前做得还不够；二是华文学科建设力度还需加大，对华文教育发挥的支撑和引领作用还不够明显；三是华文教育和汉语国际推广因主管部门不一，有一定的壁垒和界限，一定程度上限制了大华文教育的发展。

笔者结合访谈、调研和相关资料，提出对华侨大学华文教育的发展建议。

（一）协同创新发展华文教育

如今的中国展现大国风范，逐步迈向国际舞台中心，需要让世界更全面深入地了解中国，需要更多地发出中国声音，表达中国立场，提出中国方案，贡献中国智慧，体现中国作用，华文教育是华侨华人为实现中国梦贡献力量的重要渠道。而语言和文化，正是打开不同国家和民族之间沟通交流之门的"金钥匙"，以教授华文和传播中华文化为核心要务的华文教育，就是这把"金钥匙"的重要锻造者。与此同时，随着中国成为世界第二大经济体，中外各领域交流合作日益紧密，作为世界第二大国际通用语言的华文，成为各国人民外语学习的重要选项，世界范围内"汉语热""中华文化热"持续升温，华文教育迎来大发展、大繁荣的历史性机遇期。在发展海外华文教育的良好大环境下，华侨大学贾益民校长认为，要融合中国力量，为华文教育工作在海外的推进提供支持；同时要协同各方力量，国内与国外、华人华侨和所在国主流社会、华文教育界和华文传媒界，形成合力，共同促进华文教育的发展。❶他指出，这也是今后华文教育发展的一个必由之路。

（二）华文教育和汉语国际推广逐步融合

据不完全统计，海外至少有6000多万华侨华人，分布在近200个国家和地区，大部分人已经融入所在国的主流社会。海外华文教育，既是面向广大华裔青少年开展的中华语言学习和文化传承教育，维系着华侨华人的民族特性和对祖籍国的深厚情感，又是面向外国人展示和传播中华文化的重要平台。华侨大学张向前认为，新形势下的华文教育的内涵和外延不断延展，广义的华文教育是指对中国人与外国人进行中华语言、文化、宗教、民俗、经济、政治、社会、科技等直接或潜移默化的教育。❷在对华文学院相关负责人的访谈中，他们也指出在今后的发展中，随着海外华人华裔融入当地主流社会，国侨办着力推动的华文教育和国家汉办牵头的汉语国际推广活动因对象的重叠，采用相同或相似的活动形式和内容，以及承办高校不断拓展的相关功能，将会逐步地融合，形成你中有我、我中有你的格局。贾益民校长也指出国家开办的孔子学院现在遍布世界各国，对推动中华文化走出去、推广汉语国际教育发挥了非常重要的作用；国侨办系统也在大力促进海外华侨华人社会的华文教育，通过这种形式广泛传播中华文化。这些形式都是令人欣慰的，而且效果也越来越突出，越来越受到海外的欢迎。

2000年以来，华侨大学充分利用外向型学校的优势，依托海外华文教育学科平台，开展汉语国际推广工作，不断融入当地主流社会。2005年，华侨大学启动泰国政府培训高级汉语人才

---

❶ 贾益民做客凤凰卫视畅谈全球化背景下的华文教育。
❷ 张向前.世界华文教育发展研究[M].北京：中国言实出版社，2010：11.

项目，2011年起进一步拓展为"外国政府官员中文培训班"；2008年与泰国农业大学合作设立孔子学院；在缅甸开设孔子课堂；2018年在菲律宾合作设立达沃大学孔子学院。

受访者B3认为今后学校在语言文化推广中，会逐步淡化之前因主管部门不一样而产生的工作"界限"，华文教育工作和汉语国际推广工作在性质上逐步趋同，内容和形式上也有很多类似和交叉，今后随着服务对象的扩大，两者会进一步整合资源，逐步融合。

"以前华侨大学是国侨办直管的部属院校，主要承办国侨办的海外华文教育任务和项目，与教育部直属的汉办交集不多，汉语国际推广相关项目做得较少，但机构改革后，华侨大学变为中央统战部直管的部属院校，部门之间的界限淡化，加上华人华裔融入当地主流社会，华文教育和汉语国际推广的对象重叠，华侨大学也在规划承办更多的孔子学院和课堂，今后华文教育和汉语国际推广将逐步融合，华文教育包括汉语国际教育，整合资源、内容对接，你中有我、我中有你，构建大华文教育格局。"（受访者B3）

（三）加强华文学科和华文教育研究

华文教育研究所是华侨大学专门研究华文教育的科研机构，研究范围以微观华文教育教学为主，同时兼顾华文教育宏观研究。华文教育研究所下设华文教师发展中心、华文教育理论中心、华文教育资源中心和华文教育普查中心。随着华文教育的内涵和服务对象不断扩展，华文教育研究所也跟随新的形势，加强相关研究，一是针对教师、教材和教法这"三教"问题，围绕培养所在国本土华文师资、编写国别化和精品化的华文教材、形成本土化的教学法等方面进行研究；二是继续大力开展海外华校普查工作，对目前世界范围内的汉语教学，尤其是面向华人华侨社会的华文教育的基本情况作一些调查和了解，为制定更加适合海外华文教育发展的策略和对策提供咨询和依据；三是加强文化传播的途径、文化传播的理念、文化传播的技术、路线以及文化传播的方式等方面的研究；并成立相关的研究机构，创建中华文化传播著名品牌项目；四是进一步整合校内研究资源，为海外华文教育提供更多的服务。

受访者B5认为华文教育研究十分重要，必须系统地、有针对性地开展，从华文教育历史和现状进行梳理，并细化到教材和教学，通过掌握实际情况来提升科研水平。

"科研是原始推动力，如果没有推陈出新的东西，没有研究成果，怎么能指导实践？……海外华校调查工作的意义特别大，工作也特别艰巨。我们在做海外华文学校普查，确实很难统计，但必须有人做这个工作。做《华文教育年鉴》，意义深远，因为海外华人的文化活动的历史要有人进行梳理。还有海外华文教材的问题，就是和本土结合得比较松散，不是特别适应当地的情况。有的学校开始自己编教材，但不是所有学校都有这个实力。我们就要帮助他们实现这个目标。我们也为海外华文教师提供学位教育，到海外去设硕士研究生教学点。在菲律

宾、印度尼西亚、缅甸，通过学生来这边上课，也有老师过去上课，再回来开题，提升科研水平……"（受访者B5）

（四）继续构建大华文教育格局

学校"十三五"发展规划明确指出继续贯彻"大华文教育"理念，完善大华文教育格局，全面整合华文教育资源，努力拓展海外华文教育阵地，进一步打造多层次、宽领域、全方位的华文教育交流平台。通过拓展海外华文教育、境外生教育、海外办学，推进华文教育学科建设，加强华文教育师资队伍和研究机构建设，打造华文教育和华侨华人研究的大数据分析平台，继续巩固和打造华文教育品牌项目，使学校成为国家开展华文教育工作的拓展者和主力军。

受访者B4认为要坚定建设战略性高校，继续发挥学校传播中华文化的作用，构建大华文教育格局。

"要将中华优秀传统文化传播到五湖四海，暨南大学和华侨大学担负特殊使命，要建设成为战略性高校。华侨大学把弘扬中华文化当成己任，坚持'为侨服务，传播中华文化'的宗旨，扎实、积极地进行汉语国际推广工作，服务国家战略。……制订了专项行动计划，致力构建大华文格局，今后将不断提升华文教育内涵和层次。"（受访者B4）

可见，构建大华文教育格局是华侨大学办学特色的凝练和升华，是发展规划中重要的部分，关系到学校的长远发展，是建设战略性高校的有效途径和重要载体。而在今后的发展中，华文教育和汉语国际推广相互融合，是构建大华文教育格局的必由之路。

第四节 人才输出模式：泉州师范学院外派教师志愿者

泉州师范学院发挥侨乡地域优势，依托办学特色，致力于汉语国际推广和海外华文教育工作，用教授汉语和弘扬中华优秀文化的实际行动，回馈海外侨亲，搭建乡情与文化的桥梁，践行大学文化传承的责任与使命。在学校"十三五"规划中，明确指出要致力汉语国际推广，积极传扬中华文化，双向互动开展汉语和中华文化国际推广活动，并强调要做好汉语教师中国志愿者、国家外派教师选派工作，继续对外输送优秀汉语师资（图4-4）。学校自2005年开始，就每年选送汉语教师中国志愿者；2006年起设置对外汉语专业，培养专门人才；2014年开始，每年选派国家外派汉语教师，为汉语国际推广输送优秀汉语教师。并在此基础上，逐步拓展汉语国际推广的范畴，开展多形式汉语推广活动，开展长短期的学历和非学历留学生教育，承接各类型华裔学生夏（冬）令营等项目，推广海外华文教育基地工作，打造学校汉语国际推广品牌。

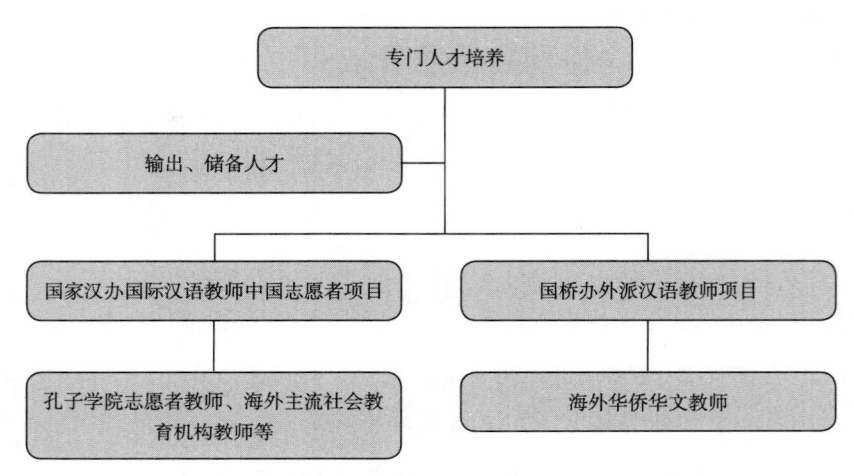

图4-4　泉州师范学院汉语教育专门人才输出模式图

一、泉州师范学院汉语国际推广概况

（一）为国家汉办志愿者项目及国侨办外派教师项目输送优秀师资

学校于2005年成为福建省最早选派国际汉语教师中国志愿者的两所高校之一；2006年开设对外汉语专业，每届招收50名学生，培养对外教授汉语和传播中华文化的专门人才以及汉语教师志愿者储备人才；2014年入选国侨办外派教师项目。至今，共选派360名学生赴菲律宾、印度尼西亚、泰国、缅甸、柬埔寨、巴西、美国等国家任教。志愿者和外派教师赴任后，兢兢业业，任劳任怨，得到了国侨办、国家汉办和任教华校的普遍认可和高度评价，30多人次获得优秀志愿者和优秀外派教师荣誉称号，树立了国际汉语教师在赴任国的良好形象，为学校在海外赢得了良好的声誉。❶

---

❶ 根据2019年泉州师范学院汉语国际推广工作总结整理。

（二）积极承办海外华裔青少年"中国寻根之旅"活动

学校与菲律宾华教中心密切合作，自2011年起，每年举办菲律宾华裔学生夏令营活动，同时也承办"中国寻根之旅"活动，参加活动的是来自马来西亚、泰国、欧洲国家的海外华裔青少年。学校结合不同活动主题，精心设计课程，融汉语知识、闽南文化、书法、中国传统才艺等为一体，并结合丰富的文化参访活动，让学生们不仅学习了汉语，还对中国传统文化有了进一步了解，也感受到了乡土乡情，搭建了一座供华裔青少年学生学习汉语、传承中华文化的桥梁。

（三）拓展海外华文教育基地功能

学校于2012年8月入选福建省海外华文教育基地，这既是对学校汉语国际推广工作的充分肯定，同时也为深入开展海外华文教育活动提供了更高层次的平台。近年来，学校除了承办各类华裔学生"寻根之旅"活动外，还发挥大学在师资培训、科研和教材编写方面的专业优势，积极承担福建省人民政府侨务办公室（简称福建省侨办，以下称省侨办）面向华裔学生的武术教学视频和茶文化视频制作及相关科研课题；与泉州市人民政府外事侨务办公室（简称泉州市外侨办，以下称市侨办）合作，共同编写针对泉州华裔青少年冬夏令营的教材。同时，多次选派教师参加国侨办和广东省侨办组织的华文教育巡讲活动，赴美国、英国、菲律宾、南非、毛里求斯等国家培训当地教师，为华裔青少年讲授中华文化、武术、传统音乐等课程。2017年，承担广东省侨办海外华文教师培训项目，选派专业老师赴菲律宾，培训当地师资330人，获菲律宾华教中心的肯定，并颁授感谢状。❶

（四）为海上丝绸之路合作伙伴培训航运类人才

学校作为福建第二所、全国第十所开设本科航海专业的高校，大力发展航海教育和培训，成立国际海员培训中心，与巴拿马海事局和航运公司联合培养符合国际海上公约和国家海员适任标准的国际船员。针对目前国际船员市场处于低迷期，航运人才严重匮乏的现状，学校整合船员培训和汉语国际教育的优势资源，开设国际船员培训班，为国际船员开设中文和航海、轮机专业和实训课程。2016年至今，接收100多名来自孟加拉国、尼泊尔、泰国的外籍船员，经过4个月的汉语、航海技术和轮机工程等专业知识以及实操训练的系统学习，船员们均符合STCW公约标准和巴拿马海事局标准，推荐到国际远洋邮轮就业，为航运公司输送紧缺人才，得到了航运公司的好评。

---

❶ 根据2019年泉州师范学院海外华文教育基地工作汇报整理。

（五）开展留学生教育

自2009年起，学校招收来自美国、加拿大、巴西、密克罗尼西亚、韩国、日本、菲律宾、印度等国家的留学生来校学习汉语和专业课程。同时，获福建省政府来华留学生奖学金支持，并在陈守仁先生设立"陈守仁国际交流基金"的基础上，设立密克罗尼西亚学历留学生项目，为"一带一路"合作伙伴培养应用型人才。

二、泉州师范学院海外汉语教师项目调查

随着中国国际实力的不断增强，汉语热也随之升温，作为国际汉语教学和中华文化推广的主力军，国家汉办汉语教师志愿者和国侨办外派教师（以下称"海外汉语教师"）已成为国家软实力提升中不可或缺的一部分，也是我国语言文化推广的重要实践者。泉州师范学院自2005~2019年，共选派了360多名外派教师和汉语教师志愿者分别赴菲律宾、泰国、柬埔寨、缅甸、印度尼西亚、美国、巴西等国家开展汉语教学，具体情况如下（表4-7、表4-8）：

表4-7　泉州师院国家汉办汉语教师志愿者历年情况

年份/年	赴任国	人数/人
2005	菲律宾	18
2006	菲律宾	30
2007	菲律宾	31
2008	菲律宾	25
2009	菲律宾	28
2010	菲律宾	24
2011	菲律宾	29
2012	菲律宾	25
2013	菲律宾、印度尼西亚	24
2014	菲律宾、印度尼西亚、美国	4
2015	巴西、泰国、印度尼西亚、美国	5
2016	巴西、印度尼西亚、菲律宾、泰国、美国	14
2017	缅甸、美国	3
2018	菲律宾、缅甸、泰国、柬埔寨	6
2019	菲律宾、泰国、柬埔寨、缅甸	9

数据来源：泉州师范学院外事办历年统计资料。

表4-8　泉州师院国侨办外派教师历年情况

年份/年	派往国家	人数/人
2014	菲律宾	6
2015	菲律宾	15
2016	菲律宾	18
2017	菲律宾	8
2018	菲律宾	17
2019	菲律宾	23

数据来源：泉州师范学院外事办历年统计资料。

为了充分了解海外汉语教师的各方面情况，在笔者的组织推动下，对泉州师范学院海外汉语教师相关问题进行了调查，具体情况如下。

（一）调查问卷设计和发放

在海外开展汉语教学，不仅增进世界人民对中国语言及文化的了解，而且推动了当地的汉语教育发展，海外汉语教师在其中发挥了关键的作用，做好海外汉语教师工作意义重大而深远。近两年来，也发生个别海外汉语教师因压力和心理问题引起的教学事故，引发舆论危机，甚至影响到海外汉语教师项目的顺利开展。通过对周边老师的访谈，得到表4-9所示内容，由表可看出教师们很重视外派前的准备工作，对可能会遇到的困难有所预期，同时也会受到教学情绪和压力的影响。

表4-9　访谈编码

关联式编码	开放式编码	参考点数
外派前的准备工作（20）	语言问题	3
	教学能力	4
	活动设计能力	5
	跨国的适应能力	3
	中华文化知识的积累	3
	对国外情况的掌握	2
教学压力（15）	来自自身	8
	来自外界	7
教学情绪（14）	焦虑	4
	失眠	2
	好奇	3
	满足	2
	兴奋	3

续表

关联式编码	开放式编码	参考点数
面临的困难（25）	心理问题	5
	语言问题	3
	人际关系问题	4
	生活问题	3
	教学问题	2
	文化类活动挑战大	3
	汉语推广工作难	5

因此，深入了解海外汉语教师在国外的生活、工作以及承受的压力、心理适应等情况，有助于开展赴任前、任教期间和任满返回后的相关工作，保障海外汉语教师项目的顺利运转和长期可持续开展。笔者以泉州师范学院历年在海外中、小、幼从事教学活动的海外汉语教师为调研对象，设计"海外汉语教师"网络问卷。调查问卷于2019年5月通过历届海外汉语教师微信群、QQ群发放，共收回有效答卷65份，通过收回的调查问卷，分析泉州师范学院海外汉语教师项目存在的问题和解决的对策。问卷共有17道问题，涉及个人基本情况、赴任国别及相关问题、海外任教期间的心理、教学和生活等相关问题。

（二）问卷数据分析

1. 信效度分析

在对问卷进行正式的数据分析前，需要对问卷的信效度进行检验，只有信效度在可接受的范围之内，使用该问卷采集的数据才具有分析价值。首先利用SPSS26.0对该问卷的信度进行检验，克伦巴赫α系数为0.59。学者Nunnally（1967年）认为在一般探索性研究中，信度系数的最低要求标准是系数值在0.50以上，该量表的信度在可接受的范围内。效度检验采用极大似然法，KMO值为0.495，解释变异量为28.11%。学者Tabachnick与Fidell（2007年）提出基于最大似然法的因子负荷选取的指标准则，当解释变异量为20%以上时，因子负荷量应大于0.45，题项变量状况为普通，因此该量表的效度在可接受范围内。

2. 描述性统计分析

（1）个人信息。面向海外汉语教师发放问卷，收回有效问卷65份，性别百分比见图4-5，其中女性海外汉语教师占92.31%，这主要是因为学校选派的海外汉语教师女性长年多于男性。

教师年龄占比见图4-6。由图可知，海外汉语教师年龄在20~30岁，占93.85%，这主要是因为学校选派的海外汉语教师，基本为应届毕业生，往届毕业生较少。

不同教师来源占比见图4-7，其中国侨办外派教师和国家汉办志愿者分别占50.77%和49.23%，相差不大。

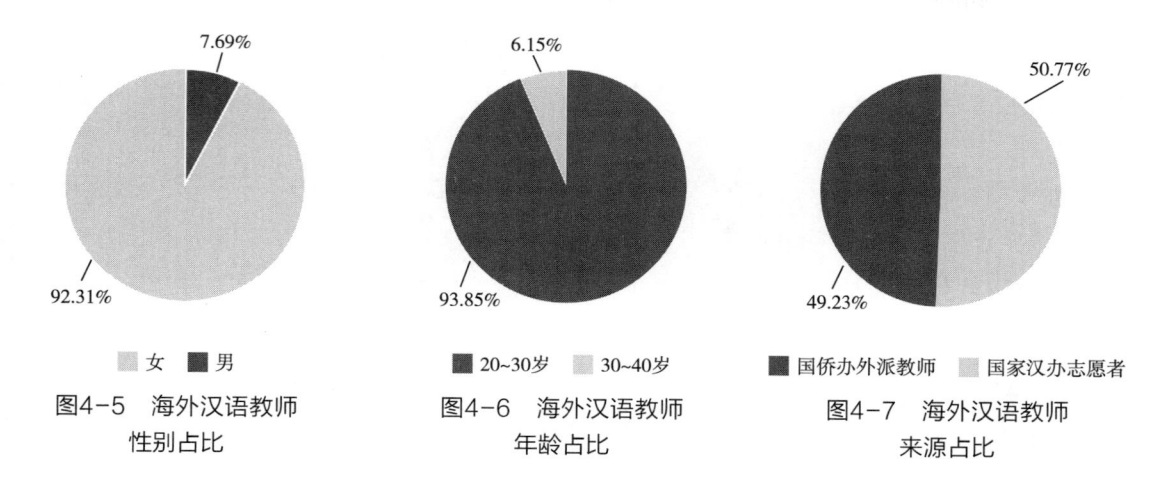

图4-5 海外汉语教师性别占比（女92.31%，男7.69%）

图4-6 海外汉语教师年龄占比（20~30岁93.85%，30~40岁6.15%）

图4-7 海外汉语教师来源占比（国侨办外派教师49.23%，国家汉办志愿者50.77%）

汉语教师中较大部分来自对外汉语（现专业名称改为国际汉语教育）、国际汉语教育和学前教育专业，具体人数情况见图4-8。

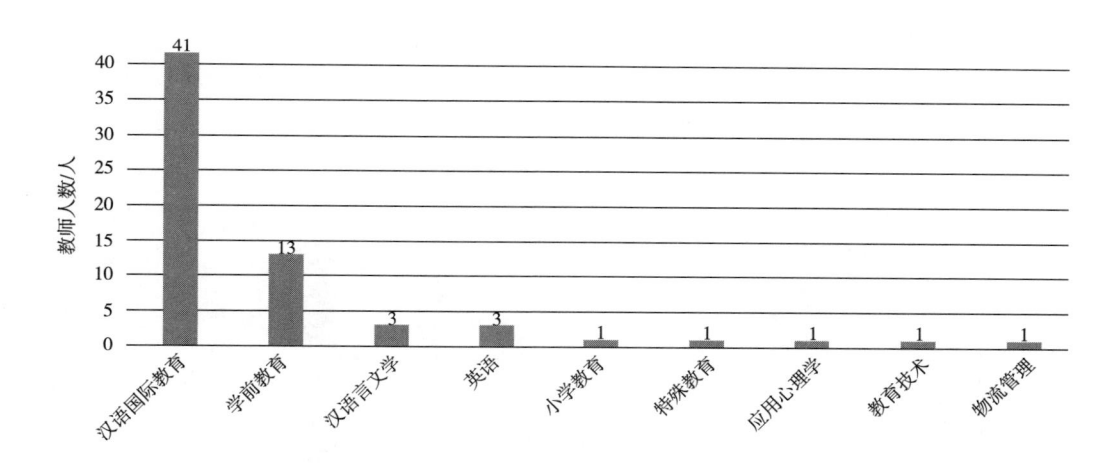

图4-8 各专业海外汉语教师人数（汉语国际教育41、学前教育13、汉语言文学3、英语3、小学教育1、特殊教育1、应用心理学1、教育技术1、物流管理1）

其中，75.38%的教师在菲律宾任教，9.23%的教师在泰国任教，在其他国家任教的比例都低于5%，详见图4-9。

在国外任教1~2年的教师最多占70.8%，其次是2~3年的占18.5%，最少的是仅任教半年以内的，占1.50%，详见图4-10。

（2）教学准备。泉州师范学院派出的汉语教师志愿者和外派教师大部分是应届毕业生，虽然在四年大学期间的专业学习，可以应对外派教学岗位的需求，但从选拔到派出仅仅只有两个月的时间，可称为过渡期。在这期间，需要从学生身份转变到教师身份，需要做好从自己已知、熟悉且舒适的环境，跨越到与自身的语言、文化、生活等存在着明显不同的另外一个环境的充分准备。其中40%的教师在执教前没有对外汉语教育经验，27.69%对赴任国语言掌握得较好，还可以的占49.23%，较差的占15.38%；对赴任国的文化熟悉程度较好的占55.38%，还可以的占36.92%。详见图4-11~图4-13。

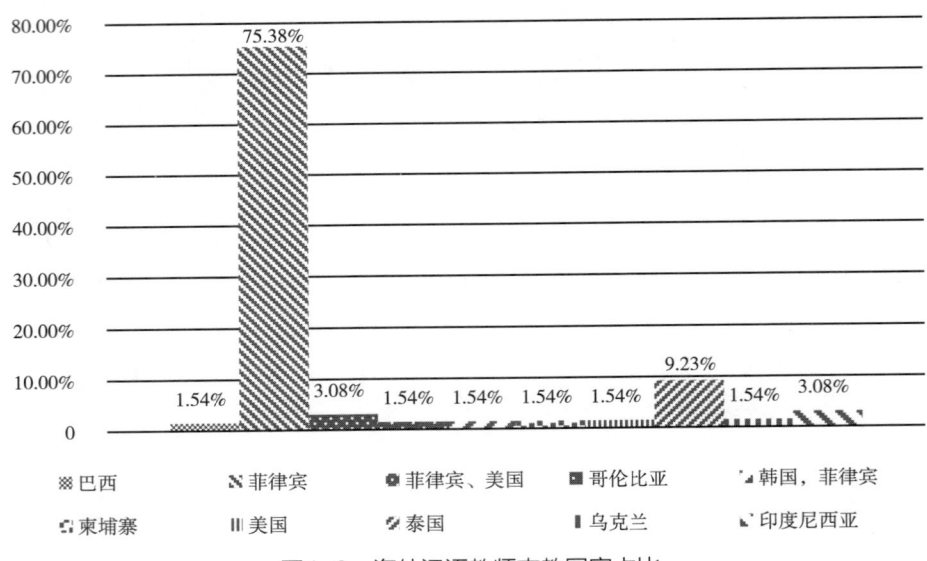

图4-9　海外汉语教师支教国家占比

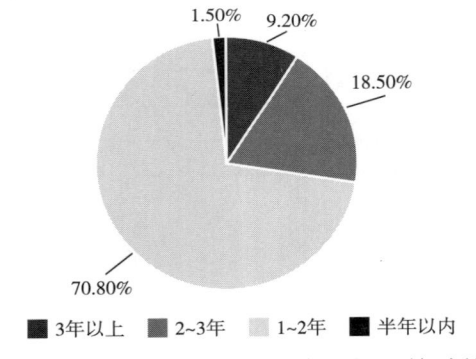

图4-10　海外汉语教师国外生活累积时长占比

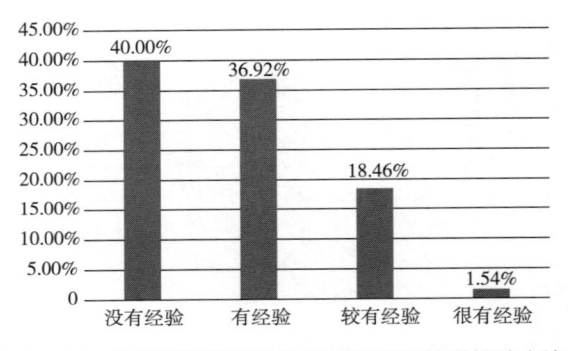

图4-11　海外汉语教师执教前对外汉语教学经验占比

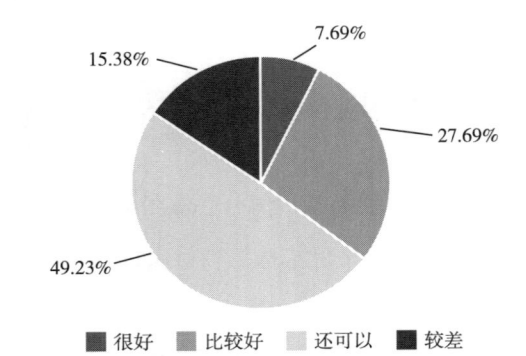

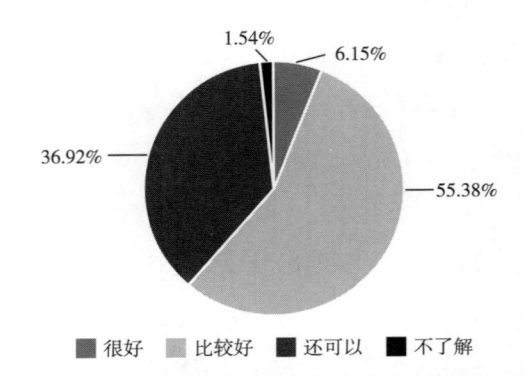

图4-12　海外汉语教师赴任国语言的掌握程度占比

图4-13　海外汉语教师赴任国文化的熟悉程度占比

利用多重响应集对问卷中的第17道多选题进行分析,发现在海外汉语教师出国任教前的重要准备工作中,18.9%是提升跨文化适应能力和打好教学基本功,16.8%是丰富才艺、提升活动设计能力,16.4%是提高对赴任国的了解程度,15.6%是学好外语,13.1%是储备中华文化知识,其他占0.4%。详见图4-14。

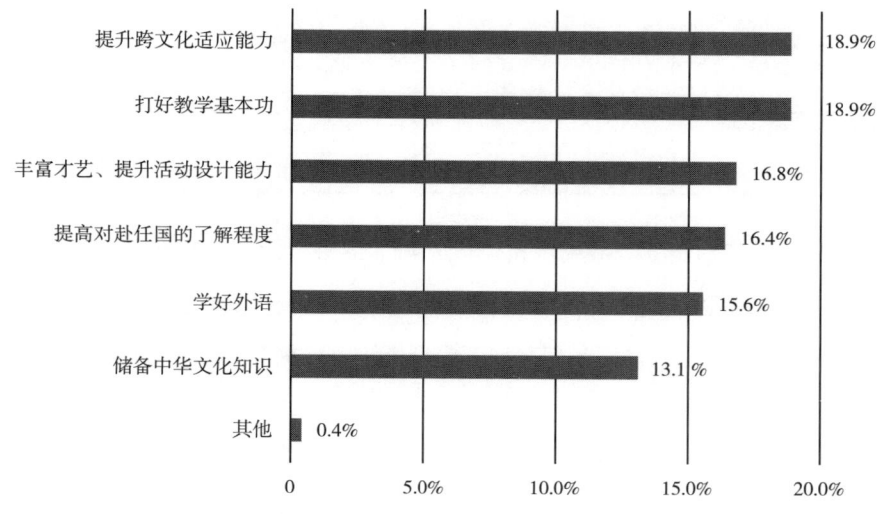

图4-14　海外汉语教师出国任教前的重要准备占比

针对性别、年龄、教师来源,与出国任教前的主要准备进行交叉分析。如表4-10所示,女性认为主要准备工作有提升跨文化适应能力、储备中华文化知识和丰富才艺、提升活动设计能力,而男性认为主要准备工作有提高对赴任国的了解程度、提升跨文化适应能力和学好外语。20~30岁的教师认为主要的准备工作有提升跨文化适应能力、储备中华文化知识和丰富才艺、提升活动设计能力,30~40岁的教师认为主要的准备工作有打好教学基本功、学好外语和提高对赴任国的了解程度。来自国家汉办志愿者的教师认为主要的准备工作有学好外语、提升跨文化适应能力和打好教学基本功,来自国侨办外派的教师认为主要的准备工作有储备中华文化知识、丰富才艺、提升活动设计能力和打好教学基本功。不同个人背景下的教师面临的困难不同。

表4-10　性别、年龄、教师来源与出国任教前的主要准备占比

选项	性别		年龄		来源	
	男	女	20~30岁	30~40岁	国家汉办志愿者	国侨办外派教师
学好外语	7.9%	92.1%	92.1%	7.9%	55.3%	44.7%
打好教学基本功	6.5%	93.5%	91.3%	8.7%	54.3%	45.7%

续表

选项	性别		年龄		来源	
	男	女	20~30岁	30~40岁	国家汉办志愿者	国侨办外派教师
丰富才艺、提升活动设计能力	7.3%	92.7%	92.7%	7.3%	53.7%	46.3%
提升跨文化适应能力	8.7%	91.3%	95.7%	4.3%	56.5%	43.5%
储备中华文化知识	6.2%	93.8%	93.8%	6.2%	53.1%	46.9%
提高对赴任国的了解程度	10%	90%	92.5%	7.5%	55%	45%
总计人数	5	60	61	4	33	32

（3）教学中的挑战和压力。泉州师范学院选派的海外汉语教师部分来自汉语国际教育专业，部分是来自其他专业的学生，入选海外汉语教师的人数日渐增长，但由于非师范类或非汉语国际教育专业出身，专业技能对他们来说都是新鲜事物，因此，教学中的挑战相对也大。同时，由于海外汉语教学中，没有固定的教材，甚至是临时编写，再加上国外的网络不如国内便利，教学辅助资源获取有一定困难；海外的课堂相对宽松，课堂秩序有的较差，需要较强的课堂掌控能力；这些都给经验不足的教师们带来了教学上的极大困扰。调查对象中，33.8%需要一个月到三个月时间，才对包括教学安排、课堂秩序、学生反馈等在内的教学情况比较满意。26.2%需要3个月到半年，有6.2%的人甚至在整个任教过程中一直未达到自己理想的状态。这些数据直接反映了教师们对海外课堂教学的适应过程和所需的时间。60%认为教学的主要压力来自外部，如教材、学生课堂表现、课外活动等，40%认为来自自身，如汉语国际教育基础缺乏、知识储备不足等。如图4-15~图4-17。

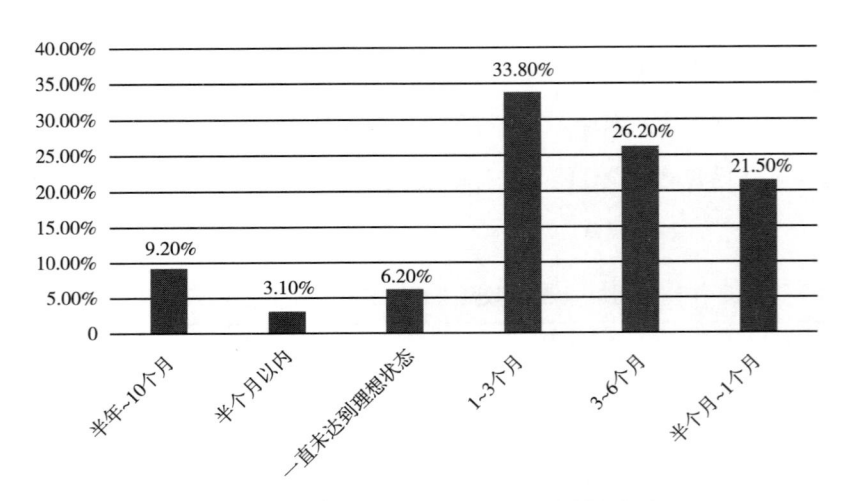

图4-15 海外汉语教师赴任后多久教学达到满意状态占比

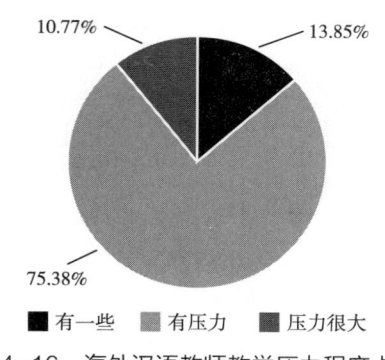

图4-16 海外汉语教师教学压力程度占比

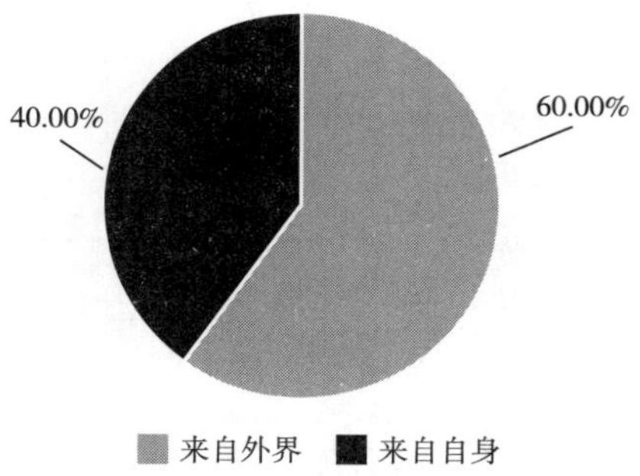

图4-17 海外汉语教师教学压力来源占比

（4）生活方面的适应。海外教学的顺利与否，首先取决于对赴任国家生活的适应，海外教学聘期一般在10个月。到国外后，在调查对象中，33.80%要花半个月到1个月才能适应国外的生活，26.20%要花1个月至3个月才能适应国外的生活，6.20%需要3个月至6个月才适应，还有6.20%需要6个月以上才适应国外的生活。主要原因是生活环境改变带来的不适应，和沟通交流产生的问题。大多数海外汉语教师赴任前没有在海外学习或生活的经历，部分赴任学校的生活和工作环境不如国内，初到异国他乡的好奇心和新鲜感也因远离亲人朋友而退去，消极的心理状态也因此而产生（图4-18、图4-19）。

（5）心理方面的挑战。泉州师范学院海外汉语教师队伍年轻化，有活力，能够快速接受新事物，这是海外任教的一大优势。但同时也因为年轻，心智不够成熟，去到一个全新而陌生的环境，心理都会产生较大的变化，同时要兼顾具有挑战性的教学工作，容易产生消极情绪。55.38%的调查对象初到任教国体验到的情绪是好奇，29.23%感到兴奋，而有4.62%的教师感到焦虑，如图4-20所示。

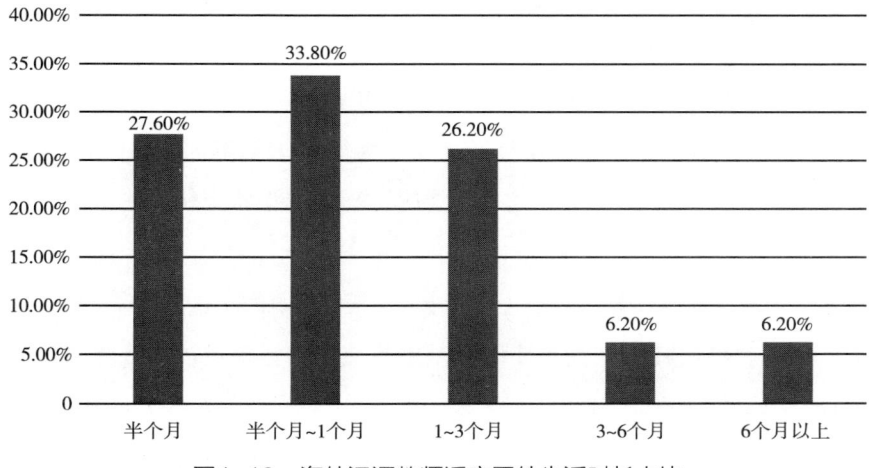

图4-18 海外汉语教师适应国外生活时长占比

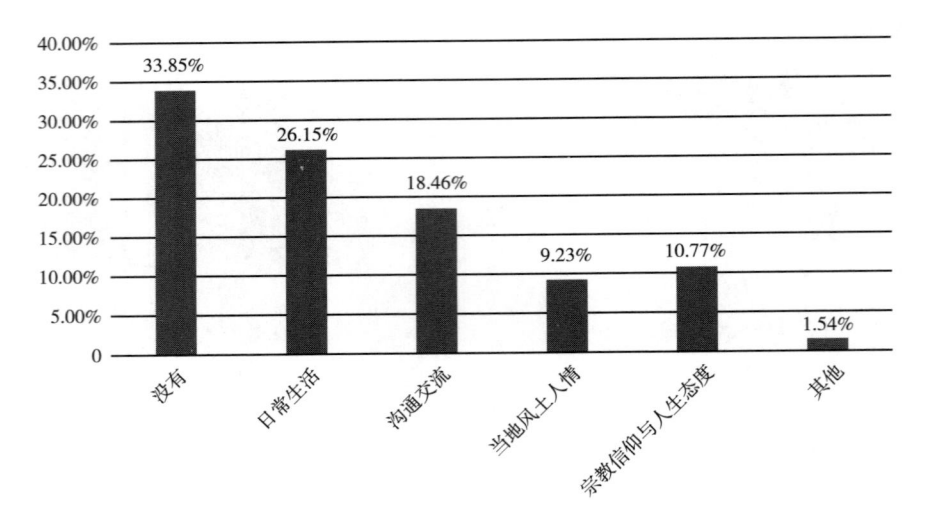

图4-19 海外汉语教师不适应原因占比

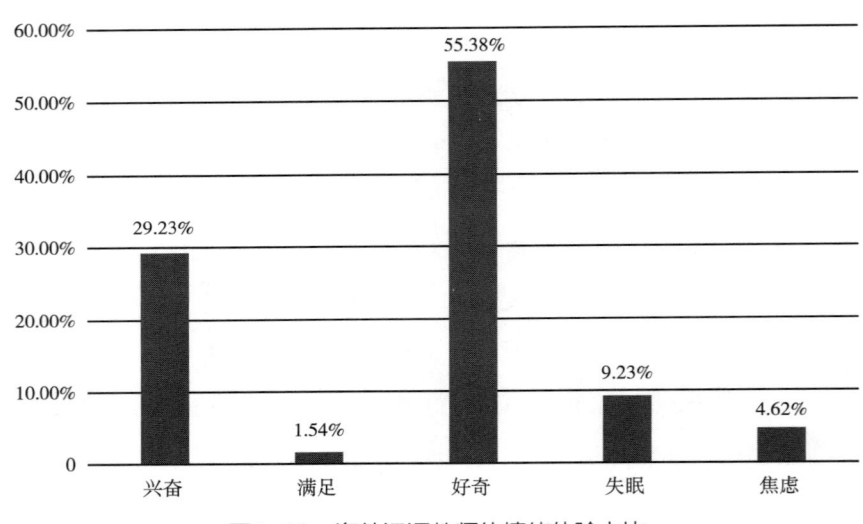

图4-20 海外汉语教师的情绪体验占比

（6）面临的主要困难。对多重响应集对问卷中的第16道多选题进行分析，发现海外汉语教师面临的主要困难中，18.1%是来自心理孤独，16.8%是来自汉语推广工作有难度和人际关系复杂，14.8%来自语言障碍，12.9%来自生活不适应，9%来自中华文化类活动挑战和教学压力，其他困难占2.6%，如图4-21所示。

针对性别、年龄、教师来源和国外生活时长，与教师面临的主要困难进行交叉分析。如表4-11所示，女性教师面临的三大主要困难是中华文化类活动挑战大、汉语推广工作有难度和语言障碍，而男性教师面临的三大主要困难是心理孤独、人际关系复杂和教学压力。20~30岁的教师面临的主要困难是教学压力、中华文化类活动挑战大和心理孤独，30~40岁的教师面临的主要困难是语言障碍、汉语推广工作有难度和生活不适应。来自国家汉办志愿

```
心理孤独       ████████████████████ 18.1%
汉语推广工作有难度 ██████████████████ 16.8%
人际关系复杂    ██████████████████ 16.8%
语言障碍       ████████████████ 14.8%
生活不适应     ██████████████ 12.9%
中华文化类活动挑战大 █████████ 9.0%
教学压力大     █████████ 9.0%
其他          ██ 2.6%
         0   5.0%  10.0%  15.0%  20.0%
```

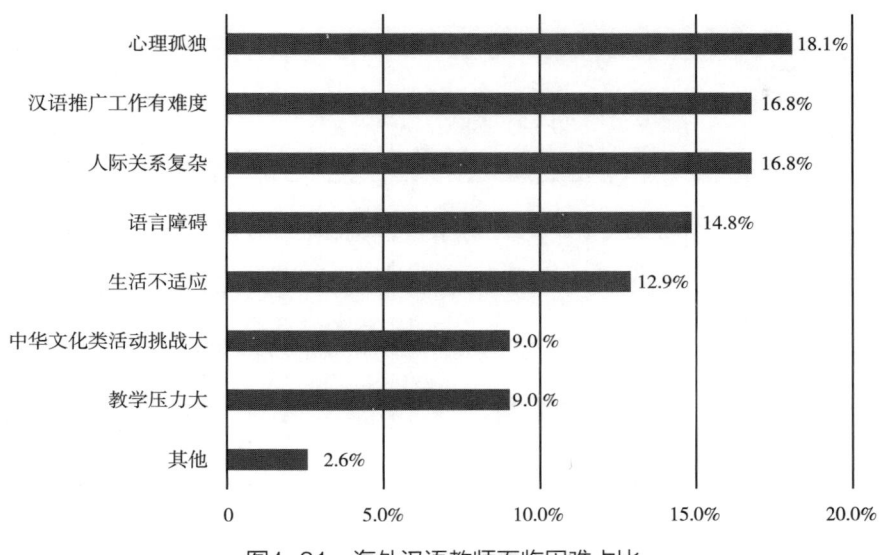

图4-21 海外汉语教师面临困难占比

者的教师面临的主要困难是生活不适应、教学压力和心理孤独，来自国侨办外派的教师面临的主要困难是人际关系复杂、中华文化类活动挑战大和语言障碍。在国外生活时长为一年以内的教师遇到的主要困难有生活不适应、汉语推广工作有难度和语言障碍，在国外生活时长为1~2年的教师遇到的主要困难有心理孤独、汉语推广工作有难度和人际关系复杂，在国外生活时长为2~3年的教师遇到的主要困难有中华文化类活动挑战大、教学压力和人际关系复杂，在国外生活时长为3年以上的教师遇到的主要困难有语言障碍。不同背景的教师面临的困难不同。

表4-11 性别、年龄、教师来源和国外生活时长与教师面临的主要困难占比

选项	性别		年龄		来源		国外生活时长			
	男	女	20~30岁	30~40岁	国家汉办志愿者	国侨办外派教师	一年以内	1~2年	2~3年	3年以上
心理孤独	10.7%	89.3%	92.9%	7.1%	60.7%	39.3%	7.2%	32.1%	60.7%	0.0%
语言障碍	4.3%	95.7%	87.0%	13.0%	52.2%	47.8%	8.8%	13.0%	73.9%	4.3%
人际关系复杂	7.7%	92.3%	92.3%	7.7%	46.2%	53.8%	7.7%	15.4%	76.9%	0.0%
生活不适应	5.0%	95.0%	90.0%	10.0%	70.0%	30.0%	15.0%	15.0%	70.0%	0.0%
教学压力大	7.1%	92.9%	100.0%	0.0%	64.3%	35.7%	7.2%	7.1%	85.7%	0.0%

续表

选项	性别		年龄		来源		国外生活时长			
	男	女	20~30岁	30~40岁	国家汉办志愿者	国侨办外派教师	一年以内	1~2年	2~3年	3年以上
中华文化类活动挑战大	0.0%	100.0%	92.9%	7.1%	50.0%	50.0%	0.0%	7.1%	92.9%	0.0%
汉语推广工作有难度	3.8%	96.2%	88.5%	11.5%	53.8%	46.2%	11.6%	19.2%	69.2%	0.0%
总计人数	5	60	61	4	33	32	6	12	46	1

（三）对策

1. 强化岗前培训

汉语教师既要有专业的学科意识，又要明确自身的职责和任务。针对海外汉语教师所学专业的不同，队伍参差不齐，以及面对海外汉语教学遇到的适应问题，无论是在工作方面，还是在生活方面，强化岗前培训是前提与重点。首先，岗前培训的周期要足够长，课程丰富，进度紧凑，但吸收与消化要成比例，让学生有足够的时间有效地吸收和检验所学知识，以便更好地运用于海外教学中；其次，培训内容要全面而深入，具有针对性和实践性，包含职业生涯规划、课堂教学能力、语言能力、中华文化传播能力、海外生活适应能力。上好赴任前的第一课，培养学生以专业的态度对待海外任教，才能起到事半功倍的效果。

受访者B7认为对海外汉语教师进行岗前培训十分重要，培训内容设计上要注重实践性和全面性。

"岗前培训要注重实践性，让不同专业背景的学生，尤其是非师范类的学生，在短时间内能熟练掌握汉语教学的技能和技巧，也要全面一点。除语言教学外，还应中华才艺的表现能力，以及任教国的国情概况、风俗民情、汉语教学水平和当地华校的大致情况。并要尽可能地安排课堂观摩和教研，帮助学生尽快进入外派教师的角色。"（受访者B7）

2. 培养专业素养

海外汉语教师队伍中，大部分为汉语国际教育专业，但除此之外，各类专业的毕业生也越来越多地选择海外，任教这一职业，因此，会存在教学经验、专业素养等方面不足，无法较快适应海外教学的不足。面对教学中存在的困难与挑战，如何提升海外汉语教师的专业素养也是核心工作之一。首先，高校作为选派海外汉语教师的主要阵地，泉州师范学院应适度扩大汉语国际教育专业的招生规模，培养素质过硬的海外汉语教师人才，在设置课程方面，要对语言教学、外国文化两类课程予以同样的重视程度，鼓励教育、英语等专业的学生参加国际汉语教育第二学位研习，培养更多的海外汉语教师新生力量。其次，汉语教师应注重自身专业素养的培养，补齐自身素质的短板，做好赴任前的准备工作，包括志愿服务精神、跨文化交际能力、汉语教学能力及才艺能力等，让自己有足够的信心和能力应对充满挑战的海外教学工作。最后，克服困难，精心备课，根据学生特点，积极探索、合理调整教学内容及模式，努力激发学生学习汉语的兴趣，使学生们在短时间内快速提高汉语水平。可谓教学相长，自身素质有了较大的提高，才能够更好地适应、胜任教学工作，提升个人自信心。

3. 重视心理建设

海外教学，充满了挑战与未知，要求海外汉语教师一定要有良好的心理素质。如何消除心理孤独，尽快适应当地生活，投入教学工作，重点在于加强心理建设。作为派出单位，在培训期间，要教会教师们对可能遇到的困难和主要问题做好心理准备，一旦问题发生之后能自我疏导。学会面对异国他乡的孤独与困难，更要重视任教期间的管理与服务，在节日期间，给海外教师们送去祝福，或定期组织前往慰问，建立他们的归属感。作为海外汉语教师，也要把心理建设作为必修课，生活中，要与国内的家人和朋友、同行的教师保持良好的沟通交流，通过倾诉排解心理的孤独，为自己制订合理的生活计划，避免无所事事而放大孤独感，同时也能通过丰富的计划提升个人的视野与能力；教学方面，学会观察、交流，因材施教，逐步掌握课堂技巧，让自己得心应手，也缓解了压力。

受访者B6认为，在适应新环境的过程中，承受一定的外来和内在压力，对海外汉语教师的心理辅导很重要，可以避免一些负面情绪和过激行为带来的不良后果。

"因为缺少心理疏导，在外又承受工作和生活压力，个别外派教师出现情绪失控的状况，导致影响或中断工作，甚至被遣返。其中暴露出了整个外派教师群体，尤其是刚毕业的学生外派教师，心理承受能力较差，适应新环境的过程得不到较好的辅导和帮助，直接表现在情绪上的不稳定和过激的行为。所以心理建设很重要，来自自身的和外在力量的，双管齐下，发挥好合力，保证以健康的心理状态来完成海外的任教工作，做好小老师和小使者。"（受访者B6）

4. 落实归国保障

通过调查显示，泉州师范学院派出的海外汉语教师基本为应届毕业生，如何更好地落实教师们归国后的保障，也是促进海外教学发展的重点。首先，重视海外汉语教师的职业生涯规划，提供有针对性的就业信息，选派单位可与市场合作，举办海外汉语教师归国专场招聘会；其次，加大海外汉语教师的宣传力度，提升社会的认识度与认可度，提供海外汉语教师归国后的优惠政策。

本章小结

　　本章对厦门大学、福建师范大学、华侨大学和泉州师范学院进行案例研究，较全面地了解高校汉语国际推广中的情况，总结提炼出各具代表性的汉语国际推广模式和具体举措，并结合学校战略规划分析、案例研究和访谈，针对遇到的不同问题，提出今后发展的建议。厦门大学共建孔子学院应持续发力服务国家软实力战略，在孔子学院建设中把质量作为第一生命线，在教学基础上实现孔子学院更多职能，并注重以信息技术的运用和南方基地的建设来促进孔子学院的发展，增强孔子学院自身造血功能，提升社会影响力。福建师范大学的本土汉语师资培育，应进一步夯实基础，加大招生力度，提升办学层次，提高学生综合素质，并不断加强规划，谋划长远发展。华侨大学构建大华文教育格局，协同创新发展华文教育，并逐步融合华文教育和汉语国际推广，加强华文学科和华文教育研究，发挥了更加积极的作用。泉州师范学院外派教师和志愿者工作，以问题导向，应强化岗前培训、扎实培养专业能力，重视心理辅导与健康，落实相应用人保障。对四所高校的案例研究，是本文的特色和重要性组成部分，因为笔者长期从事汉语国际推广相关工作，关注微观和实际操作层面较多，能够获取一手研究资料，为后续战略研究打下坚实的基础，有利于从微观层面到宏观层面的总体把握，有利于把实践上升到理论层面，形成较有意义的战略实施措施。

第五章 英语和法语国际推广的经验和启示

语言推广和国家的综合实力息息相关，不仅是硬实力的一种较量，也是软实力的体现。英语的国际推广主要以英语国家（英国和美国）为代表，法语的国际推广主体是法国。这三个国家在世界舞台上有较强的影响力，在多个领域都走在世界前列，充分体现出较强的综合实力，并在对外推广自己国家的语言文化方面有着较为成功的经验。本章着重从英语和法语国际推广的相关语言政策、推广机构和在中国的推广情况等几方面总结经验，并提炼对高校汉语国际推广的有益启示。

第一节
英语的国际推广经验

英语是世界上使用最为广泛的语言，是联合国六种工作语言之一，日常使用率最高，联合国近80%的文件都是用英语撰写的。[1]世界上英语学习者与使用者达到16亿，英语被广泛使用在计算机信息存储媒介、科技出版物、商业交易、国际会议上，每年更有大批留学生到英国和美国留学，英语可以说是成功成为一门超级国际语言，这背后与英国和美国的综合国力及语言推广战略有着密不可分的关系。

一、英国的语言国际推广经验

英语的国际推广早期依靠的是武力征服。英国被称为"日不落帝国"，对59个国家和地区实行殖民统治，英语成为这些国家和地区的通用语言，其中有44个国家把英语作为官方语言。随着第二次世界大战结束，英国殖民统治的国家和地区纷纷独立，推广传播英语的方式也渐渐转变为文化交流、国际援助、商业开发等交流合作的形式。这种以和平、友好、合作、交流、商业开发等形式开展的语言国际传播被称为语言文化国际传播的"现代模式"，此模式使英语推广更加具有影响力。[2]

20世纪50年代到80年代，英国发布了《德罗赫达报告》《海外英语教学指导委员会报告》《布洛克报告》《京门报告》4份报告，均对英语的国际推广和英国的语言政策及战略产生重要影响。其中，《德罗赫达报告》从战略的高度明确了语言文化海外宣传的目的，肯定了语言文

---

[1] 贺芸，庄成余. 论英语全球化传播的原因及其影响[J]. 云南师范大学学报，2004（6）: 60.
[2] 董学峰. 国家语言战略背景下的汉语国际推广研究[D]. 吉林：东北师范大学，2016: 71.

化海外宣传对维护英国海外利益的重要性，并促使英国政府给予英国文化委员会资金投入，资助开展语言文化的国际推广。《海外英语教学指导委员会报告》提出了要通过大力加强对海外英语教师的培训，把英语推广到非英语国家，使之成为第一外语，同时也争取到了政府稳定的经费支持。《布洛克报告》和《京门报告》分别对英国当时的语言教育进行检讨和提出建议，并强调教师应具备的语言知识和明确对学习者的朗读、阅读和写作的要求，对语言发展也起到很大的作用。其间，英国举办了两次对外英语教学规划大会，分别是1960年举办的"英语作为第二语言或外语的教学的大学培训和研究"和1961年举办的"英语作为第二语言教学的英联邦大会"。通过这两次会议，汇集专家学者意见，制定了对外英语教学的专业规划、师资保障和具体教学原则，极大地推动了英语的海外教学。

  英语的国际推广依赖于语言推广机构，其中英国文化委员会（British Council）发挥中心作用，取得卓越的成效。英国文化委员会成立于1934年，获皇家特许状，注册为慈善机构的社会团体，有半官方的性质。其旨在通过推广语言，使国家利益在最大范围内得以实现，从而有力推动综合国力的提升。英国文化委员会主要工作职责包含：提供英语教育咨询服务；把英语教学计划推广到其他国家，更广泛地协助英语教学的专业人员；在其他国家设立考试中心，组织学生参加英语水平考试；从科技、艺术等层面入手与其他国家进行交流活动；与其他国家进行项目合作，形成长期稳定的合作关系；支持其他国家的高等教育改革，达到增进合作的目的。[1]英国文化委员会的资金来源有两大部分，基本上一半是政府每年的定期拨款支持，另一半是自身的经营收入，如来自海外英语教学和考试的收入。近年来政府的拨款比重逐渐降低，自身的经营收入比重增加，可见英国文化委员会的自身造血能力比较强。英国文化委员会经过80多年的发展，已经成为语言推广机构的代表，机构健全、规模庞大。其活动范围遍布世界上的111个国家和地区的229个城市，有230家分支机构和138家教学中心，分为12个区域，每个区域有不同的目标战略。[2]2010~2011年度，工作区域调整为七大区域，分别为美洲、东亚、欧洲、中东和北非、南亚、撒哈拉以南的非洲、泛欧洲，针对不同区域特点，因地制宜地推广英语。

  英国文化委员会（在中国官方网页译为"英国文化教育协会"）自1979年起就与中国建立合作关系。英国文化委员会在中国设有分支机构，旨在通过艺术、文化、教育和英语语言在英国和中国间建立理解和信任。目前，中国区是最大的业务网络区域之一，由英国大使馆文化教育公使担任中国区主任一职。下设华东区主任，负责在安徽、江苏、浙江省及上海的文化关系与教育交流工作；华南区主任，负责在广东、湖南、江西、福建、广西和海南等省的业务运

---

[1] 张西平, 柳若梅. 世界主要国家语言推广政策概览[M]. 北京: 外语教学与研究出版社, 2008.
[2] 董学峰. 国家语言战略背景下的汉语国际推广研究[D]. 吉林: 东北师范大学, 2016: 74.

作；西南区主任，负责在西南地区开展广泛的教育、科学和社会项目；工作范围覆盖中国人口稠密、经济较发达的大部分地区。过去一年中，中国区共有100多万人参加其组织的英语语言考试以及职业资格考试；从2009年至今，培训了3000多名社会企业家。同时，在官方网站上，提供丰富的学习资讯和学习资源，以及在线课程。

由上可见，英国的英语推广从最初伴随武力扩张，到后面的通过文化、商业交流合作等易于接受的形式，取得了更好的推广效果，达到一定的深度和广度。同时不断改进推广策略，在推广过程中注重不同区域的特点，制定针对性的分层次推广目标和工作重心，配套援助性措施，使英国政府及其语言推广机构形成合力，在世界范围内建立了规模庞大、机构健全的推广网络，成效显著。

二、美国的语言国际推广经验

美国的英语起源于英国英语，17世纪初第一批英国移民乘坐"五月花"号帆船到达北美，也带去了英国本土当时使用的伊丽莎白女王时代的英语。1776年，美国独立，把之前英国殖民统治时期确立的英语中心的语言政策一直延续了下来，美国一开始就将语言战略设立在到国家战略的高度，对英语和美国文化的推广不遗余力。英国对于英语的推广起源于早期的殖民统治与扩张，但美国在两次世界大战后的经济实力和军事实力都超越了英国和欧洲各国，成为世界强国；"冷战"结束后，美国更是成为世界超级大国。凭借强大的实力作为后盾，美国极力把美式英语推广到其他国家，以之为载体传播美国文化。宁继鸣指出，美国在语言推广过程中采用的语言政策和战略，体现出隐蔽性、攻击性两大特点，充分借助流行文化与媒体市场力量，把美式英语推广到世界上更多的国家，其广度和深度前所未有。❶

美国在20世纪制定的几个重要的法案和政策，通过援助性的手段，对美国英语和文化的国际推广起到了积极的作用，保障了其全球战略计划的实施。1948年的"马歇尔计划"，针对欧洲各国在"二战"后百废待兴的状况，提出援助欧洲复兴计划；1949年杜鲁门总统提出"第四点计划"，随后美国国会在此基础上通过"援助落后地区法案"，援助第三世界和发展中国家，在对外进行援助的同时，也进行文化的渗透。1961年出台《对外援助法》，每年资助近十万人到海外讲学或留学，高校约2%的教师可以由政府提供津贴到国外从事教学和科研。❷

美国英语国际推广机构由官方和民间两个方面组成，官方机构从宏观层面发挥监控和协调作用，民间机构在英语国际推广中起到更加积极的主导作用，淡化了语言文化推广的政府色

---

❶ 董学峰. 国家语言战略背景下的汉语国际推广研究[D]. 吉林：东北师范大学，2016：92.
❷ 崔砚. 美国英语国际推广政策研究[D]. 吉林：东北师范大学，2012：21.

彩，因此更容易被接受。美国教育部负责具体政策制定和实施管理；美国国务院设有文化关系处、英语语言项目办公室等机构，从事英语的国际推广；和平队是由志愿者组成的政府组织，主要任务是向第三世界提供援助，其中提供包括英语在内的教育教学是首要援助工作；国际发展署通过多渠道向发展中国家提供援助，其中包含教育援助，直接和间接地传播英语；新闻署发挥对外宣传的重要作用，通过影视、广播和新闻出版物等各种媒体手段让自己的文化在世界传播。在这方面，一些民间组织为英语国际推广提供大量资金，直接致力语言文化推广，包括福特基金会、卡耐基基金会、洛克菲勒基金会等。

美国政府积极采用"走出去"和"请进来"的战略。通过教授英语、标准化考试和组织相关活动，以及制定各种援助性政策和配套措施，向世界主动推广语言和文化，以及背后的价值观和世界观；并通过全媒体手段，如音乐、电影、报刊、电视节目、广播等向世界推介美国文化，在世界产生极大的影响，尤其是对青少年受众。同时，积极实施"请进来"战略，主要途径是通过优质的高等教育资源和强大的综合国力，吸引来自世界各地的留学生。通过TOEFL、GRE等英语标准化考试，强化了英语的学习和使用；并提供丰富的奖学金，包括需要付出约定服务的服务性奖学金和无须付出服务劳动的非服务型奖学金，鼓励和资助了大批留学生到美国学习深造，亲自沉浸在美国语言文化环境中，使语言文化的推广更为有效。根据美国移民海关执法局（ICE）公布的2023年度国际学生和访问学者的详情报告，在美留学生有1503649人，其中来自亚洲的学生最多（1070875人），占国际生总数的71.2%。人数最多的国家依次为印度、中国和韩国；其中，中国在美留学生330365人。❶

总之，美国政府实施的语言推广政策和民间机构开展的语言文化推广活动，具有隐蔽性、层次性、全方位和民间性的特点❷，为美国带来了政治、经济和文化方面的效益，推广成效显著，影响巨大。

第二节
法语的国际推广经验

法国人口约为6800万，但据统计，世界上有1.2亿人完全使用法语，有2亿人经常使用法

---

❶ 美国发布官方留学生报告：152万留学生在美国[EB/OL]. https://www.sohu.com/a/417260761_100233159.
❷ 崔砚. 美国英语国际推广政策研究[D]. 吉林：东北师范大学，2012：29.

语。在世界范围内，以法语为通用语言和官方语言的国家数量超过40个。法语被认定为联合国工作语言之一，在外交活动中使用频率高，是世界上最有影响力的语言之一。

一、法国的语言推广政策

　　法国在历史上是欧洲强国，是欧洲乃至世界的文化中心，因此法语是贵族的语言，也是文学、艺术和外交的语言。但随着大英帝国的殖民统治扩张和语言文化推广，以及战后美国凭借强大综合实力向世界推广英语，英语的国际地位不断提升，法语的地位受到冲击而不断下滑。法兰西民族的自尊心和对法语的热爱，唤起法国政府、社会和民众对维持和扩大法语影响力的努力。法国前总理希拉克（Jacques René Chirac）认为，法国能否重回世界强国之列，一定程度上取决于法语在国际中拥有怎样的地位。[1]所以，在设定法语国际推广战略目标时，希望能增强法语的世界影响力，在国际交往中发挥出更大的作用，将法国的国际影响力维持下去。法国政府高度重视语言推广，以实际行动维护法语的地位，由教育部和外交部直接参与，并长期投入资金。法国政府通过《法律使用法》（又称"杜蓬法"）等立法，强化法语在本国的使用，一定程度上抵制英语的渗透和影响，保护本国语言，也进一步激发法国人对法语的热爱；把语言推广作为保护文化多样性的一个路径，在全世界倡导多语制，在欧盟倡议学校同时教授两门外语，使法语成为第二语言的首选，在欧盟有更多的学习者。同时，强调政府工作人员的法语意识，加大对国际组织提供法语培训，扩大法语在国际组织中的影响力。

二、法国的语言推广机构

　　法语联盟是法国语言推广的重要机构，成立于1883年，法国总统担任名誉主席。联盟在成立60周年纪念活动中，戴高乐将军临时政府明确表示："让我们从道德和精神层面自由地与其他人进行碰撞，有效地传播我们的文化，这是法语联盟产生的原因和继续发展的动力。"在成立75周年纪念活动中，戴高乐将军说："没人能够抵抗法语联盟的魅力。"该联盟正是这样一个公益性的组织，承担推广法语和传播法国文化的任务，采用向外国人教授法语、组织标准化考试和颁发相应的学习证书等有效手段，并组织多样化的活动介绍和推广法国艺术、文化和精神。法语联盟的经费来源于政府、企业基金会和自身收入等三部分，法国教育部和外交部直接给予拨款，企业和基金会给予赞助，法语联盟自身通过收取学费、考试费等获得收入，这也是

---

[1] 苏旭. 走近法兰西[M]. 北京：中国社会科学出版社, 2005: 400.

覆盖其中的一种主要经费，分支机构数量达到了1135个，每年学员数量超过50万人，超过600万人参加各种文化活动。❶法国文化中心也是重要的推广机构，其由法国官方创办于1907年，任务与法语联盟一致，通过组织文艺活动、教授法语、提供法语教师和关于法国的资讯等形式，实现推广语言和文化的职能，在全球90多个国家有160多个中心。法国文化中心与法语联盟共同为成功推广法语发挥了重要的作用。

20世纪80年代法语联盟在中国设立了分支机构，1989年法国在广州设立了培训中心，在我国的发展有了良好开端，随后拓展到北京、武汉、青岛、大连、西安、成都、杭州、南京、重庆、深圳（筹建中）、香港、澳门等，在中国有16个法语联盟。北京法语联盟成立于1998年，每年有超过6000名学生学习法语，参加各类丰富的文化活动。❷上海法语联盟成立于1992年，是全球排名前15的最大法语联盟之一，每年注册学员约4800人。❸在中国的法语联盟通过提供各类法语学习、组织考试和丰富的文化艺术活动，为中国的法语爱好者提供专业的支持和享受语言文化及跨文化体验的机会，产生了较好的社会影响。

由此可见，法国在推广语言文化的过程中，政府高度重视与支持，将其视为国家战略，长期给予资金投入，起到很好的引领和支撑作用；语言推广机构开展具体语言文化推广工作，借助法国艺术文化优势，结合到语言教学中，建成遍布全球的语言文化推广网络，发挥重要的积极作用；法国民众热爱自己的语言，尊重和保护自己的语言，为法语国际推广提供了很好的内部环境。

第三节 英语和法语国际推广的启示

深入地了解英语和法语的国际推广，从中获取成功的经验，对我国的汉语国际推广，以及承担汉语国际推广具体实践的高校，都有一定的有益启示。

一、政府高度重视与支持是实施语言国际推广的有力保障

英国、美国和法国对本国语言的国际推广都有各自的发展历程，缘起虽然不一样，但政府

---

❶ 刘洪东. 当代法国语言推广政策及启示[J]. 东岳论丛, 2014（2）: 89.
❷ 北京法语联盟。
❸ 上海法语联盟。

均高度重视，把语言文化推广纳入国家战略，积极实施"走出去"战略，是语言文化推广的有力保障。英国政府早期依靠武力把英语带到海外，第二次世界大战结束后转变了推广方式，通过一系列法案明确了语言推广对英国维持海外利益和影响力的作用，借助教育、文化、商贸等形式在海外开展交流合作，给予经费支持，取得了较好的效果。美国建国伊始就把语言推广视为国家战略，对内通过语言推广确定英语的中心地位，对外依靠强大的综合国力，援助性的语言政策，开展语言教学和考试，以及电影、电视、广播等全方位的推广手段，强势地把美国英语、文化和民主自由的价值观推向世界，尤其对青少年产生极大的影响。法国政府重视语言推广，纳入国家战略，把语言的地位和国家的地位紧密相连，在战后努力通过向世界推广法语来重获对世界的影响力，由政府部门直接参与语言文化推广，给予政策和经费的支持，并注意激发民众对本国语言的热爱和保护意识，营造很好的语言运用和推广氛围。

二、针对不同区域要采用分层次推广策略

英国文化委员会在世界范围内建立了一个推广英语的网络，为了更有效地管理和发挥这个网络上每个推广机构的作用，把遍布在世界上的111个国家和地区的分支机构分为12个区域，每个区域制定针对不同区域特点的分层次推广目标和工作重心；2010年起又根据发展情况把工作区域做了拓展，共设立了七大区域，包括美洲、欧洲、中东和北非、撒哈拉以南的非洲、泛欧洲、东亚、南亚等七大区域，每个区域都有不同的目标战略，保证了在不同区域的推广成效。如在美洲区，针对这一区域对英语需求强的特点，除了维持好与美国、加拿大等发达国家的关系，注重加强与墨西哥、巴西、智利和秘鲁等国家的关系，工作重心确定为推进英国成为该区域教育领域的战略合作伙伴；在东亚区，针对人口众多、英语学习需求持续上升的特点，工作重心确定为推广教育和文化，提高当地英语教师教学水平；在中东和北非区，部分国家连年战乱，恐怖主义带来的安全问题严峻，在这一地区的工作重心是通过提供所需技术，英语和文化，增进这些国家对英国的信任，使英国成为该区域经济增长和多样化的合作伙伴。❶在中国大陆，英国文化委员会也根据区域划分为华东区、华南区和西南区，不同区域有不同工作重点。

美国则是政府在制定政策时，采用有针对性的援助性措施。如"马歇尔计划"，针对欧洲各国，援助复兴计划；杜鲁门总统的"第四点计划"；和随后通过的"援助落后地区法案"，针对第三世界和发展中国家进行援助。

---

❶ 张天宇. 软权力视域下英国语言国际推广策略研究[D]. 吉林：东北师范大学，2018：13.

三、推广过程中语言与文化要紧密结合

在英语和法语的推广过程中，可以看到语言与文化密不可分，语言是文化的载体，文化会赋予语言魅力和内涵。法国政府和语言推广机构借助法国灿烂的艺术文化瑰宝，在推广法语的同时，把法国的文化和精神带到世界各地。在中国大陆每个法语联盟的网站，都有定期提供文化活动的相关信息，设有用法语探索法国艺术与文化的相关专栏，其中对法国社会与文化、法国艺术史、法国文学、戏剧创作与表演、法国时尚设计等有详细的介绍，并提供相关课程、资料和互动参与界面。如关于法国社会与文化，就提供包括人际交往、法式思维、社会热点、生活美学、风景民俗、文化艺术等内容的课程，较全面地了解法国社会和浸入式地体验法国文化。文化课程与语言紧密结合，通过法语授课，对学习者的法语水平有具体要求，从而也促进了语言学习。同时，还通过各种丰富多彩的文化活动，为推广语言文化服务。由此可见，通过文化艺术活动等形式可以起到一定的宣传、导向作用，对语言文化推广有较好的促进作用。

四、高校在语言推广中发挥重要作用

英国、美国和法国的高校，在英语和法语的国际推广过程中，配合政府的语言政策，发挥了非常重要的作用。应英语教学海外扩张的需求，英国文化委员会曾组织过两次对外英语教学规划大会，均倚重英国高校。在"英语作为第二语言或外语的教学的大学培训和研究"会上，以来自爱丁堡大学、北威尔士大学、伦敦大学和伯明翰大学等高校的语言学家们为主，提出了一份关于语言教学的社会语言意义学术声明；在"英语作为第二语言教学的英联邦大会"上，以爱丁堡大学、伦敦大学和利兹大学等高校的专家学者们为主，提出了对英语海外推广的17条建议，这些对英国的海外英语教学起到重要的推动作用。❶ 美国在1961年出台《对外援助法案》之后，政府资助到国外讲学和留学，50%以上的高校相应实施了海外学习计划，高校约有2%的教师出国讲学或从事科研。同时，英国、美国、法国高校优质的教育资源也吸引了世界各地的留学生，高校成为外国学生接受这三个国家价值观和了解亲近文化的重要场所。这三个国家的高校接收的留学生均需通过标准化语言考试，如英国的雅思、美国的托福及GRE考试和法国的TEF考试，借此也在青少年学生群体中强化了英语和法语的学习。此外，英语和法语国际推广所依托的语言推广机构，能发展覆盖全球的语言文化推广网络，影响范围和影响力不断增强，离不开本国高校的大力支持和配合。英国文化委员会和法语联盟，依照政府的语言政策和

---

❶ 徐波. 当代英国海外英语推广的政策研究——以英国文化委员会为中心[D]. 重庆：西南大学，2009：85-89.

国家语言战略，采用语言教学、标准化考试、语言教师培训和文化交流活动等多样化的形式，助推本国语言的海外推广，其中都有高校的积极参与，提供语言教学、师资和相关研究成果作为支撑。加之高校的参与淡化了政府色彩，以一种较为隐蔽的方式，以语言教学为主的多样化的推广形式，更容易被其他国家的民众所接受，取得较好的推广效果。

本章小结

本章梳理了英语和法语国际推广的历程和经验，分别对英国、美国和法国的语言推广历史、语言政策、语言推广机构、语言推广成效和在中国的推广情况进行了较为全面的了解，并提炼总结出了有益启示：一是政府高度重视与支持，是实施"走出去"战略的有力保障；二是针对不同区域要采用分层次推广策略；三是推广过程中语言与文化要紧密结合；四是高校在语言推广中发挥重要作用。因为不同语言的推广也具有共性，成功的经验可以借鉴和复制，这些有益的启示对汉语国际推广有一定的借鉴意义，高校在具体践行汉语国际推广的过程中也要从上述几个方面多做思考和布局，处理好高校与政府、不同区域、孔子学院和语言文化之间的关系。

第六章 汉字文化圈国家和周边国家辐射圈的汉语教育和存在问题

处在周边国家辐射圈和汉字文化圈的国家，是汉语国际推广重点关注和着力推进的国家，也是高校汉语国际推广该着力面向和落脚的国家，高校应开展国别化研究、汉语教学和中华文化传播，推进汉语国际推广在这几个国家开花结果，取得成效。因此，深入了解这些国家的汉语教育历史、现状、语言政策和存在问题是十分必要的研究内容。

本章选取汉字文化圈国家的代表日本和韩国作为研究对象，这两个国家是我国的邻国，地处东北亚，自古以来与我国在政治、经济、文化等方面有着深厚的渊源。而且，这两个国家还有一个共同点，最早都没有自己的文字，是在学习和使用汉字的基础上，逐渐创造的自己的文字，同时学习中国的思想文化和管理制度，因此被称为"汉字文化圈国家"。而以文字为纽带，以文化为渊源，汉语教育在这两个国家受到重视，有较好的基础，属于笔者界定的汉语国际推广四层同心圆战略圈中的汉字文化圈。

本章选取泰国、菲律宾、印度尼西亚和新加坡作为周边国家辐射圈的研究对象。这四个国家是东盟的主要成员国，地处东南亚，有着各自的发展历程和不同的汉语教育历史，属于笔者划分的汉语国际推广四层同心圆战略圈中的周边国家辐射圈，在地理位置上与我国邻近，与当代中国在经济、政治、文化和人员往来密切，且共同点是华人分布较多，尤其是印度尼西亚、菲律宾、泰国、新加坡这四个国家，华人人口依次为1100多万、约1000万、约450万、约150万人。这些国家有着较好的血缘的天然纽带和汉语国际推广的潜力，是汉语国际推广重点面向的国家。

第一节
日本和韩国的汉语教育历程和存在问题

在中国的周边国家中，传统的汉字文化圈国家日本、韩国的汉语教育，很值得我们了解和分析。以下着重论述日本和韩国的汉语教育历程及其存在的问题。

一、日本的汉语教育

日本位于亚欧大陆东部、太平洋西北部，与俄罗斯、中国、韩国和朝鲜隔海相望，是继美国和中国之后的世界第三大经济体,森林和渔业资源丰富,但由于受岛国地域限制,资源较为匮乏,需要大量从海外进口其他工业生产所需的主要原料、燃料等资源。日本制造业发达,为国民经济的发展提供了有力支撑。日本的科技、教育、航天等行业的发展排名居于世界领先水平;国民教育完善,国民素质较高,传统文化氛围浓厚。

(一)日本汉语教育的历史

日本与中国一衣带水,隔海相望,在漫长的交往历史过程中,汉语教育有过高潮,也有曲折,每个历史时期都有其独特的特点。总之,日本汉语教育的兴衰与中国的综合国力和文化吸引力有着密切的关系。

1. 第一个兴衰期

公元3~9世纪是日本汉语教育的第一个兴衰期,也是中国语言文化正向影响日本的时期。公元3世纪,汉字就传入日本,当时的日本并没有本民族的通用文字,宫廷文书便借用汉字文言来书写,可以说汉字的传入哺育了日本的文字和文化。在公元6~9世纪,中国处于隋唐盛世,政治稳定,经济繁荣,不仅是亚洲的中心,也是世界的中心地区之一。日本仰慕中国的强大和文化的繁荣,从630年派出第一批遣唐使开始,共派出遣唐使20批次,一般每批不超200人,但中后期三个批次的人数均达550人以上,同时有大批的学生和僧侣来中国学习,引进唐朝的典章律令,并带回大量汉籍佛经,极大地促进了汉文化和汉字在日本的传播,这时期的日本汉语教育也处于顶峰时期。日本朝廷于645年设立高等教育机构"大学寮",存续了400年,实施以汉字书籍为基础的儒学教育,并修习"汉音",即隋唐时以长安音、洛阳音为代表的北方汉语发音,培养许多具有汉文化和汉语知识的人才。❶当时的日本朝廷要求日本的佛学界使用汉音诵读佛经,由于当时的佛学影响广泛,汉音得到了很大程度的传播。但到8世纪,唐朝深受安史之乱的打击,国力走向衰弱,当时日本社会也受到影响,学习唐文化和汉文化的热情也减弱,遣唐使团规模逐渐缩小,甚至到9世纪末不再派遣。

2. 第二个兴衰期

公元17世纪,是日本汉语教育的第二个兴衰期,汉语教育从学习语言文化驱动转向了实用目的。当时日本处在与中国贸易往来频繁的时期,为了满足与中国进行贸易的需要,日本政府设立唐通事,担任汉语口译官兼商务官员。唐通事在"通事会馆"中组织教授中国语。但是由于受到中国明清时期闭关锁国政策的影响,中日贸易受到了严重的限制,在日本的汉语教育也逐渐衰弱。

---

❶ 林羽,王建勤.日本汉语教育兴衰对汉语国际传播的启示[J]福建师范大学学报,2011(5):134.

3. 第三个兴衰期

日本汉语教育的第三个兴衰期，是从甲午海战爆发后到第二次世界大战日本战败这段时期。日本从明治维新开始，由过去崇尚和模仿中国文化转向引进西方文化，学习西方先进的科学技术，进行轰轰烈烈的现代化改革，成为亚洲工业化发展起步最早的国家。随着国力逐渐强盛，跻身经济和军事强国之列，也开始走上对外侵略扩张的道路。甲午战争中，日本紧缺汉语人才，由此官办汉语教育得到重视和恢复。1897年，东京外国语学校正式复校，之后于1900年在中国设立东亚同文书院。在1931~1945年，出现大规模的汉语学习热潮。1945年日本战败后，学习汉语的人数迅速减少，汉语教育逐渐停滞。第二次世界大战后，日本进行了文字改革，大量汉字被废止，汉字的使用数量被限制在2000字左右，原本用汉字表述的词汇直接用外来词汇或者片假名来代替，失去了简洁性和精准性，本土文字的弊端渐渐显露出来。

（二）日本汉语教育发展现状、政策及存在问题

1972年中日邦交正常化，1978年中日友好条约签订，日本的汉语教育步入了促进两国友好关系的正确轨道。1981年，日本内阁改变对汉字的限制政策，公布"非强制性"汉字；于1993年全面正式解禁汉字使用，并鼓励全社会使用常用汉字，允许使用其他繁体字；2010年，日本政府修订了"新常用汉字表"，常用汉字增加至2136个。近30多年来，随着中国综合国力的不断增强，经济的高速发展和国际地位的提升，越来越多的日本人认识到学习汉语的价值和重要性，学习汉语人数快速增长，汉语教育掀起了热潮。当今的日本，汉语传播广度的拓展、深度的增加均达到了空前水平；日本大学普遍开设汉语课程，社会上出现众多的汉语学习机构，汉语国际交流与学术研讨十分活跃，传授汉语和中国文化的孔子学院蓬勃发展。

在日本的教育体系中，汉语教育得到重视。在近800所大学中，约90%开设了公共汉语课，作为选修的第二语言课程。部分大学开设了汉语专业，包括现代汉语、古典汉语、古典中国文学等专业。在日本高中开设的语文课程就包含汉文，汉文知识包含中国地理、古汉语、古代用具和礼仪、历史和文学等内容。

在日本的汉语教育机构众多，由官方汉语教育机构和民间教育机构组成，如汉语专门学校、外语教学机构的汉语班、中日友好团体开设的汉语班，以及电视台和电台开设的汉语讲座节目。这些机构为日本社会中对汉语有需要的人提供了教育，对汉语在日本的传播也发挥了重要的作用。

在汉语的学术研究与国际交流方面，日本汉语教育界与中国汉语学家的交流频繁，许多日本学校与中国的学校建立了长期的交流与合作关系，两个国家的学者和教师在编制教材和字典、科研等方面不断进行合作。与此同时，日本汉语界的专家们也积极围绕汉语教育与其他国

家进行沟通，在国际学术研讨活动与交流活动中表现较为活跃。

截至2018年12月，日本孔子学院数量达到了15家，孔子课堂2个，在亚洲居于第二名。2005年秋，日本首家孔院——立命馆孔子学院成立；2018年底，第15家孔子学院——山梨学院大学孔子学院正式成立。日本孔子学院及孔子课堂数量的不断增加，是中日双方在政治、经济、文化各领域不断深入交往的结果，对推动日本汉语教育发挥了积极作用。

日本的汉语教育虽然总体发展态势较好，但学习汉语的热潮还是与两国的政治经济关系紧密相连，存在着彼此消涨的关系；在现实层面，据笔者了解和结合一些学者的研究，日本的汉语教育存在以下三个方面的问题。一是去汉字化思潮仍在日本社会有一定影响，政客和一些日本民众担心学习汉字和汉字承载的中国文化会影响日本民众，使中国的影响力与日俱增；二是汉语师资短缺，师资素质和水平参差不齐；三是孔子学院数量虽多，在亚洲国家中占前列，但作用还不够明显。

二、韩国的汉语教育

韩国全称为大韩民国，紧邻日本海、黄海、朝鲜海峡，与我国的山东省隔海相望，是我国的近邻。朝鲜族是该国人口数量最多的民族，以韩语为通用语。韩国经济发达，是东亚峰会、亚太经合组织（APEC）、世界贸易组织等的成员，也加入了联合国、二十国集团等国际组织。产业以制造业和服务业为主，三星、现代汽车、SK集团、LG（Lucky Goldstars）集团等大企业集团在韩国经济中占有十分重要的地位。

（一）韩国汉语教育的历史

韩国和日本都是属于汉字文化圈国家。韩国的汉语教育发展也和日本一样，与中国的政治、经济、文化等综合实力的起落密切相关，中韩两国长期在多个领域保持良好往来与合作关系，包含经济、政治和文化等领域；两国人民在思想文化方面都受到佛教和儒家思想的影响，存在着许多相似之处。因此，韩国受汉字和汉文化影响十分深远。

1. 汉语教育体系逐步形成时期

追溯历史，因为最初生活在朝鲜半岛上的朝鲜民族在历史上没有文字，约公元3世纪从中国引入汉字，并用汉字记载朝鲜音，叫作"吏读文"。从公元前37年到公元668年汉语开始起步。这个阶段也是中国思想文化从先秦子学阶段到汉唐新儒学形成的主要时代。

2. 汉语教育的高潮期

1392年，李成桂建立朝鲜王朝，迁都汉城（现称首尔），统一了朝鲜半岛。朝鲜王朝与明朝建立了友好的外交关系，外交往来密切，这为朝鲜半岛的汉语教育提供了良好的政治环境，朝鲜半岛的汉语教育迎来了一个繁盛时期。明朝政府把大批典籍赠送给李朝，李朝政府也积极安排学者进行翻译和翻刻。李成桂还设立国家译学机构司译院，翻译汉语始终是司译院最主要的工作。此时的汉语教育较之从前更加正规化，体现在管理体制、机构设立、教材、教学方法、教学研究等方面。当时涌现了许多有影响力的汉学家，出版了各类汉语教科书，其中最有代表性的就是崔世珍为后人留下了丰富的研究书籍，有《翻译老乞大》《翻译朴通事》《四声通解》和《训蒙字会》。在崔世珍的直接参与下，朝鲜半岛16世纪的汉语教学已经实现课文教学、口语教学和翻译法教学。❶

3. 汉语教育的衰败期

1895年中日甲午战争之后，清政府腐败积弱，国际地位和影响力远不如前。中日签订马关条约，朝鲜独立得到了清政府的承认，与清政府之间不再保持册封关系。由于此时的朝鲜受日本控制，在日本扶持下成立了大韩帝国，并接受日本实行的殖民统治，全国上下被迫学习日语。日本控制了包括外语教育在内的教育方针，几乎废止了汉语教育的全部工作，汉语教育体系在韩国土崩瓦解。日本于1945年宣告战败投降，朝鲜半岛由美国、苏联两国接收，把北纬38°线当成界线，并于三年之后成立两个国家，即北纬38°以南为韩国，以北是朝鲜。韩国独立以后的外交主要伙伴是美国，因此英语成为韩国外语教育的主要语言，汉语教育依然不受重视。朝鲜战争以后，由于"冷战"的影响，韩国与中国的关系被隔绝，汉语教育处于衰败期。

（二）韩国汉语教育现状、政策及存在问题

改革开放以来，随着中国综合国力和国际地位的提升，汉语教育在韩国的地位逐渐上升。1992年，中韩正式建交，两国关系迎来了春天，汉语教育随之进入快速的发展时期。❷1992年韩国政府出台文件《同中国文化再相逢》，指出中国文化对于韩国的绝对作用，即汉字使用及儒家和佛教的普及。1998年，韩国在国家层面成立了汉语教育推进总联合会（以下简称总联合会），总联合会的成立打破了地域、政党与宗教之间的界限；2000年，韩国对全面废除使用汉字的政策进行了调整，中学汉字教育得以恢复。5年之后，政府宣布公务文件与交通标识恢复使用汉字标记。2008年，总联合会与韩国历届国务总理联合发表《历届韩国国务总理关于〈初等学校教育课程中汉字教育规定〉建议书》❸。一系列政策进一步推动了汉语在韩国的蓬勃

---

❶ 程相文.《老乞大》和《朴通事》在汉语第二语言教学发展史上的地位.[J]汉语学习，2001（2）：55-62.
❷ 金基石.韩国汉语教育史论纲[J]东疆学刊，2004（1）：39.
❸ 2008年9月，全国汉语教育推进总联合会和韩国历届国务总理联合发表《历届韩国国务总理关于〈初等学校教育课程中汉字教育的规定〉建议书》。

发展。

在教育体系中，汉语教育得到了重视。韩国教育部支持中小学普遍开设汉语课程，支持高中把汉语作为第二外语课；参加高考时，所有考生都要接受汉语水平与汉字能力两项测试；高校出现"中文热"，笔者从该国教育部官网中获得了这样一组数据：到2016年末，全国有高校386所，其中有161所大学开设了汉语专业，科系类别逐渐细化，从早期只有对于中国古代文学的研读转变为三大类：中语系（注重培养学生的汉语会话及阅读能力）、中国学系（重视基本的汉语会话语音学、文字学等）和中语中文系（听说读写都很重视，语言与文化并重）。在全国的高级中学中，已经有600所以上的学校在进行外语教学时将汉语确定为第二外语。民办的各种各样的补习辅导班、学院，也涌入汉语教育的大潮，学员不只是青少年，还有儿童、妇女、职员和老人，开设的汉语课程灵活多样，满足韩国社会不同学习者的学习需求，发挥了积极作用，形成寒暑假庞大的汉语学习群体。

随着"汉语热"迅速升温，从20世纪90年代起，韩国来华留学生的人数超过了日本，居于来华留学国家的首位。据统计，韩在华留学生2002年有36093人，占来华留学总人数的42.1%，到2018年，韩在华留学生已达到6.7万人，数量居世界第一。❶为了满足韩国民众对汉语学习的需求，从2004年第一所孔子学院在首尔设立，孔子学院的数量持续增加，不断蓬勃发展。到2022年为止，韩国已有23所孔子学院和5所孔子课堂。孔子学院以教授汉语和传扬中华优秀文化为己任，学历教育和非学历教育并举，开设具有浓郁中国特色的书法、绘画、太极拳、烹饪等课程，组织各类文化活动、讲座和比赛，积极推动了当地的汉语学习热潮。

总的来说，韩国汉语教育发展势头良好，汉语成为韩国最主要的第二外语，学术交流互动频繁，有专门汉语教育的研究机构和学术杂志，民间的汉语教育机构众多，助推汉语教育蓬勃发展，但在汉语教育中存在一些突出问题。

一是重应试教育，轻实际应用。汉语教育引入教育体系，汉语水平测试在学习和生活中被普遍采用，成为大学入学和毕业的汉语水平评价标准，也成为机关和企业招聘的要求之一。因此在考试指挥棒的指导下，汉语教学重应试教育，作为语言的实际应用没有被足够重视，应试教育的压力降低了学生的学习兴趣。二是汉语师资数量和质量都很欠缺。在韩国汉语热持续升温的情况下，汉语学习者不断增加，汉语教师供不应求，在将来一段时间都会有很大的缺口；加上早期的大学汉语教师使用繁体字教学，教学更注重古代文学和古典文学；❷同时也存在教师使用的教学方法欠缺创新性和灵活性的问题。

---

❶ 教育部. 2018年来华留学统计。
❷ 胡友仁. 汉语国际推广研究[D]吉林：东北师范大学，2014：81.

第二节
泰国和菲律宾的汉语教育历程和存在问题

东南亚国家华侨华人众多，虽然是已经移民之后的几代人，但许多华人聚集地和家庭不仅依然保留许多中国传统习俗，而且传承闽粤方言，对汉语教育也有较强烈的需求，向来是国际上开展汉语教育的主要地区。本节首先论述泰国和菲律宾的汉语教育历程和存在问题。

一、泰国的汉语教育

泰国在中南半岛中部，与缅甸、老挝、柬埔寨、马来西亚相邻，泰族为主要民族。泰国是世界上稻谷和天然橡胶最大的出口国，也是东南亚第二大经济体，仅次于印度尼西亚。泰国在经济发展方面推行自由政策，形成了典型的外向型经济模式。在国民经济中占据主体位置的是农业，但近年来制造业发展较快，GDP占比不断提高，出口量持续增加。

（一）泰国汉语教育的历史

中泰两国交往历史悠久，两国的关系日益密切。泰国的汉语教育起源很早，发展较快。但是，其发展过程曲折，历经两次低潮期，才重现繁荣景象。

1. 从华侨教育进入汉语教育的阶段（19世纪中期~1908年）

早在中国明清以前，中泰两国在政治、经济和文化上就往来频繁，当时泰国名义上是中国的藩属国。鸦片战争以后，虽然两国政府间的关系中断，但是仍有中国沿海地区的广东、福建等地的人民迁往泰国，使中泰之间的文化交流并未断绝。虽然中泰两国交往历史悠久，但是在1909年以前，泰国的教育形式是起源于素可泰王朝时期的私塾，属于华侨教育。

2. 汉语教育起步到迅速发展阶段（1908~1933年）

这一时期，正值中国国内民主运动发展时期，随着1905年中国同盟会的成立，在泰华人爱国热情高涨，希望通过教育来提高华侨的觉悟，这在一定程度上促进了泰国汉语学校的产生。1908年，同盟会创立了第一所泰国汉语学校——京暹培华学校。起初的华校规模并不大，且只开办到小学层次，随后的20年间逐渐改善，华校不再限于小学，还设立了初中部，工人夜校也随之出现。在此20多年里，由于泰国政府对华侨华校并未执行特别严厉的政策，加上华人华侨经济的发展，泰国华校取得了迅速的发展。

3. 汉语教育的第一次低潮期（1934~1944年）

随着汉语学校的发展，泰国政府开始对华校进行管理。严格规定所有的课程必须用泰语进行教学，所有外籍教师都必须通过泰语考试。此外，对汉语教材和学习时长也有严格的要求，这使迅速发展的汉语教育受到了极大的限制。銮披汶·颂堪当政时，采取亲日反华政策，推行"大泰族主义"，对华校实行高压统治，再加上华侨参加国内的抗日战争，许多华校纷纷被迫关闭，到1941年太平洋战争爆发后，泰国已经没有一所汉语学校存在。

4. 汉语教育复苏期（1945~1948年）

第二次世界大战结束后，中国国际地位有所提升，中泰关系也有所好转。1946年1月23日，中泰《中暹友好条约》的签订，使两国关系进一步发展。曾经被迫关闭的汉语学校纷纷复校，此外还新创办了不少华校，泰国的汉语教育因此得到缓慢复苏。据统计，到1948年，全泰华校达426所，在校生6万人，达到历史最高纪录。❶

5. 步入第二次低潮期（1948~1988年）

1948年銮披汶·颂堪再次执政，再度推行反华政策，全面限制华校的发展，泰国政府颁布法令，对华校数量、汉语教师及教学时间等内容进行严格的规定，接着又采取一系列措施，强迫部分华校关闭，改华校为泰校。汉语教育因此一蹶不振，进入第二次低潮期。❷

（二）泰国汉语教育发展现状、语言政策及存在问题

1975年后，随着中泰两国建交，两国关系得到进一步改善，泰国汉语教育中小学处境略有好转，汉语课程逐步被纳入大学授课计划，一些著名的大学也陆续开设了中文专业，与中国高等院校有了交流。但泰国政府对华校的限制政策没有改变。1989年以后，由于中泰两国经济往来的关系，泰国政府对汉语教育政策有所放松；1992年，泰国政府将汉语教育写入中小学大纲；1998年，泰国教育部批准汉语作为其大学入门考试可选的一门外语，汉语得到重视；2000年，泰国教育部批准汉语纳入高中课程；2005年，泰国教育部为了促进汉语教学的开展，将此提升到战略层面，设立"推动泰国汉语教学战略规划工作组"，制订汉语教学规划，旨在借助汉语教学增强国家竞争力；一年后，启动泰国汉语教师本土化策略；2006年至2010年执行"促进汉语教学预算案"，增加对汉语教学的拨款，以提升整体汉语教学水平。泰国政府的一系列政策极大推动了泰国汉语教育得到复兴，迎来了大发展。

---

❶ 亓延坤. 泰国华文教育初探. [J]八桂侨坛，2009（4）：58.
❷ 亓延坤. 泰国华文教育初探. [J]八桂侨坛，2009（4）：59.

进入21世纪后，双方国家领导和官员多次互访交流，两国交往日益密切，睦邻友好合作关系得到很好发展，加之中国的综合国力不断增强，国际地位大幅提升，泰国作为"一带一路"合作伙伴之一，更是将汉语作为一门重要的第二语言来学习，泰国的汉语教育从而进入了大发展阶段。泰国开展汉语教育的学校增多，汉语教育办学规模扩大。据统计，截至2019年12月，泰国共超过230所大学已开设汉语主修或选修课程，培养了许多汉语专业的本科生和硕士生。汉语成为高校入学考试的外语课程，所有人文学科的考生可以选择参加汉语考试，来代替其他外语考试。除了办学规模扩大之外，办学形式也变得更加多样化。除学校开设汉语课程外，还有许多汉语培训机构、汉语补习班和职业技校等，汉语教育呈现出"百花齐放"的繁荣景象。

近年来，北京大学、上海大学、厦门大学等许多中国高校与泰国各大学合作建立孔子学院，目前共有孔子学院16家，孔子课堂11个，所提供的中文课，书法、绘画和诗词等汉语课程在泰国大受欢迎。

总体来说，现阶段泰国汉语教育较之前相比较，有了很大的发展，且前景可观，汉语在泰国的影响也将越来越明显。虽说"汉语热"在泰国不断升温，但随着其汉语教育的发展，暴露出来的问题也越来越突出。一是师资短缺的问题在短时间内得不到缓解，师资来源渠道较多，质量参差不齐；二是教材建设仍有待加强，缺乏统一的、系统性、有针对性的本土化教材，来源渠道较多，使用字体有繁体、有简体；三是学生基础较薄弱，各阶段汉语教学的课程设置衔接不够紧密，出现衔接不上和连贯性不够的问题，影响教学效果。

二、菲律宾的汉语教育

菲律宾是位于西太平洋的多民族国家，主要分吕宋、米沙鄢和棉兰老岛三大岛群，共有大小岛屿7000多个，面积29.97万平方千米，人口1.1亿，其中华人约1000万。菲律宾是东盟（ASEAN）和亚太经合组织（APEC）的重要成员国，是新兴工业国家，也是新兴市场之一。进入21世纪，菲律宾经济保持平稳增长，在经济发展中以出口为导向，在国民经济发展中，第三产业有着较高的占比，制造业与农业也有着较重的分量，旅游业是菲律宾外汇收入重要来源之一。

（一）菲律宾汉语教育的历史

中菲两国之间很早就在经济、文化和政治上建立了密切的联系。菲律宾的汉语教育也是历史悠久，迄今已有一百多年历史。在当今全球"汉语热"的大背景下，汉语逐渐成为菲律宾社会的重要语言之一，但菲律宾的汉语教育与东南亚其他国家一样经历了兴衰。

1. 创始和发展时期（1899~1940年）

1898 年以前的300多年间，菲律宾受西班牙统治，这一时期的菲律宾几乎没有汉语教育。1898年以后美国取代了西班牙，对菲律宾进行殖民统治，美国鼓励私人办学，客观上促进了华侨学校的兴办。

1899年4月，菲律宾华侨创办了小吕宋华侨中西学校，该校是菲律宾首所新式华侨学校，被视为菲律宾正规华文教育的肇始。建校初期，学生人数较少，且仅开设一门中文课，教授四书五经及尺牍。后来根据需要扩大规模，增设英文课程，这是菲律宾实行双语教育的开始。怡朗中华实业学校创立于1912年，这标志着除了马尼拉省以外，其他地区也有了华侨学校，后期更名为怡朗华商学校。三年以后，中华学校正式成立，即现在的宿务东方学院。自此以后，数量众多的华校相继成立，在1935年末统计时已经有了80所，吸纳了近万名学生。[1]1937年中国抗日战争爆发后，许多文人学者为逃避战火来到菲律宾，为汉语教育的发展注入了生机与活力，使菲律宾汉语教育呈现出良好的景象。

2. 短暂停顿到复兴时期（1941~1955年）

1941年，太平洋战争爆发，菲律宾沦陷，全菲华侨学校先后停办，菲律宾汉语教育因此停滞不前。第二次世界大战结束后，各地华校纷纷着手复校工作，到1946年下半年，全菲华校已恢复至90多所，基本接近战前水平。1946年7月4日，菲律宾正式脱离美国宣布独立。1947年4月，中菲两国共同签订了《中菲友好条约》，奠定了侨校的合法地位。随后华侨学校如雨后春笋般建立，办学规模有所扩大，办学形式均有所丰富，菲律宾汉语教育从停顿开始走向复兴。

3. 停滞到转变时期（1956~1991年）

1965年马科斯（Ferdinand Marcos）总统执政后，主张对华校进行控制，华文教育因此深受影响。

1973年是菲律宾华文教育的一个重要分水岭，此前的教育属于华侨教育，此后被称为华人教育。1973年，菲律宾总统马科斯提出全面菲化侨校，对侨校教学模式等进行管理，采取一系列措施，华侨学校顺利被菲化。华校规模因此逐渐缩小，学生的汉语水平也随之不断下降。

（二）菲律宾汉语教育现状、政策及存在问题

20世纪90年代以来，菲律宾的华文教育逐步走出低谷，重现生机。随着华文使用价值的日渐提高、中国改革开放事业日益取得成就及海外华人经济的发展，菲律宾当局认识到华文将逐步成为菲律宾社会的重要语言之一，因此逐步放宽了对华文教育的政策。1991年5月，"菲律宾

---

[1] 耿红卫. 菲律宾华文教育的历史沿革及现状[J]. 八桂侨刊，2007（1）：42.

华文教育研究中心"正式成立，主张汉语教学改革。1994年，菲律宾教育部正式把华语纳入学校课程体系之中，同意华校聘请来自中国的教师。❶随后全菲华社、华校加强团结，携手合作，振兴汉语教育。2010年6月，在华社庆祝国庆的盛会上，菲律宾阿罗约（Arroyo）总统宣布了一系列旨在促进菲中友谊、鼓励华人作为本国的一个少数民族积极融入主流社会的新构想，包括在国内所有大学的外语教学中把普通话纳入选修科目。这一举措有力地推动了菲律宾社会各界对华文教育的认可，社会上开设了众多的华文培训班。同时，在菲律宾高校中，汉语教学也在逐渐地扩大，有些高校不仅把汉语作为外语来开设，而且根据自身学校学科的特点开设了具有特色的汉语课程，如商务汉语、旅游管理汉语等。菲律宾官方也在汉语推广方面实行了一些政策。2011年2月，菲律宾教育部宣布在部分重点公立中学设置汉语课，意在适应社会上对汉语人才的需要。❷据统计，目前菲律宾全国共有11个区域、93所公立中学开设汉语课程。

近年来，华教中心大力进行汉语教师队伍的建设，制订了菲律宾华校汉语教学大纲，并编写了一套立体汉语教材，菲律宾华校汉语教育改革蓬勃发展，整体上有了很大的发展。目前，菲律宾华校数量有160多所，在校生7万余人，汉语教师2000多人。❸菲律宾与中国的福建师范大学、中山大学、西北大学、厦门大学、华侨大学共同开设了孔子学院（表6-1），不仅开设多种类的汉语课，也组织多样化的文化活动，并组织汉语水平考试，满足该国人民在学习汉语方面的需求，增进中菲两国人民的交流与友谊。此外，中国多所大学向菲律宾华校输出大批优秀的汉语教学志愿者进行任教，有效地激活了菲律宾汉语教育，为促进菲律宾汉语教育的发展作出了巨大贡献。

表6-1 菲律宾孔子学院

序号	名称	成立时间	中方合作机构
1	雅典耀大学孔子学院	2006.10	中山大学
2	布拉卡国立大学孔子学院	2007.7	西北大学
3	红溪礼示大学孔子学院	2009.10	福建师范大学
4	菲律宾国立大学孔子学院	2014.12	厦门大学
5	达沃大学孔子学院	2018.12	华侨大学

资料来源：根据孔子学院网站资料整理。

如今，随着中国国际地位的提升，汉语在全球范围内推广和传播速度加快，尤其是在习近平主席提出"一带一路"倡议后，菲律宾和其他东南亚国家一样深受影响，越来越重视汉语教

---

❶ 周聿峨. 东南亚华文教育[M]. 广州：暨南大学出版社，1995：223.
❷ 中国新闻网：菲律宾将在公立学校开设汉语课.
❸ 黄端铭. 华文教育发展需要华教组织全面统筹专业引领[N]. 华文教育，2020-11-3.

育，菲律宾的汉语教育也得以快速发展，总体向好。但在对相关学术文章进行梳理，和对菲律宾华教中心负责人进行访谈时，也发现存在不少突出问题：一是师资短缺，老龄化较为严重，总体素质不高、教学水平有限，且工资待遇较低，教师流动性较大；二是语言环境问题，学生从小在使用菲语的环境中长大，菲语是第一语言，华人家庭缺乏使用华语的语言环境，影响了学生的华语水平；三是办学经费不足的问题，菲律宾华校虽然纳入国民教育体系，但归为私立学校类别，政府没有给予经费支持，华校办学经费全靠华人华侨和华社的捐助，经费存在不稳定的情况，部分华校办学经费十分紧张。

第三节 印度尼西亚和新加坡的汉语教育历程和存在问题

在东南亚国家中，印度尼西亚和新加坡的汉语教育各有特色，值得我们加以了解、比较和分析。

一、印度尼西亚的汉语教育

印度尼西亚简称印尼，人口仅次于中国、印度、美国，居世界第四，其中华侨华人约占印度尼西亚总人口的5%；印度尼西亚语为官方语言，其他民族语言达到了200余种。在总人口之中，约87%的人口信奉伊斯兰教教徒，是世界上穆斯林人口最多的国家。印度尼西亚是万隆会议十项原则的重要发起国、20国集团成员、东盟创始成员之一；石油资源丰富，是东南亚最大的经济体。

（一）印度尼西亚汉语教育的历史

中印友好往来关系的建立最早可以追溯到两千多年前，但是在漫长的交往历史过程中，两国关系屡遭磨难。随后，印度尼西亚的华文教育随着两国关系的曲折发展，也历经了波折。1955年的万隆会议是两国关系向好的一个重要转折点，两国在此基础上开展了多方面合作。

1. 肇始到发展阶段（1690~1941年）

从查阅的资料了解到，印度尼西亚于1690年开始了华文教育，肇始于名诚书院的设立，开启了印度尼西亚华人办学之风气。20世纪初，荷兰对印度尼西亚实行殖民统治，荷兰政府对当地的华文教育实行打压政策，严禁华侨办学。此时中国正值维新运动之际，印度尼西亚华侨爱国热情高涨，坚持与荷兰政府作斗争，并于1901年成立了第一所华校，还开设不少现代课程。随着1911年大量华人涌入印度尼西亚，印度尼西亚华校的生源大大增加，华校得到空前发展。

印度尼西亚华校的快速发展，引起了荷兰政府的恐慌，荷印当局害怕会失去对华人华侨的控制，转而采取了一系列政策，鼓励成立荷华学校。所谓荷华学校，指用荷兰语教授中国文化，荷华学校与华校之争由此出现。由于荷华学校由政府鼓励办学，其优势较华校明显。加之荷兰的一系列规定，对华人实施同化政策，并迫使华人华侨加入荷兰国籍，人们对学校的选择出现了差异。但是，从总体上看，印度尼西亚华文教育在此期间还是得到了一定的发展。

2. 低谷时期（1942~1945年）

1942年日军占领印度尼西亚，不但迫使所有学校停办，还大肆残害爱国社团侨领和教师，严重摧毁了发展起来的华文教育。随后，日本当局为了笼络人心，允许复办学校，但是教材由日本当局制定，还强迫师生学习日语，唱日本国歌，朝拜日本天皇，严重阻碍了印尼华文教育的发展，这一时期可以说是印尼华文教育史上最黑暗的时期。

3. 黄金时期（1946~1957年）

随着1945年日本宣布无条件投降，印度尼西亚政府迅速宣布独立。然而，荷兰不愿意使战前对印度尼西亚的统治功亏一篑，在盟军的帮助下又卷土重来。这时荷兰政府采取了与之前截然不同的政策，鼓励华校的创办，对华校实行资助政策，掀起了一阵华人华侨办学的热潮。由于得到政府的鼓励和支持，这一时期印度尼西亚的华校数量迅速增加，其办学规模、师资力量和教育质量空前提高，除中小学华校数量的增加外，许多大学也都纷纷开设了汉语课程，印度尼西亚华文教育发展达到了高潮，这一时期可谓是印度尼西亚华文教育史上的黄金时期。

4. 禁锢时期（1958~1990年）

1959年以后，印度尼西亚再度发生排华屠华事件，中国与印度尼西亚关系恶化，尤其1965年爆发的"9·30事件"，使中印两国彻底断绝了外交关系。苏哈托政府希望实现华人同化，关闭了当时印尼所有的华文学校，强迫华人改名换姓，杜绝华语，禁止华文教育和一切与华文有关的活动。这无疑使印度尼西亚的华文教育再遭重创，使印度尼西亚的华文教育遭受了长达32年的禁锢时期。❶

---

❶ 印尼冲破32年发展桎梏，华文教育在印尼迎来"春天"[J]海外华文教育动态，2009（5）：39-40.

（二）印度尼西亚汉语教育现状、政策及存在问题

1990年中国与印度尼西亚两国复交，恢复了在经济、文化等方面的友好往来，印度尼西亚华文教育由此逐渐得到发展。瓦希德政府上台后，实施了与此前不同的政策，放宽了对华文教育的限制，并取消了许多禁令。随后的几届总统均对华文教育采取较为松动的政策，印度尼西亚政府还颁布了一系列法律条例，为华文教育提供了法律依据。2001年以后，印度尼西亚国民教育部与中国教育部交流频繁，印度尼西亚华文教育进入快速发展阶段。

随着中国国际地位逐渐提升，以及与东南亚各国关系的进一步深化，华文教育的地位和发展越来越受重视。首先，印度尼西亚华文教育办学规模日益扩大，办学形式也更加多样化。目前印度尼西亚从幼儿园至大学，均开设了汉语课程，除此之外，各式各样的补习班也随之出现，与此同时还出现了汉语家庭教师，汉语在印度尼西亚的地位不断提高，享有与英语一样的地位。其次，随着中国与印度尼西亚两国关系不断发展，两国在教育上交流不断，开展了许多合作项目。目前，印度尼西亚高校与中国的广西民族大学、广西师范大学、福建师范大学、河北师范大学、华中师范大学、南昌大学、西华大学、南昌师范学院等共同开设了8家孔子学院（表6-2），让更多印度尼西亚人能学习汉语，了解中国文化，让两国民间与官方的往来更加和谐、融洽。值得一提的是，近年来中国先后向东南亚各国派出了多批汉语教师志愿者，汉语外派教师的融入，为印度尼西亚当代华文教育注入了崭新的力量。

表6-2 印度尼西亚孔子学院

序号	名称	成立时间	中方合作机构
1	玛拉拿塔基督教大学孔子学院	2010.6	河北师范大学
2	阿拉扎大学孔子学院	2010.6	福建师范大学
3	哈山努丁大学孔子学院	2010.6	南昌大学
4	玛琅国立大学孔子学院	2010.6	广西师范大学
5	三一一大学孔子学院	2018.7	西华大学
6	丹戎布拉大学孔子学院	2010.6	广西民族大学
7	泗水国立大学孔子学院	2011.5	华中师范大学
8	乌达雅纳大学孔子学院	2019.12	南昌大学

资料来源：根据孔子学院网站资料整理。

然而，虽然印度尼西亚的华文教育发展总体上变好，但在许多方面还存在诸多问题，印度尼西亚华文教育还有待改善。在教育经费上的支持仍然有限；当地缺乏本土教师，且教师老龄化严重，汉语教师主要来源于中国，师资严重不足；缺乏统一的教材，出现了教材不适用的问题；宗教问题也是影响其华文教育发展的一个重要因素。

二、新加坡的汉语教育

新加坡由61个岛屿构成，东临南海，西可经马六甲海峡通往印度洋，是太平洋与印度洋往来的交通枢纽。华人占总人口的74%左右，其余主要为马来人和印度人。马来语是国语，英语是行政用语，官方语包括马来语、汉语、英语和泰米尔语。新加坡主要信仰宗教为佛教、道教、伊斯兰教、基督教和印度教。新加坡经济发达，是国际金融中心之一，也是亚洲的航运与服务中心，是东盟、太平洋经济合作组织、世界贸易组织等国际组织的成员。

（一）新加坡汉语教育的历史

新加坡古称淡马锡，8世纪属室利佛逝王朝。在18世纪与19世纪，这里由马来柔佛王国统治。英国人史丹福·莱佛士（Stamford Raffles）于1819年来到新加坡，开始设立贸易站。五年之后，英国占领新加坡，把这里当作在远东的贸易中转站和东南亚军事基地。1942年，新加坡被日本占领，三年之后因为日本战败，又重新受到英国的殖民统治。直至1959年新加坡成立自治邦，实现自治，但因英国的实际管辖和影响仍然存在，在修订宪法、国防、外交、宣布紧急状态等方面依然受英国操控。新加坡于1963年加入马来西亚联邦，两年之后脱离马来西亚，成立了新加坡共和国，随即先后加入联合国和英联邦。❶

1819年，莱佛士抵达新加坡时，当时的人口约为150人，其中华侨30人，马来人120人。英国通过贸易自由政策和招募华工等措施，使新加坡人口快速增长。到1840年，总人口达3.5万多人，华侨增加到1.7万多人，几乎占总人口的一半。由于第一次鸦片战争后，中国移民大量涌入，到1860年华人占总人口比例达到61%，人口比例高于其他种族。❷第二次世界大战期间，日本占领新加坡，华人移民潮停止；等二战结束后，中国移民再次涌入。

1. 华文教育的开端

新加坡的汉语教育历史主要就是华侨华人的华文教育历史。1849年，陈金声作为华侨中的杰出代表，设立了第一所免费私塾崇文阁，新加坡华文教育自此肇始。后来得到了清朝政府的扶持，推动了当地私塾的兴盛，旨在教育当地华人子弟和传播中国传统文化。

2. 华文教育的高潮

1904年创办的中华学校标志着近代新加坡华文学校的兴起。1919年3月陈嘉庚先生创办了南洋华侨中学，这是新加坡首所华侨中学。到1942年，华校达370所，包含小学、中学和女校，

---

❶ 新加坡国家概况. 外交部官网。
❷ 蔡昌卓. 东盟华文教育[M]. 桂林：广西师范大学出版社，2010（1）：267.

学生达到37500人。❶其间，英国颁布《学校注册条例》以加强对华校的管制，但没有阻止华校良好的发展势头。可以说当时的新加坡华文教育就是照搬中国教育体制。

3. 华文教育的日渐式微

1942年2月至1945年9月的三年多时间里，日本占领新加坡，迫使华侨所学的语言几乎全部被转换成了日文，华文教育几近停滞。第二次世界大战结束后，新加坡又重回英国殖民统治的状态，被迫执行"英语至上"政策，华文教育外部环境恶劣，发展受政策限制。1946年起执行《星火十年发展计划》，1950年实施《五年教育补充计划》，要求所有学校都教英文。随后在配套文件中规定，在小学阶段学习母语和英语，升入中学之后同时学习母语、英语、马来语；规定英文及英语媒介科目在小学、初中、高中阶段的课程占比分别为三分之一、二分之一和三分之二。在英国政府层层加码地推行"双语政策"的打压下，华语教育受到了严格的限制，发展受到了很大的打击。华校学生数量逐年递减。据统计，1948年，华校学生与英文学校学生所占的比例分别为57.6%和34%；二十年后发生了反转，华校学生与英文学校学生所占的比例分别为33.3%和59.4%；到1979年差距更大，华校新生与英文学校新生所占的比例分别为9%和91%；到1984年再次进行统计，只有不到1%的中小学生就读于华校。由此可见，新加坡的华文教育已经落入低谷。

从1978年起，新加坡总理李光耀决定在全国掀起华语运动，因为双语教育造成学生对母语的生疏，更习惯使用英语交流，也受到西方文化不良因素的影响，对社会良好风气造成了严重的冲击。华语运动是希望人们在讲华语的同时，也学习和传播儒家思想和亚洲价值，改变西化的社会风气。华语运动从1979年9月正式展开，此后每年10月为推广华语月。

（二）新加坡华文教育现状、政策及存在问题

20世纪80年代开始，新加坡华文教育进入振兴期。1990年，中国和新加坡正式建交，中国崛起改变了亚太乃至世界政经格局，促使新加坡积极地在经贸文化方面与中国保持联系。在这种情况下，华文和华文教育再次受到了重视，政府给予政策支持，也加大了华文教育改革的力度。

1990年起，新加坡教育部允许更多的小学开设第一语文水准的语文课，使汉语和英语均成为第一语文。1991年，政府专门为华文教学设立了"检讨委员会"，并批准了委员会于1992年提出的《建议报告书》，指定监督委员，确保建议书中的内容能得到落实，让华文教学质量有切实提升。教育部以多种方式促进华文教育改革，实施汉语拼音教学，中小学教材改革，在大

---

❶ 蔡昌卓. 东盟华文教育[M]. 桂林：广西师范大学出版社，2010（1）：277.

学开设工商华文或商用华文课程,加大师资培训力度,把华文书库引入图书馆,这些举措的实施都能促进华文教育的开展。

目前,在新加坡的很多学校都开设了中文课程和中文专业,华文教育逐渐形成一个体系。在幼儿园阶段,推行"双语教学"政策,幼儿园在教学中用英语和母语作为教学用语,每天上60分钟的华语课,并只以华语为媒介组织教学活动;在小学阶段,设置了不同层次的华文课程,包括华文课程、高级华文课程、基础华文课程等;在中学阶段(同我国初中)设置五个层次的华文课程,包含高级华文、华文、普通(学术)华文、华文B和基础华文;到了初级学院(同我国高中),设立了包括华文、中国历史等在内的五门华文课程;在大学阶段,设置中文系,专业领域覆盖中国历史与思想、现代中国社会、政治与经济、文学与文化、语言学与汉语言学、华人研究等,也开设了华文商用、华文公务等课程。

同时,由于"汉语热"的潮流以及随着汉语的实用价值提高,在新加坡,各种中文培训机构、华文补习中心等层出不穷,华文教育受到了主流社会的关注。有的在民众俱乐部开班授课,有的家庭还给孩子聘请华文教师补习华文。同时,许多高校也开设培训班,中华总商会管理学院设置了文化语言课,分别为文凭课和提升课,培养了大量优秀的华文教师,也向社会输送了大量翻译人才;旅游文化学院开设华文导游证书课程,国民的华语学习需求得到了满足。❶新加坡也先后设立1家孔子学院和2家孔子课堂(表6-3),为当地提供了更多学习汉语和中华文化的机会。

表6-3 新加坡孔子学院/课堂

序号	名称	成立时间	中方合作机构
1	南洋理工大学孔子学院	2005.6	山东大学
2	新加坡孔子学校	2007.3	—
3	新加坡科思达孔子课堂	2012.4	—

资料来源:根据孔子学院网站资料整理。

虽然新加坡的华文教育得到了迅速的发展,但是在这繁荣发展的表面之下,仍然存在一些问题。一是华文教师的短缺。这是新加坡华文教育面临的严峻问题。由于选修华文的学生数量不断增加,而年老华文教师的退休和一些老师的离职,还有一些华文专业毕业的学生对从事华文教育事业兴趣不高,导致新加坡的华文老师短缺。二是新加坡华文教育缺乏适用的环境。在新加坡,由幼儿园到大学除了华文课外,都用英语作为教学用语,学生日常交流也都使用英语。有些学校向学生提出严格要求,只要进入校园都要讲英语。自从推行了双语政策,教育部

---

❶ 秦瑶. 新加坡华文教育的现状与前景[J]. 科教文汇,2009(9):108.

要求所有语文学校在组织语文教学时都要以英语、母语两种方式进行，但目前，只有华文课以华语教学，其他科目都用英语教学，英语成为真正的教学媒介。同时，新加坡汉语的使用环境已经极度缺乏，主流社会对华文的应用较不重视，在华人家庭内部只讲英语，为孩子营造了学习英语的环境，但是忽略了对汉语的运用；在社会上除"唐人街"外，其他大街小巷的招牌、指示牌均为英文，就连最古老的华族美食在制作招牌时也采用的是英文，使用汉语的外部环境不够友好。

本章小结

周边国家的汉语教育历史悠久，发展历程各异，各具特色，面临的共同问题是汉语教育的师资匮乏、水平参差不平，缺乏本土化教材，汉语教育经费有限，以及使用汉语的语言环境总体较差等。总的特点是周边国家的汉语教育与地缘政治紧密相关，受国家间外交关系的影响很大，国家间外交关系趋好时，汉语教育因得到政府支持而发展迅速，反之则遇到挫折和打击，因此汉语教育也是国家间关系的晴雨表。在建设"一带一路"的时代大背景下，周边国家对汉语教育需求更加迫切，能够迎来很好的发展时机和得到中国的有力支持。

"汉字文化圈国家"日本和韩国，自古与我国渊源深厚，深受中国文化的影响，汉语学习以中国文化为纽带，汉语教育有较好的基础，是高校汉语国际推广该重点关注的国家。处在"周边国家辐射圈"的泰国、菲律宾、印度尼西亚和新加坡，是华人人口分布较多的周边国家，汉语教育以华文教育为主体，推动汉语教育渐渐拓展到主流社会，天然的血缘关系和众多的华人人口，使这些国家成为汉语国际推广的重点面向国家，需要高校充分发挥自身优势，加大与华社和华文教育机构的合作，开展国别化研究，大力培养本土化汉语师资，建设本土化个性汉语教材，积极发挥孔子学院语言文化推广作用，推进汉语国际推广在这几个国家取得更明显的成效。

第七章 高校汉语国际推广发展环境分析

从宏观层面了解高校汉语国际推广概况，梳理高校在语言文化推广"走出去"战略下开展的各项工作，从微观层面选取地处福建的四所高校开展案例研究，深入了解高校汉语国际推广的具体实践、今后发展思路。以此为基础，在本章系统分析高校汉语国际推广的内外部发展环境，分为外部机会因素（opportunities）、威胁因素（threats）和内部优势因素（strengths）、劣势因素（weakness）四个维度。在外部发展环境方面主要从政府层面、汉语热、传统价值观、高校内涵发展、国际环境等方面进行分析，在内部发展环境方面，提炼总结了案例研究的四所高校共性的优势和存在的问题，结合访谈和对收集材料的梳理，进行深入分析。并运用SWOT分析法的质性分析和量化分析，进一步明晰高校内部发展环境的总体情况，做出客观、科学的评价。

第一节 我国高校汉语国际推广的外部发展环境分析

运用SWOT分析法的分析维度，结合访谈和案例调研获取的资料，高校汉语国际推广的外部发展环境有机遇有挑战。

一、外部发展环境带来的机遇

（一）政府支持，提升到国家战略高度

国务院办公厅于2006年颁布了《关于加强汉语国际推广工作若干意见》，指明汉语加快走向世界的总体规划和政策措施，把此项工作提高到国家战略的高度，指出了这项国内工作的紧迫性和重要性。2007年4月成立孔子学院总部，是全球孔子学院的最高管理机构，支持在全球范围内设立孔子学院。华文教育基金会于2004年正式成立，其目的就是要促进华文教育发展，让中华优秀文化传播到世界，增进我国与其他国家之间的交流合作。2010年底，在全国孔子学院工作会议上，原教育部袁贵仁部长表示："孔子学院和汉语国际教育事关国家软实力提升，事关国家外交大战略和外宣大计划的顺利实施，事关国家当务之急和长远大计，党中央和国务

院一直特别重视。"❶同年，党和国家领导人对于该项工作的重要批示、指示达到103次，重视和关心程度前所未有。国家汉办领导小组组长陈至立指出要提高孔子学院的办学质量，为对外汉语国际推广、增进中外人文交流和建立友好关系做出更大贡献。

（二）实力壮大，带动世界各国汉语热

语言文化的国际传播与国家的综合实力密切相关。随着中国经济飞速发展和综合国力的不断提升，"一带一路"倡议不断带来机会和红利，构建人类命运共同体的理念也被接受和认同，各国人民越来越多地希望与中国进行交流合作，作为交流合作媒介的汉语日益凸显出重要的作用，在全世界掀起了"汉语热"，约有1亿人在学习汉语。孔子学院应运而生，为了满足世界各国人民对汉语学习的需求，目前已有541所孔子学院和1170所孔子课堂遍布世界各地。根据教育部的数据，至2020年，全球有70个国家的国民教育体系纳入中文教育。在"十三五"时期，参加中小学中文考试（YCT）、中文水平考试（HSK）两种测试的考生数量超过了4000万人次。在大华语圈、汉字文化圈和周边国家辐射圈，也有着很好的汉语推广基础。韩国从20世纪90年代起，来华留学生的人数居于来华留学国家的首位。据统计韩国在华留学生2002年有3.6万人，占来华留学总人数的42.1%，到2018年，韩在华留学生已达到6.7万人。❷对韩国汉语学习情况进行粗略统计，有1060万韩国人目前在学习汉语，也尝试着使用汉字，在总人口中占比达到21%，为了满足韩国人的汉语学习需求，韩国孔子学院和孔子课堂数量共计28所，汉语培训机构也数量众多。在日本，汉语教育得到重视，近800所大学中约90%开设了公共汉语课，作为选修的第二语言课程；部分大学开设了汉语专业，社会上出现众多的汉语学习机构，汉语国际交流与学术研讨十分活跃；截至2018年12月，日本孔子学院数量达到了15家。泰国把汉语作为一门重要的第二语言来学习，截至2019年12月，共超过230所大学已开设汉语主修或选修课程，培养了许多汉语专业的本科生和硕士生；汉语成为高校入学考试的外语课程，所有人文学科的考生可以选择参加汉语考试，来代替其他外语考试；泰国目前共有孔子学院16家，孔子课堂11个。在新加坡，汉语教育逐渐形成一个体系，幼儿园阶段，推行"双语教学"政策，每天上60分钟的华语课，并只以华语为媒介组织教学活动；在小学和中学阶段，设置了不同层次的华文课程；在大学阶段，设置中文系，专业领域覆盖中国历史与思想、现代中国社会、政治与经济、文学与文化、语言学与汉语言学、华人研究等课程。在菲律宾，所有大学的外语教学中把华语和普通话纳入选修科目，有些高校还根据自身学校学科的特点开设商务汉语、旅游管理汉语等特色

---

❶ 袁贵仁.继续解放思想坚持改革创新努力开创孔子学院科学发展新局面[N]. 国家汉办简报，2010. 12. 18.
❷ 教育部.2018年来华留学统计.

的汉语课程；在公立中学中，据统计有11个区域、93所公立中学开设汉语课程；目前，菲律宾华文学校数量有160多所，在校生7万余人，华文教师2000多人，❶其也是使用汉语的主力军。

（三）和而不同，全球化呼唤和平发展

经济全球化，需要维护世界多极化和文化多样化，需要一个和平发展的大环境，让世界人民获得发展的红利。中国在崛起的同时，坚持反对霸权主义、单边主义，一再强调坚持走和平发展的道路。"和合"价值观所倡导的和平、和谐、合作的国际观，引领中国走和平发展的道路。语言文化的推广在提升软实力的同时，坚定文化自信，积极传递中国和平崛起的声音，让世界人民理解中华民族和而不同的和谐思想和价值观，为中国的发展赢得更多机遇和良好的外部环境，被时代赋予特殊的战略意义和光荣的使命。

（四）内涵发展，高等教育关键转型期

党和国家着眼于实现"两个一百年"奋斗目标和中华民族伟大复兴的中国梦，着力推动一大批层次高、实力强的高校与学科的发展，使之能保持世界领先水平，让我国高等教育具备更强的综合竞争力。同时，我国高等教育已经进入普及化阶段，高等教育总规模达到4002万人，居世界第一位。❷高等教育能为国家和世界发展提供的智力支持和人力资源是巨大的。因此，高质量的高等教育是今后发展的关键和主题，也呼唤高校加强内涵建设，提高办学质量，从规模数量向追求内涵质量转型发展。高等教育正处于关键的转型期，高校投身汉语国际教育，可以帮助高校抓住历史机遇，积极争取更多支持，努力实现跨越发展，践行大学文化传承和创新的使命，提升大学的国际化水平，为实现从高等教育大国到高等教育强国作出贡献。

二、外部发展环境带来的挑战

（一）"中国威胁论"

近年来，中国的综合国力也不断壮大，西方学者和政客开始向世界散布"中国威胁论"。美国的芒罗（Munro）作为外交政策研究者，在他的文章中明确表示中国的强大意味着对西方发展构成威胁，把中国比作觉醒的巨龙，武断地提出了中美军事冲突不可避免。❸亨廷顿

---

❶ 黄端铭. 华文教育发展需要华教组织全面统筹专业引领[N]. 华文教育，2020-11-3.
❷ 数据来源于教育部高教司吴岩司长于2020年10月23日的工作报告《新标准、新体系、新成效——关于支持福建高教创新发展的考虑》。
❸ 晏白."中国威胁论"的四次潮流[J]. 时事报告，2005（10）：70.

（Huntingto）认为，西方文明最大的敌对力量就是伊斯兰教、儒教的整合。[1]随后的二十几年里，"中国威胁论"每隔一段时间就会被提起，成为西方及周边相关国家用来制约中国崛起的一种政治手段，并衍生出"网络威胁论""食品安全威胁论""环境威胁论"等，在一定程度上使我国在发展过程中面临更加复杂的国际环境，承受更多的外部压力。汉语国际推广受国际关系和国际政治大环境的影响，近年来，部分西方政客把汉语国际推广政治化，视为文化输出及意识形态和价值观渗透，以美国为首的个别西方国家关闭当地的孔子学院，舆论环境不利于高校汉语国际推广。对仍然开设孔子学院的美国高校，美国政府限制其申请联邦资助，除非向政府提供对孔子学院实行一些限制性措施的实际支撑材料。

受访者A2认为"中国威胁论"不利于汉语国际推广，应该低调推广，从满足世界各国人民的汉语学习需求入手，顺势而为。

"汉语推广会有输入文化的感受，自己内部可以提，但推广到世界要低调一些，因为有些政客一直鼓吹'中国威胁论'。语言文化要推广，中国往外推广，顺水推舟，要合情合理，要让世界感应汉语是大家的需要，是不可或缺的。"（受访者A2）

（二）其他语种的竞争

英语、汉语、阿拉伯语、西班牙语等四种语言是世界上使用人数最多的语言，但汉语作为母语的使用人口基数是最大的，在使用人数上较其他三种语言在国际推广上没有优势，世界上其他国家学习英语、阿拉伯语和西班牙语的人数远多于汉语。西方发达国家的语言推广机构在国际市场上占有重要的地位，法、英、德、日、韩等国都为推广自己的语言成立了相应机构。其中，英国文化委员会在世界上的111个国家和地区有230家分支机构和138家教学中心，通过教授英语，并借助艺术、文化和教育等渠道，建立与其他国家人民之间的理解和信任；法语联盟在世界各地有1040个分支机构，每年学员数量超过50万人，并在中国设有16个法语联盟机构。这些国家的语言推广机构在国际上享有较高的声望，是汉语国际推广的有力竞争对手。

（三）华校与孔子学院的竞争

海外华校是华人华侨为后代传承祖籍国语言文化、保留民族根脉而设立的。尤其东南亚的华校历史悠久，植根当地，成为当地国民教育的一个部分，在日常课程中加入汉语的学习课程，对象也由华裔扩大为非华裔的当地人，对于汉语的学习和推广起到很好的作用。孔子学院主要针对海外主流社会，开始设立的初衷并不是面向华人华裔，与国外主流社会的大学、机构合作

---

[1] 周曼斯.《文明的冲突和世界秩序的重建》书评[J]. 青春岁月，2014（6）：1.

设立，给予一定的启动经费，在当地开展语言教学和文化推广。孔子学院的功能与华校有重叠，对象随着华人华侨后代融入主流社会，也有交叉。因此在华校众多的东南亚国家，要妥善处理好华校与孔子学院的关系，避免竞争和挤压相互生存空间，要寻求更好的相处之道，逐步融合。

从受访者A1和A2的访谈中，可以了解到菲律宾华教机构和华校，对于汉语国际推广和当地土生土长的华文教育所持有的态度。他们希望汉语国际推广的机构，如孔子学院，可以和当地华校合作，利用华校现有资源和优势，相互融合，发挥更好的作用。

"华校100多年历史，获中国教育部认可，汉语走向世界，要充分利用当地华社和华校的力量，应发挥各自的优势，不能竞争和挤压。中国要珍惜华校和汉语教学机构，菲律宾165所华校，2500名华文教师，近8万学生。"（受访者A1）

"华文教育在东南亚天然存在，土生土长，当地政府不可否认华文教育，借助华校力量事半功倍，孔子学院是资助主流的学校，成效有限，东南亚很多华校历史深厚，华侨仅仅是为了保留华人语言文化，为了让子弟不忘祖。华校已被当地政府承认合法，植根各个所在国土地，应有支持东南亚的政策。"（受访者A2）

第二节 我国高校汉语国际推广的内部发展环境分析

一、内部发展环境的优势

（一）学科专业支撑

高校开设有中国汉语言文学、外国语言文学、政治学、教育学、新闻传播学、艺术学、历史学等与汉语国际推广直接或密切相关的学科，在学科范畴下又开设符合社会需求的专业，可以提供长期的、可持续发展的学科专业支撑，是汉语国际推广不竭的动力。

（二）人才支撑

高校智力资源丰富，能为汉语国际推广提供符合需求的各类人才和师资；高校培养的专门人才，尤其是国际汉语教育专门人才，是汉语国际推广师资的主要来源，也是人才的储备库。全国目前有107所高校培养汉语国际教育硕士人才，在人才培养计划中，有的高校要求有一年海外实习经历，承担志愿者教学任务，硕士生毕业后也有选择到海外任教，成为国际汉语教师中国志愿者和外派教师的重要来源。进行案例调研的四所院校，自2002年以后都设立了对外汉语专业，培养汉语国际教育本、硕人才，每年毕业生近300人（表7-1）。

表7-1　四所高校开设汉语国际教育专业情况

序号	院校	开设时间	招生层次	每届招生数/人
1	厦门大学	2009年	硕士	50
2	福建师范大学	2009年	硕士	50
3	华侨大学	2002年	本科	100
		2015年	硕士	45
4	泉州师范学院	2006年	本科	50

（三）科研支撑

教学科研是高校发展的两翼，相互促进。高校的科研力量可以集中针对汉语国际推广存在问题、面临挑战和发展战略等提供多学科的研究成果。事实证明把这些成果转化成实践，或指导实践，可以保障汉语国际推广的可持续发展。厦门大学在"十三五"期间，汉语国际推广南方基地申报并获批各级各类科研项目10余项，其中作为孔子学院总部"六艺"系列创新项目之一的"中外文化差异案例库平台建设"项目，已搜集、编辑、制作了涵盖5大洲143个国家的8000多篇案例，28个文化专题，并开发衍生产品，包括教材、词典、应知应会、微课等多种形式。泉州师范学院承担福建省华文教育和华文课题，制作茶文化视频，编写华裔学生夏令营教材，并结合汉语国际教育专业学生的毕业论文，开展课题研究。

（四）影响力支撑

高校公益机构的性质，以及作为教学科研机构自身的中立立场，可以淡化汉语国际推广中的政治色彩。而且知名高校有一定的国际影响力，丰富的校友人脉资源和学术圈资源，能更好地发挥作用，提升汉语国际推广的影响力。面对国际上的中国威胁论、文化渗透论等抵触汉语国际推广的思潮和言论，让高校代替或代言政府来具体执行汉语国际推广项目，淡化政府在这项工作的主导作用，突出高校的积极性和主动性，将事半功倍。厦门大学利用学校与东南亚国家交流合作的传统优势和影响力，发起建立"21世纪海上丝绸之路大学联盟"，17个沿线国家的高校予以回应，加入联盟的高校数量达到了61所。推进学校与海上丝绸之路沿线大学在教育、科技、文化等领域的交流与合作，并举办"21世纪海上丝绸之路"大学校长论坛、首届"丝路国家人文交流互鉴"国际学术研讨会等活动，与沿线国家的高校深化交流互鉴，也为汉语国际推广搭建了很好的平台。

受访者B8认为高校可以在汉语国际推广中发挥不可替代的作用，淡化汉语国际推广的政治色彩，从高校的职能出发，更好地推动汉语国际推广。

"汉语国际推广前阶段赋予的政治色彩较浓，尤其是国家领导人为海外孔子学院揭牌等活动，会引发海外舆论的偏见，认为是中国的文化渗透，并以此鼓吹中国威胁论，遏制中国在海外的语言文化推广。大学的很大优势在于公益性，在外国人眼中大学是自治的、中立的，也是较少政治色彩的，应该充分发挥高校的优势，多从教学和科研角度承担汉语国际推广的任务和具体项目，淡化政治色彩，润物细无声。"（受访者B8）

二、内部发展环境的劣势

（一）发展规划不足

高校汉语国际推广仅作为一个组成部分体现在部分高校的发展规划中，成为开放办学和国际化办学的一个部分，而单独为高校汉语国际推广设置发展规划的却鲜有。在重点调研的四所福建高校（表7-2）中，仅有华侨大学在"十三五"发展规划中为华文教育作单独的一个部分规划，其他三所学校均把汉语国际推广相关工作纳入国家交流合作的范畴，简要做了规划。高校汉语国际推广还未被当作一项重要的工作或系统的工程加以整体规划，发展目标和愿景不明确，配套的实施方案和措施不够完善。

表7-2 四所高校发展规划中关于汉语国际推广的内容

学校	"十二五"发展规划	"十三五"发展规划
厦门大学	四、"十二五"发展的主要任务和改革举措 （六）加强国际交流合作，着力提升合作实效 （31）为软实力提升战略带来服务 加快孔子学院总部南方基地建设，为全球孔子学院和汉语国际推广工作提供强有力的支撑和服务。按照"设立一所、办好一所"的要求，加强孔子学院建设。以孔子学院为桥梁和基地，积极拓展与孔子学院所在外方高校的交流合作，将我校的优势学科推向世界，促进东西方文明对话，进一步增强学校的国际学术影响力	二、主要任务及思路举措 （五）深化对外交流合作，提升国际化办学水平 （32）服务对外开放战略 积极争取国家政策支持，建设好中国—东盟海洋学院。积极推进与英国纽卡斯尔大学共建厦门大学纽卡斯尔学院、与卡迪夫大学共建口腔学院。建好汉语国际推广南方基地、孔子学院院长学院和示范孔子学院，促进孔子学院健康发展

续表

学校	"十二五"发展规划	"十三五"发展规划
福建师范大学	四、主要任务 （七）开放办学 4.加强汉语国际推广工作 认真办好孔子学院，努力使其成为有特色、有影响的对外汉语教学、宣传中国文化和扩大学校影响的窗口。积极争取国家汉办的支持，力争在印度尼西亚设立东南亚本土汉语教师培养基地，在欧美地区再建若干所孔子学院或孔子课堂	第三章 改革任务和发展路径 五、实施社会服务深化工程 （三）强化服务教育发展能力 3.参与文化"走出去"战略，参与文化"走出去"战略 主动参与哲学社会科学"走出去"战略，积极参与国际文化交流，为扩大中华文化的国际影响力作出贡献。推进汉语国际推广工作，高标准建设好孔子学院、孔子课堂，拓展东南亚高层次汉语师资本土化培养
华侨大学	第五部分 "十二五"发展战略任务 六、华文教育 （一）主要目标，树立"大华文教育"理念，形成"大华文教育"的机制。在做好"为侨服务"的同时主动"走出去"，融入海外主流社会，成为国家开展华文教育工作的拓展者和主力军。到2015年，争取孔子学院（课堂）达8个，境外生人数达5000人，短期培训人数年均5000人以上 （二）工作任务及思路 1.整合华文教育资源，拓展"大华文教育"新架构 2.普查全球华文教育发展状况，建立世界华文教育资源库 3.建设华侨大学华文教育海外办学基地 4.逐步完善"华侨大学华文教育"专题网站 5.巩固并拓展华文教育品牌项目 6.加大境外招生力度	三、"十三五"建设的任务与举措 （五）为侨服务 继续贯彻"大华文教育"理念，完善大华文教育格局，全面整合华文教育资源，继续拓展海外华文教育、境外生教育、海外办学，推进华文教育学科建设，加强华文教育师资队伍建设，提高开展和实施华文教育的整体水准……把握形势，整合资源，不断开拓华文教育新的发展空间，努力探索打造一系列具有影响力的华文教育新品牌。到2020年，"中华文化大乐园夏（冬）令营"的培训国家达到3个，培训人数达到3000人。"外国政府官员中文学习班"的培训国家达到10个，培训人数超过800人。华侨大学与泰国吞武里大学创办的中文教学栏目制作播出260期节目，辐射东盟国家500万个家庭。到2020年，境外生人数达6000人，短期培训人数年均8000人以上。完成55个以上国家的调研工作，出版华文教育国别研究报告，出版华文教育系列丛书
泉州师范学院	无相关内容	三、主要任务与发展措施 （七）对外交流合作 致力汉语国际推广。积极承担传扬中国文化使命，双向互动开展汉语和中国文化国际推广活动。做好汉语教师中国志愿者、国家外派教师选派工作，继续对外输送优秀汉语师资。开展多形式汉语推广活动，开展长短期的学历和非学历留学生教育，承接各类型华裔学生夏冬令营等项目，推广海外华文教育基地工作，打造学校汉语国际推广品牌

（二）学校整合力量不够

学校为汉语国际推广提供的保障支持力量还待整合，需进一步形成合力，并做出与之匹配的规划，长期可持续地为高校汉语国际推广提供强有力的人、财、物后盾。厦门大学汉语国际推广事业取得显著成就，孔子学院建设成效是国内高校的典型代表。但严峻复杂的国际环境，给孔子学院发展带来极大的挑战，加上目前正处于规模增长转向质量提升、内涵发展的关键阶段，要进一步整合校内资源和力量，对孔子学院今后的发展方向、管理系统、评价体系等进行改革和优化，促进孔子学院高质量内涵式发展。

（三）三教问题仍是瓶颈

教师、教法和教材依然是制约高校汉语国际推广的关键因素。高校培养的专业人才满足不了海外汉语学习热潮的需求；从高校选派的教师或输送的汉语国际教育等专业的毕业生，跨文化的交际能力和教法也存在因地制宜的问题；教材的国际化、本土化和针对性还要进一步加强。

从与受访者A1、A3和B2的访谈中，均提到高校与三教相关的存在问题。

"与大学合作，教学科研有资源，两方面都可开展，但大学对幼、小、中缺少实践经验，有时做起来针对性不强，可能有闭门造车的弊端，对非汉语环境下的研究不够，对于三教问题要针对性地开展研究和寻找对策。"（受访者A1）

"泰国的汉语教育氛围较好，政府也支持，社会对汉语需求很大，但三教问题也是比较突出的问题，需要有大批师资，高校提供输出的汉语教师志愿者也只能解决一部分需求，可以多寻找新的合作方式和途径。"（受访者A3）

"三教问题和跨文化的冲突仍然是现存比较突出的问题，需要更有针对性的对策。"（受访者B2）

从上述访谈内容可见，受访者A1认为高校在对海外幼儿园、小学和中学的语言教学中较缺少实践经验，要针对性地开展三教问题研究。受访者A3和B2也认为要有针对性和创造性地寻找解决三教问题的对策。因此，教师、教法和教材仍然需要花大力气认真解决。

第三节 我国高校汉语国际推广的SWOT分析

运用SWOT分析法来探析高校汉语国际推广的内外部发展环境（表7-3），一般是在调研结果上思辨的分析较多。为了更全面和深入地运用这种方法，本文结合采用量化的方式，借鉴胡友仁博士在论文中的量化分析思路，请五名来自高校汉语国际推广工作相关管理岗位的受访者，对各个因素进行评分和权重评分。综合思辨分析和量化两方面，得出高校汉语国际推广所处的环境条件。

表7-3　高校汉语国际推广SWOT分析

内部优势因素（strengths）	外部机会因素（opportunities）
S1.学科支撑：高校有与汉语国际推广直接相关的学科，是汉语国际推广不竭的动力 S2.人才：高校能为汉语国际推广提供符合需求的各类人才和师资；高校培养的专门人才，是汉语国际推广的师资主要来源，也是人才的储备库 S3.科研：高校可以集中针对汉语国际推广存在问题、面临挑战和发展战略等进行科研并提供研究成果，保障汉语国际推广的可持续发展 S4.影响力：高校公益机构的性质，可以淡化汉语国际推广中的政治色彩，更好地发挥作用，提升汉语国际推广的影响力	O1.汉语热：随着中国综合国力的提升和"一带一路"倡议不断带来的机会和红利，全世界掀起了"汉语热"，提供了很好的机会和外部环境 O2.国家支持：对于汉语国际推广，国家层面于2006年下发了《关于加强汉语国际推广工作若干意见》，专门成立"汉语国际推广领导小组办公室"。一年后成立孔子学院总部，支持在全球范围内设立孔子学院。2004年9月，由国侨办主管的中国华文教育基金会正式成立，旨在弘扬中华文化，促进华文教育事业发展。 O3."和合"的价值观：倡导和平发展、和谐共处、合作共赢的国际观，引领中国走和平发展的道路。 O4.高等教育关键转型期，着力内涵发展。
内部弱势因素（weakness）	外部威胁因素（threats）
W1.发展规划不足：高校汉语国际推广仅作为一个组成部分体现在少数高校的发展战略或规划中，为高校汉语国际推广单独设置鲜有。缺乏整体规划、发展目标和愿景不明确 W2.学校整合力量不够：学校为汉语国际推广提供的保障支持力量还待整合，还需进一步形成合力 W3.三教问题瓶颈：教师、教法和教材依然是制约高校汉语国际推广的关键因素	T1."中国威胁论"：国际社会上一些政客散布"中国威胁""垮台论""锐实力"等言论；近年来，个别西方国家关闭当地的孔子学院，舆论环境不利于高校汉语国际推广 T2.其他语种的竞争：世界上其他国家学习英语、阿拉伯语和西班牙语的人数远多于汉语。西方发达国家语言推广机构在国际市场上占有重要地位，都是汉语国际推广的竞争对手 T3.华校与孔子学院的竞争：要妥善处理好华校与孔子学院的关系，避免竞争和挤压相互生存空间，要寻求更好的相处之道，逐步融合

根据以上对外部和内部因素的分析，请5名受访者进行评分，标记为P1、P2、P3、P4、P5，优势与机会为正分值（1~5分），劣势与威胁为负分值（-5~-1分）。并请5名受访者对各个因素进行权重评分。具体如下（表7-4~表7-6）：

表7-4　高校汉语国际推广内外部因素评分

	外部因素分析项	P1	P2	P3	P4	P5
机会	O1.汉语热	5	5	5	4	5
	O2.国家支持	5	4	5	5	5
	O3."和合"的价值观	4	4	4	3	4
	O4.高等教育关键转型期	3	4	4	3	4
威胁	T1."中国威胁论"	-3	-3	-4	-3	-3
	T2.其他语种的竞争	-3	-2	-3	-3	-4
	T3.华校与孔子学院的竞争	-2	-3	-2	-2	-3

续表

	内部因素分析项	P1	P2	P3	P4	P5
优势	S1.学科专业支撑	4	4	4	4	4
	S2.人才支撑	5	4	5	4	5
	S3.科研支撑	4	3	4	3	4
	S4.影响力支撑	4	4	4	3	4
劣势	W1.发展规划不足	−3	−3	−2	−2	−3
	W2.学校力量整合不够	−3	−3	−3	−3	−2
	W3.三教问题瓶颈	−3	−3	−2	−2	−4

表7−5　高校汉语国际推广内外部因素加权平均数

	外部因素分析项	平均分值	权重
机会	O1.汉语热	4.8	0.2
	O2.国家支持	4.8	0.2
	O3."和合"的价值观	3.8	0.1
	O4.高等教育关键转型期	3.6	0.1
	加权小计：2.66		
威胁	T1."中国威胁论"	−3.3	0.15
	T2.其他语种的竞争	−3	0.15
	T3.华校与孔子学院的竞争	−2.4	0.1
	加权小计：−1.185		
	内部因素分析项	平均分值	权重
优势	S1.学科专业支撑	4	0.15
	S2.人才支撑	4.6	0.15
	S3.科研支撑	3.6	0.15
	S4.影响力支撑	3.8	0.15
	加权小计：2.4		
劣势	W1.发展规划不足	−2.6	0.15
	W2.学校力量整合不够	−2.8	0.15
	W3.三教问题瓶颈	−2.8	0.1
	加权小计：−1.09		

表7-6 高校汉语国际推广内外部因素分析评判结果

分析评判结果		横坐标值	纵坐标值
WO	2.773	−1.09	2.55
SO	3.502	2.40	2.55（胜出）
ST	2.666	2.40	−1.16
WT	1.592	−1.09	−1.16

根据分析评判结果做出函数表，有2个坐标轴，纵轴为OT轴（机会威胁轴），原点以上是机会轴，原点以下是威胁轴；横轴WS为轴（优劣轴），劣势与优势分别位于原点左右（图7-1）。象限4个，第一象限体现出机会与优势，由O和S两个轴组成；第二象限体现出机会与劣势，由O和W两条轴组成；第三象限体现出劣势与威胁，由W和T两个轴组成；第四象限体现出优势与威胁，由T和S两条轴构成。

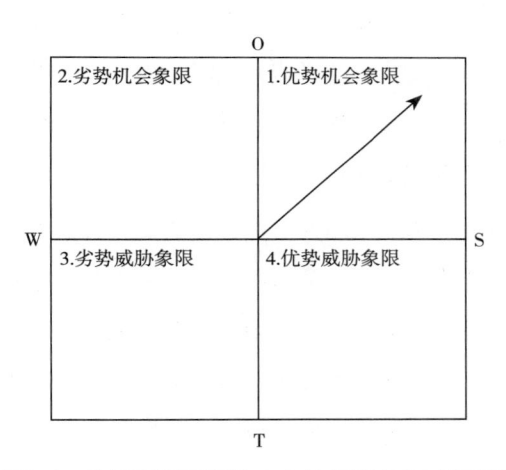

图7-1 高校汉语国际推广内外部因素分析象限图

机遇和优势匹配的时候，可以追求跨越式发展；当机遇和劣势匹配时，可以利用机遇改变劣势，寻求平衡发展；当优势和威胁匹配时，可利用优势规避威胁，寻求稳定发展；当威胁和劣势匹配时，只能努力化险为夷。❶总体分析评估，高校汉语国际推广发展态势良好，有一定优势和机遇，利用优势抓住机遇和化解威胁，抓住机遇转变劣势，将劣势和威胁最小化，加快高校汉语国际推广更快更好地发展，为国家的语言文化推广事业发挥积极的引领和推动作用。

---

❶ 邹晓平.地方院校战略规划的理论问题与个案分析[D].厦门：厦门大学，2006：89.

第四节
我国高校汉语国际推广面临的新形势

汉语国际推广从转变组织机构、转变观念、转变教学方式等方面，不断在适应和调整，应对新形势。

一、组织机构的变革和思想观念的转变

在组织机构方面，国家汉办和孔子学院总部的职责和功能，分别由民间公益教育机构"中国国际中文教育基金会"和"中外语言交流合作中心"承担。2020年6月16日，中国国际中文教育基金会成立，参与发起的高校、组织、企业等有27家，设立的目的就是要对全球范围的中文教育活动给予支持，以促进人文交流，增进国际理解，为多元文明之间的学习与借鉴、交流与合作、构建人类命运共同体贡献力量。该基金会是属民政部管辖的民间公益教育机构，承担着孔子学院品牌运营的责任，为孔子学院后续发展提供支持，这种从组织机构、性质到管理模式的转变，将为孔子学院提供更有力、更多元、更优化的支持与服务。2020年7月5日，教育部中外语言交流合作中心正式发布设立公告。为适应国际中文教育事业发展需求，在国家汉办和孔子学院总部的基础上，设立"中外语言交流合作中心"，隶属中国教育部，是发展国际中文教育事业的专业公益教育机构，致力于为世界各国民众学习中文、了解中国提供优质的服务，为中外语言交流合作、世界多元文化互学互鉴搭建友好协作的平台。该中心承担如下职责：为发展国际中文教育与促进中外语言交流合作提供服务；构建立体化资源体系；参与国际中文教育标准、规范的制订和实施；支持国际中文教育学科建设和学术研究；组织中文水平测评、国际中文教师考试，开展评估认定工作；运行国际中文教育相关品牌，包括汉语桥、奖学金和新汉学等；组织开展中外语言交流合作等。

在思想观念方面，汉语国际推广随着综合国力的提升，承担向世界传播中国语言文化的使命，在润物细无声中发挥着越来越积极的作用，但也因为主导部门是国家政府机构下属的单位，大部分推广资金受国家的资助。因此，淡化政治色彩，实现资助体系多元化，借鉴欧美语言文化推广机构的经验，寻求一种组织机构和运营模式的转变，一直是学界对以孔子学院为代表的汉语国际推广事业的呼吁。2020年，我汉语国际推广事业走出了改革的一大步，从思想上和体制上呼应了新的国际环境和国际关系的提出的新要求。

郑永年教授认为只要中国继续保持开放，美国依然是资本主义国家，全球化就不会走向终结。学者王栋提出"再全球化"，认为当前全球化的动力不只来自传统大国，类似于中国等新兴国家展现出强大的力量，这些国家在全球秩序建设中的表现十分突出。但西方国家的表现却具有孤立主义的特征，这种一升一降给全球化新的动力。❶《经济学人》提出"慢全球化"概念，指在全球化规则渐渐失去影响力的情况下，区域协议开始掌控贸易和投资，区域层面将实现比全球层面更深入的一体化。❷也有的学者提出"数字全球化"，未来的全球化特征将是以高程度的数字化和智能化为主要驱动力。无论是有限全球化、再全球化、慢全球化、还是数字全球化，中国都是其中重要的一员，发挥着新兴国家代表和第二大经济体的不可替代的作用。全球化不会终结，汉语国际推广事业还有广阔的空间，要有充足的文化自信，积极应对新的形势，服务真正有汉语学习需求的国家、地区和人民，更有针对性地为一定区域提供多层次的丰富的汉语服务，努力发挥"汉语+"的作用。

二、推广形式的变化和相关问卷调查情况

2020年春节期间，全国1454所高校做出了线上教学的选择，103万名教师提供了107万门在线课程，参与学习的学生数量为1775万人，总人次为23亿。在这种情况下，"线上教学"由"探索性"教学改革，变成高校师生的"日常性"活动。线下教学转为线上教学，实体课堂变成云上课堂，新的教学方式改变了教师的教，改变了学生的学，改变了学校和教育机构的管理，改变了教育的时空形态，学生可以随时随地学习，不受时空的限制。汉语国际推广的各种形式也发生转变，孔子学院的课堂教学转为线上教学，海外华文师资的各种培训也借助网络在云端开课，海外华裔学生在中国侨联的网站参加网络夏令营，外派教师选拔在线遴选。

泉州师范学院面向海外华文教师，从线下实地培训，转变为开展线上远程培训。在2020年8月举办了菲律宾华文教师培训班，来自23个华校的近50名老师报名，其中44人坚持完成学习。培训主要是针对菲律宾华文教师开展线上教学遇到的一些具体问题，在教授汉语教学专业知识的同时，强化他们的线上教学技能，以帮助老师们更好地应对这些问题。课程设置包括汉语要素教学、汉语教学法、教学实例、中华文化、现代教育技术、网络平台运用等。在2020年10月举办了菲律宾华校校长（管理人员）网上研习班，来自43所菲律宾华校的50多位校长和中文主任参加了培训。在与菲律宾华教中心充分沟通和了解菲律宾一线学校管理人员需求的基础上，

---

❶ 王栋，张弛，曹德军."再全球化"视野下的中国角色——以全球公共产品供应为例[J]. 中央社会主义学院学报，2017（2）：32-38.
❷ Economist. Slowbalisaton: The steam has gone out of globalisation[J]. The Economist, 2019: 33-34.

为培训班学员量身定制课程。

为了了解老师们的学习效果,从线下培训转为线上培训形式的适应情况,老师本身对线上教学的认识和态度,以及对线上培训的真实评价,泉州师范学院在培训结束后发放两份调查问卷,向老师们收集反馈信息。

(一)菲律宾华文教师培训班调查问卷

1. 问卷设计与发放

设计菲律宾华文教师培训班调查问卷的目的在于了解参加此次培训班的华文教师的真实反馈,包括对线上教学的态度、适应程度和更好地开展线上教学的途径。问卷共有13个问题,包括个人基本情况、对线上培训班的效果和培训内容的评价、对线上教学的态度、影响线上教学效果的因素、提升线上教学能力的途径等。问卷于2020年9月通过网络面向全程参加培训的44人发放,收回有效问卷34份。

2. 问卷数据分析

(1)信效度分析。利用SPSS 26.0对该问卷的信度进行检验,克伦巴赫α系数为0.59。学者Nunnally(1978年)认为在一般探索性研究中,信度系数的最低要求标准是系数值在0.50以上,❶该量表的信度在可接受的范围内。效度检验采用极大似然法,KMO值为0.525,解释变异量为71.78%。学者Tabachnick与Fidell(2007年)提出基于最大似然法的因子负荷选取的指标准则,当解释变异量为20%以上时,因子负荷量应大于0.45,❷题项变量状况为普通,因此该量表的效度在可接受范围内。

(2)个人背景统计分析。有效问卷为34份,其中女性教师占比为85.29%,男性教师占比为14.71%,女性教师的比例大于男性教师(图7-2)。

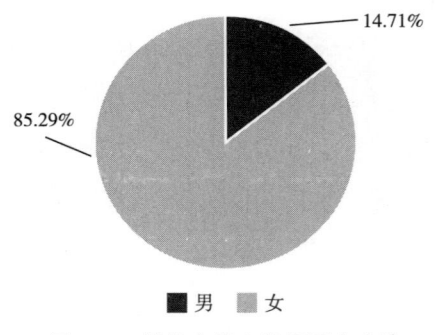

图7-2 菲律宾华文教师男女占比

---

❶ NUNNALLY J C. Psychometric theory[M]. 2d Ed. NewYork:McGraw-Hill,1978.
❷ TABACHNICK B G, FIDELL L S. Using multivariate statistics[M]. 5th Ed. Needham Heights, MA:Allynand Bacon,2007.

教师的年龄分布在22~35岁、36~45岁、46~55岁、56~65岁和65岁以上5个年龄段，其中22~35岁和56~65岁两个年龄段的教师占比最高，均为23.5%，其次是46~55岁年龄段的教师，占比为20.6%，65岁以上的教师占17.6%，36~45岁的教师占比最低，为14.7%（图7-3）。

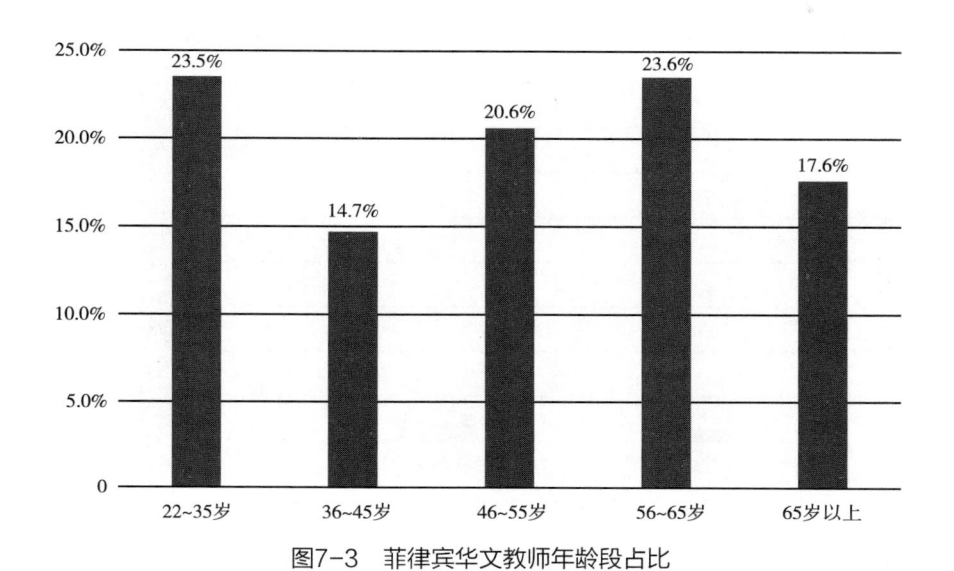

图7-3　菲律宾华文教师年龄段占比

参与调查的教师年级分为幼儿园、小学和中学，其中在小学任教的教师比例最高，为55.89%，在中学任教的教师占35.29%，而在幼儿园任教的教师占8.82%（图7-4）。

华文教师中参加过培训的教师占73.53%，没有参加过培训的教师占26.47%，参加过培训的教师比例明显高于没有参加过培训的（图7-5）。

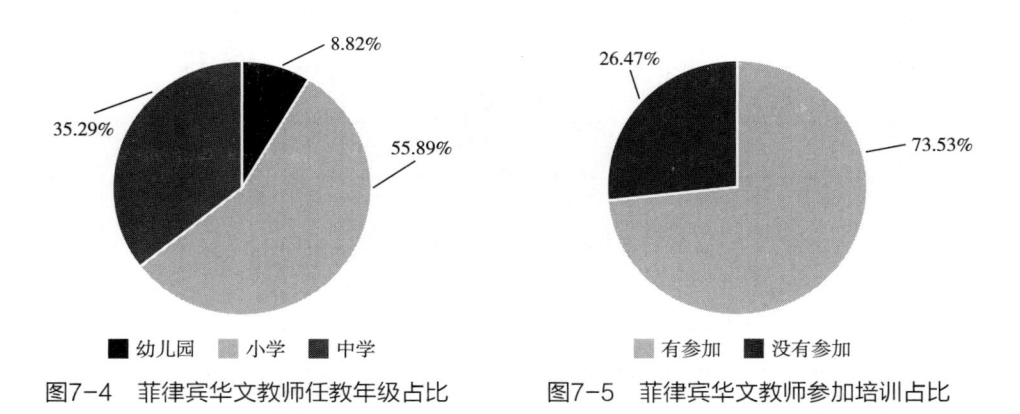

图7-4　菲律宾华文教师任教年级占比　　图7-5　菲律宾华文教师参加培训占比

（3）对此次线上培训班的评价。通过调研教师对在线培训进行必要性的评价发现，91.18%的教师认为参加线上培训是很有必要的，5.88%的教师认为参加线上培训是有必要的，而2.94%的教师认为参加线上培训是没有必要的（图7-6）。

对于培训课程安排的合理性，其中有70.60%的教师认为是很合理的，29.40%的教师认为是合理的，没有教师认为是不合理的（图7-7）。

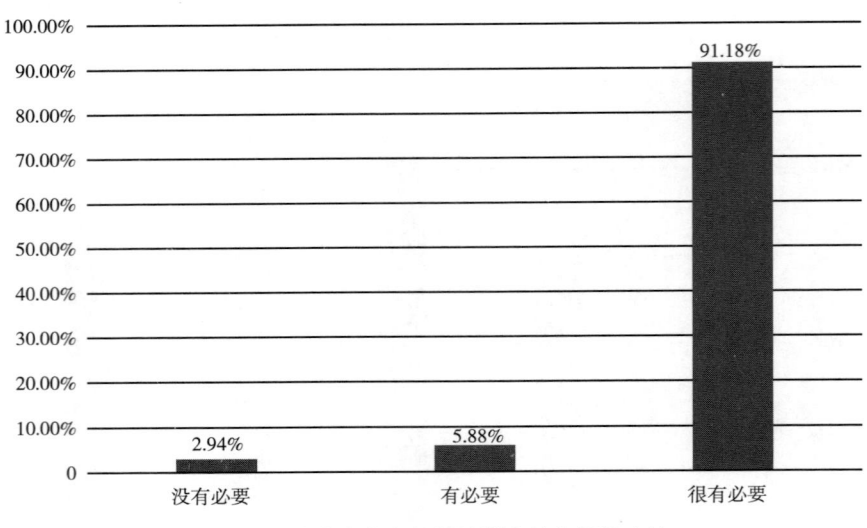

图7-6　菲律宾华文教师培训班的必要性占比

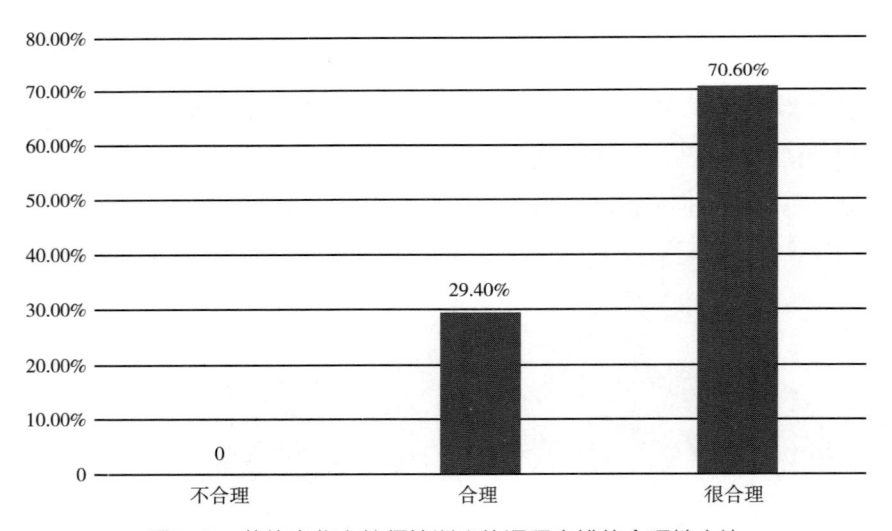

图7-7　菲律宾华文教师培训班的课程安排的合理性占比

利用多重响应集对问卷中的第7道多选题进行分析，华文教师们认为培训的内容中，18.80%应该是汉语教学法，17.4%应该是现代教育技术，16.1%应该是教学实例，网络平台运用和汉语要素教学均占14.8%，14.1%应该是中华文化，其他内容占4.0%（图7-8）。

针对性别、年龄、教师年级和是否线上培训过，与教师培训内容进行交叉表分析。如表7-7所示，女性教师认为培训内容应该包括教学实例、汉语要素教学和中华文化，而男性教师认为培训内容应该包括网络平台运用、汉语教学法和现代教育技术。22~35岁的教师认为培

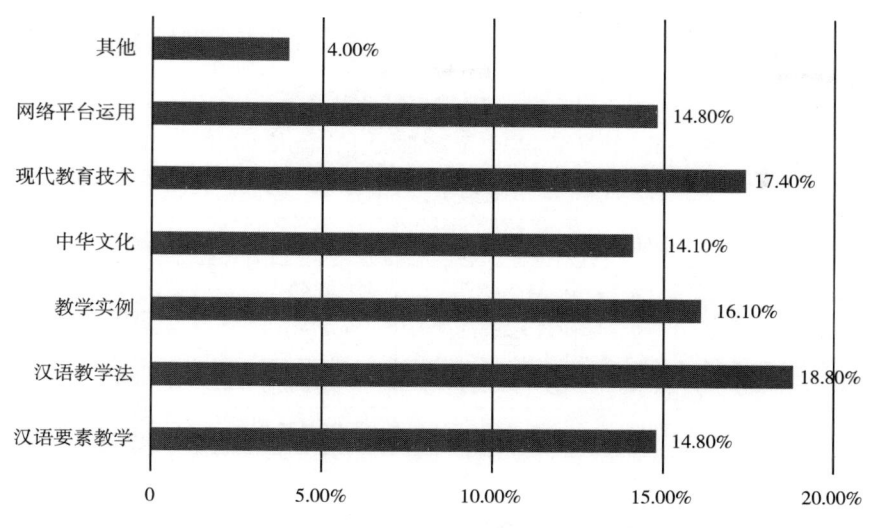

```
其他            4.00%
网络平台运用    14.80%
现代教育技术    17.40%
中华文化        14.10%
教学实例        16.10%
汉语教学法      18.80%
汉语要素教学    14.80%
```

图7-8 菲律宾华文教师培训班的内容占比

训内容应该包括网络平台运用、现代教育技术、汉语教学法和教学实例，36~45岁的教师认为培训内容应该包括教学实例、汉语要素教学和现代教育技术，46~55岁的教师认为培训内容应该包括教学实例、中华文化和现代教育技术，56~65岁的教师认为培训内容应该包括汉语教学法、汉语要素教学和网络平台运用，65岁以上的教师认为培训内容应该包括中华文化、汉语要素教学和汉语教学法。

表7-7 性别、年龄和培训内容占比

选项	性别		年龄				
	男	女	22~35岁	36~45岁	46~55岁	56~65岁	65岁以上
汉语要素教学	13.6%	86.4%	22.7%	13.6%	18.2%	18.2%	27.3%
汉语教学法	17.9%	82.1%	25.0%	10.7%	17.9%	25.0%	21.4%
教学实例	12.5%	87.5%	25.0%	16.7%	25.0%	12.5%	20.8%
中华文化	14.3%	85.7%	23.8%	9.5%	23.8%	14.3%	28.6%
现代教育技术	15.4%	84.6%	30.8%	11.5%	23.1%	15.4%	19.2%
网络平台运用	18.2%	81.8%	31.8%	9.1%	22.7%	18.2%	18.2%
总计人数	5	29	8	5	7	8	6

如表7-8所示，幼儿园的教师认为培训内容应该包括教学实例、汉语要素教学和中华文化，小学的教师认为培训内容应该包括汉语教学法、汉语要素教学和中华文化，中学的教师认为培训内容应该包括网络平台运用、现代教育技术和中华文化。参加过线上培训的教师认为培训内容应该包括汉语教学法、汉语要素教学、现代教育技术和网络平台运用，没有参加过线上培训

的教师认为培训内容应该包括中华文化、教学实例、汉语要素教学和网络平台运用。不同背景因素下的教师期待的培训内容不同。

表7-8　教师年级和是否参加线上培训与培训内容占比

选项	年级			参加线上培训	
	幼儿园	小学	中学	是	否
汉语要素教学	9.1%	54.5%	36.4%	72.7%	27.3%
汉语教学法	7.2%	57.1%	35.7%	75.0%	25.0%
教学实例	12.5%	50.0%	37.5%	66.7%	33.3%
中华文化	9.5%	52.4%	38.1%	66.7%	33.3%
现代教育技术	7.7%	50.0%	42.3%	73.1%	26.9%
网络平台运用	4.5%	50.0%	45.5%	72.7%	27.3%
总计人数	3	19	12	25	9

（4）对线上教学的态度。参加培训的菲律宾华文教师中有64.71%没有采用过线上教学，35.29%的教师采用过线上教学（图7-9）。

有55.88%的教师对于线上教学很适应，有26.47%的教师适应线上教学，而17.65%的教师表示不适应线上教学。培训过后，29.41%的教师会继续采用线上教学，50%的教师会采用线上线下结合的教学模式，而20.59%的老师不采用线上教学（图7-10、图7-11）。

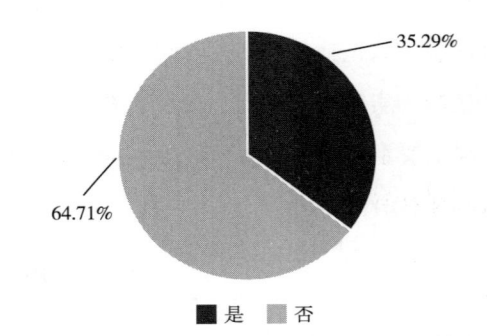

图7-9　菲律宾华文教师是否采用"线上教学"占比

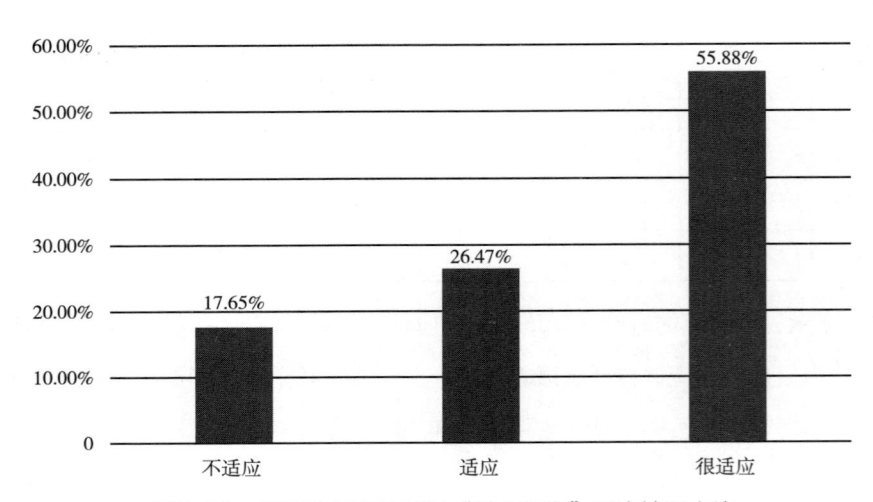

图7-10　菲律宾华文教师对"线上教学"适应情况占比

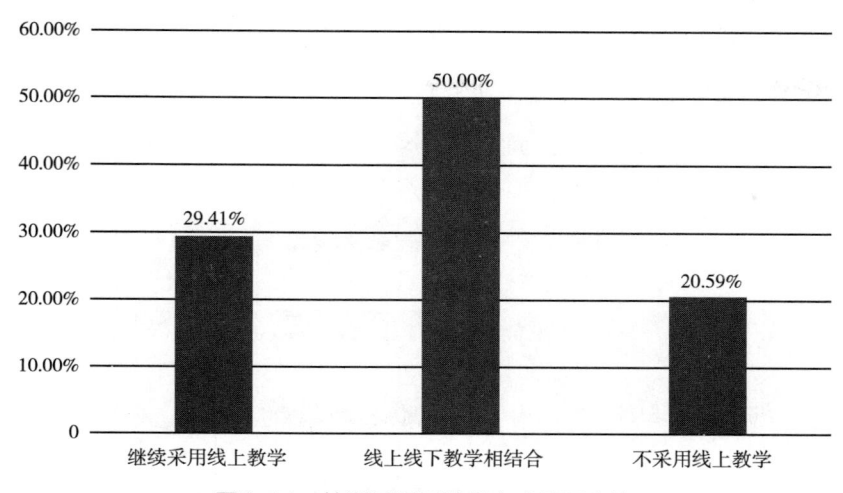

60.00%
50.00%
40.00%
30.00% 29.41%
20.00% 20.59%
10.00%
0

继续采用线上教学　　线上线下教学相结合　　不采用线上教学

图7-11　培训后采用教学方式情况占比

（5）影响线上教学效果的因素及提升线上教学能力的途径。11.76%的教师认为菲律宾学生"线上学习"的效果很好，79.41%的教师认为"线上学习"的效果好，8.83%的教师认为"线上学习"的效果不好（图7-12）。

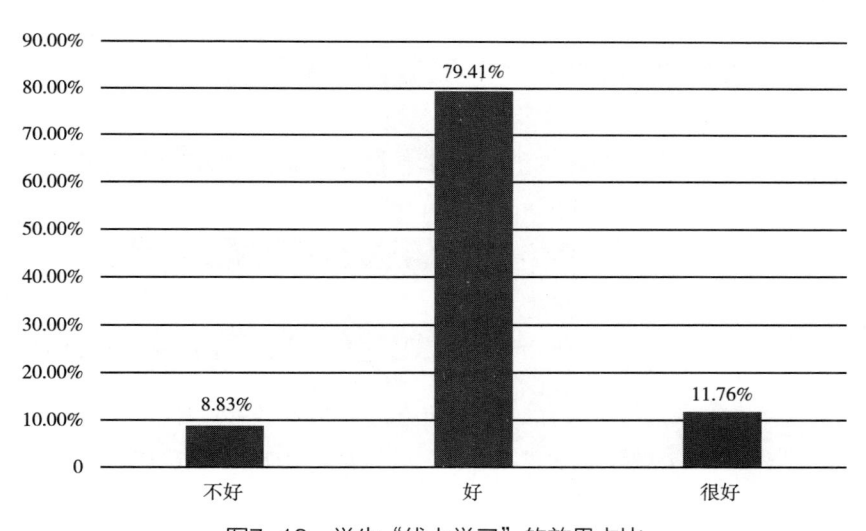

90.00%
80.00% 79.41%
70.00%
60.00%
50.00%
40.00%
30.00%
20.00%
10.00% 8.83% 11.76%
0

不好　　　　　好　　　　　很好

图7-12　学生"线上学习"的效果占比

利用多重响应集对问卷中的第12道多选题进行分析，影响菲律宾华文"线上教学"的因素中，27.3%是来自网络的畅通程度和网络硬件条件，26.3%是来自教师运用网络平台进行教学的熟练程度，21.1%来自学生家长的配合，20%来自学生自主学习的习惯，其他占5.3%（图7-13）。

利用多重响应集对问卷中的第13道多选题进行分析，提升菲律宾华文教师"线上教学"能力的途径，28.2%是学校对网络平台的开发与建设、提高硬件水平，加强对教师在线教学能力的培训和提供丰富的网络教学资源均占26%，16.7%是学生对教师在线教学的反馈与评价意见，其他占3.1%（图7-14）。

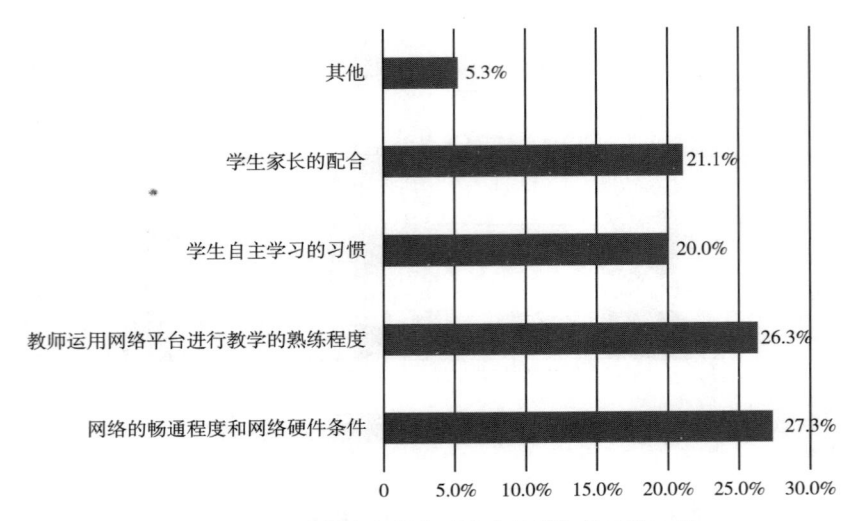

图7-13 影响菲律宾华文"线上教学"的因素占比

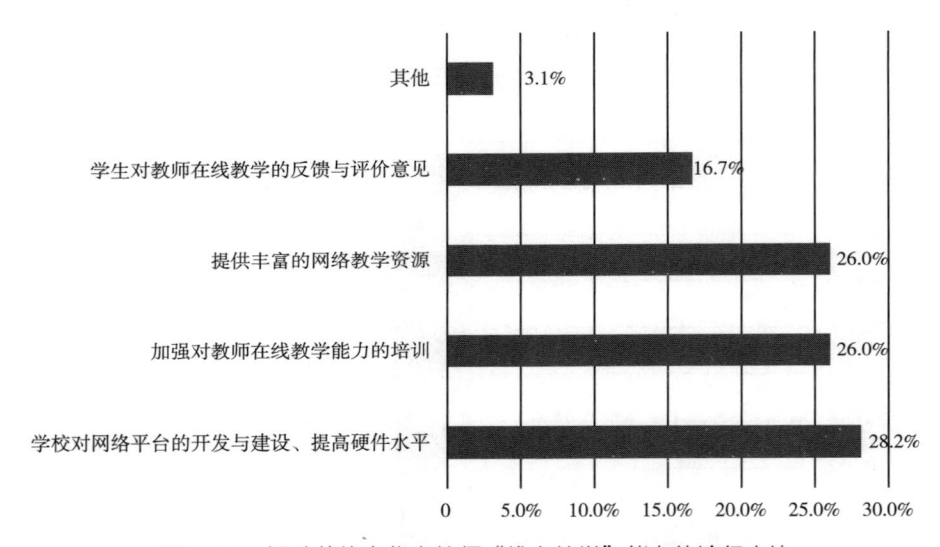

图7-14 提升菲律宾华文教师"线上教学"能力的途径占比

（二）菲律宾华校管理者调查问卷

1. 问卷设计与发放

设计菲律宾华校管理者调查问卷的目的在于了解参加此次培训班的华文管理者的真实反馈。问卷共有11个问题，包括个人基本情况、对线上培训班效果和培训内容的评价、应具备的能力、对线上教学的态度、提升线上教学效果的途径等。2020年11月组织问卷填写工作，请参加线上培训的60人填写问卷，收回46份有效问卷。

2. 问卷数据分析

（1）信效度分析。利用SPSS 26.0对该问卷的信度进行检验，克伦巴赫α系数为0.85，信度良好。效度检验采用极大似然法，KMO值为0.638，解释变异量为75.83%。学者Tabachnick与Fidell（2007年）提出基于最大似然法的因子负荷选取的指标准则，当解释变异量为40%以上时，因子负荷量应大于0.63，[1]题项变量状况为非常好，因此该量表的效度在可接受范围内。

（2）个人背景统计分析。在46份有效问卷中，填写问卷的女性占65.22%，男性占34.78%；就年龄来看，46~55岁的占比最高，为39.13%，22~35岁的占比最低，为6.52%（图7-15、图7-16）。

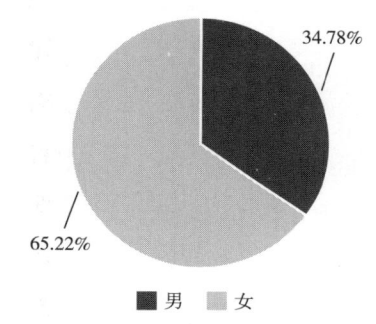

图7-15　菲律宾华校管理者男女占比

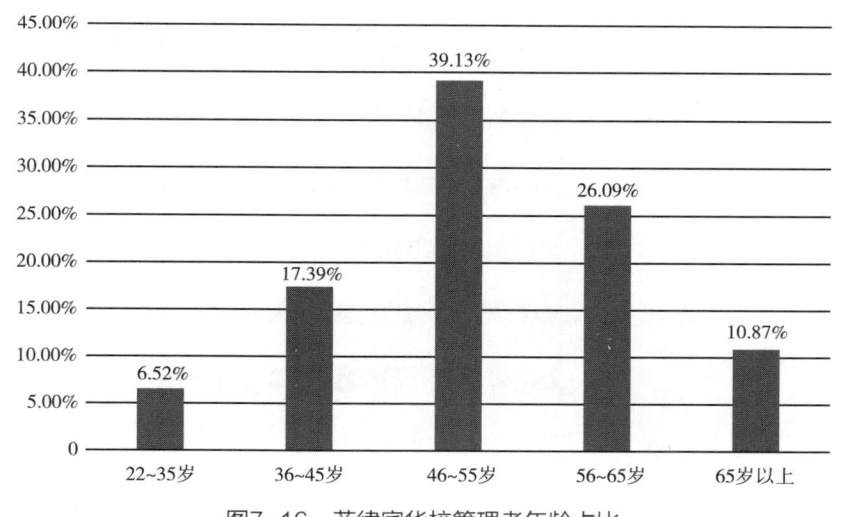

图7-16　菲律宾华校管理者年龄占比

在参与调查的管理者中，在中学担任管理者的占80.43%，在小学担任管理者的占13.05%，在幼儿园担任管理者的占6.52%（图7-17）。

---

[1] TABACHNICK BG, FIDELL LS. Using multivariate statistics[M]. 5th Ed. Needham Heights, MA: Allynand Bacon, 2007.

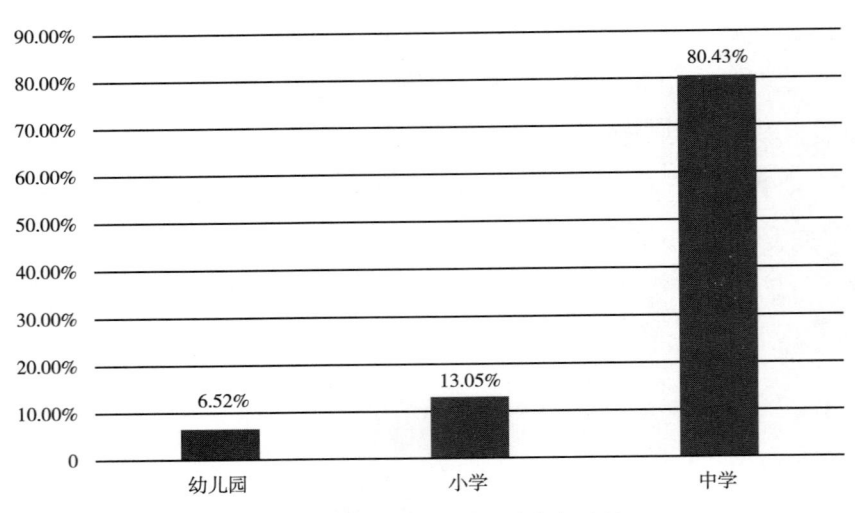

图7-17 菲律宾华校管理者年级占比

（3）教学管理工作应具备的能力分析。在教学管理工作方面，17.6%的管理者认为应具备运用网络技术开展工作的能力，其次是沟通协调能力和创新能力，均占16.6%；学习能力、行政管理能力和心理调适能力分别占16.2%、15.8%和15.8%（图7-18）。

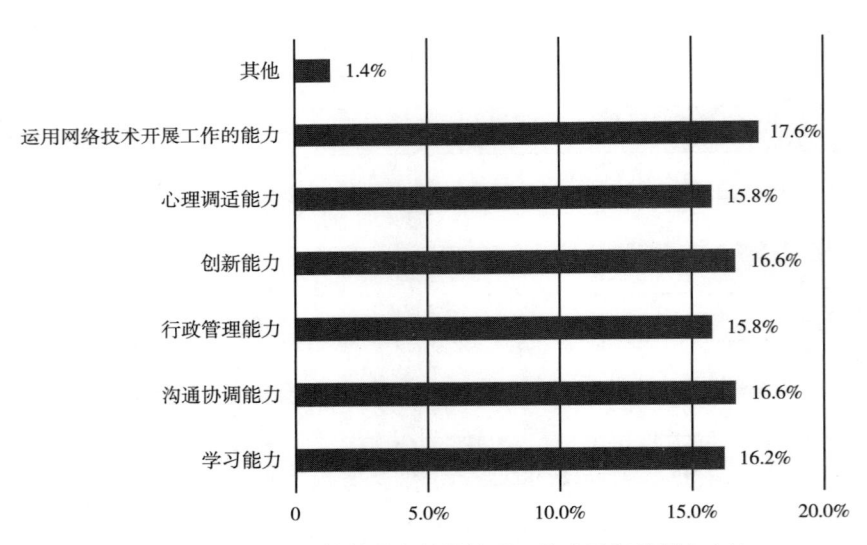

图7-18 菲律宾华校管理者教学管理工作应具备的能力占比

（4）对此次线上培训班的评价。84.79%的管理者认为参加线上培训是必要的，而2.17%的管理者认为培训是不必要的。93.48%认为培训课程总体安排合理，而2.17%的管理者认为培训的安排是不合理的（图7-19、图7-20）。

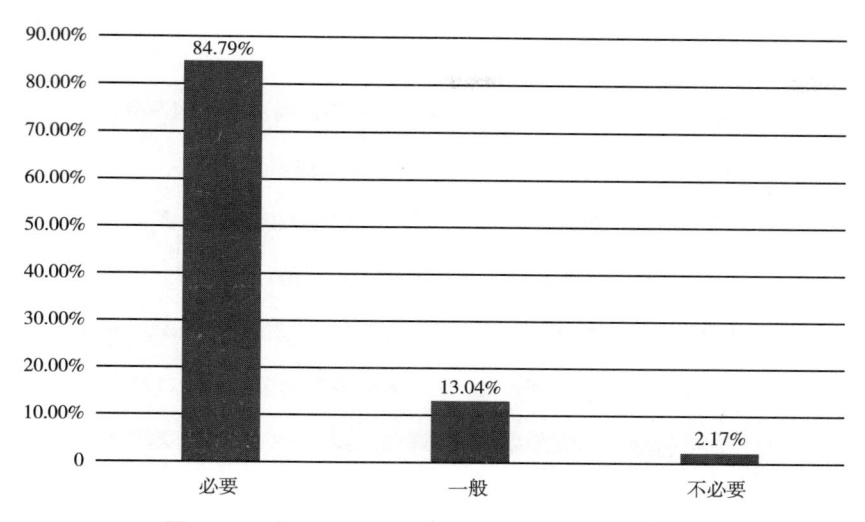

图7-19　菲律宾华校管理者认为培训的必要性占比

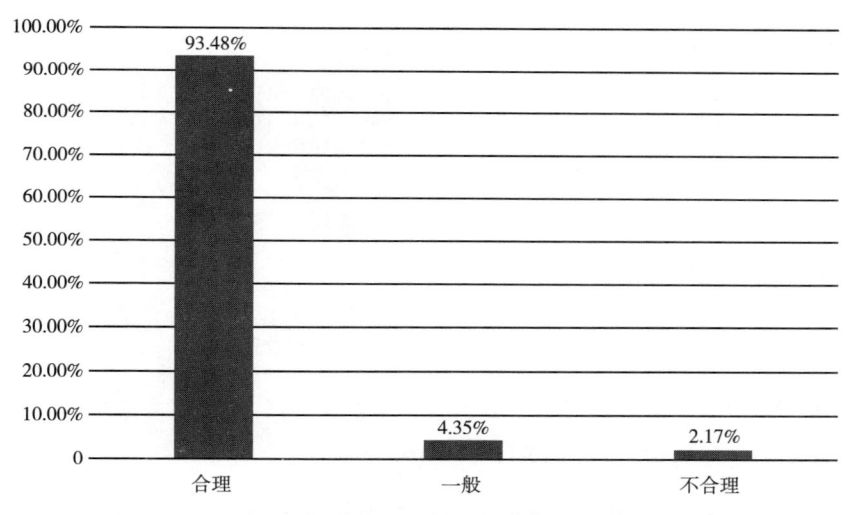

图7-20　菲律宾华校管理者认为培训课程安排的合理性占比

对于培训内容，15.90%的管理者认为首先要包含学校的发展与管理理论和现代教育技术，15.1%的管理者认为要包含管理人员的心理健康知识，14.7%的管理者认为要包含办学理念与办学特色，13.5%的管理人员认为要包括管理实务，12.2%的管理者认为要包括智慧校园建设，11.0%的管理人员认为要包括校园文化建设（图7-21）。

（5）对线上教学的态度。菲律宾华校管理者所在的学校，54.35%在之前没有采用过线上教学；对于开展线上教学的效果，71.74%的管理者认为是一般，认为很好或不好的占少数，分别为21.74%和6.52%。疫情过后，76.09%的管理者会采用线上线下结合的教学模式（图7-22~图7-24）。

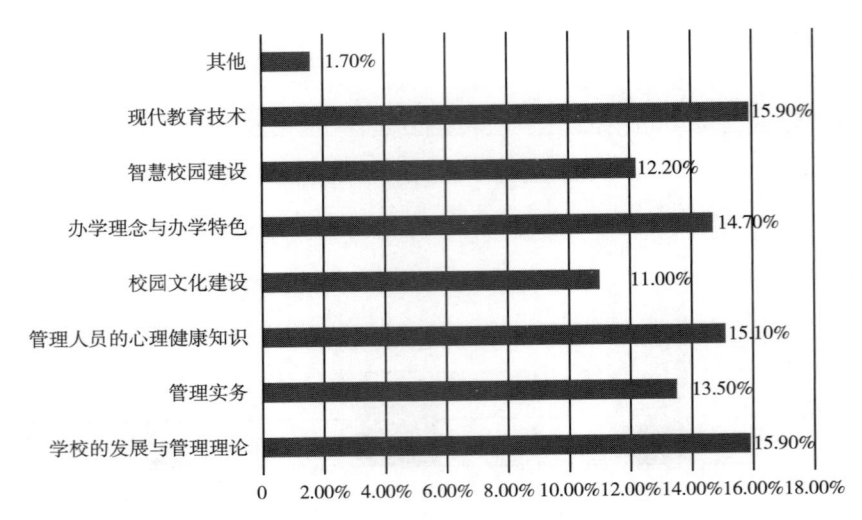

图7-21 菲律宾华校管理者认为培训的内容占比

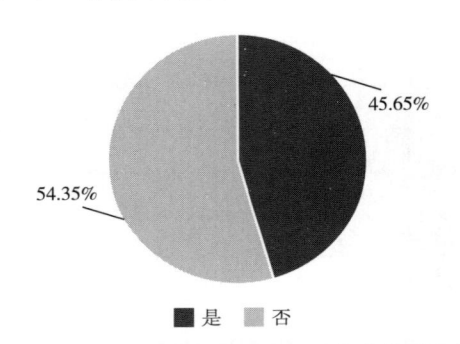

图7-22 菲律宾华校管理者采用线上教学占比

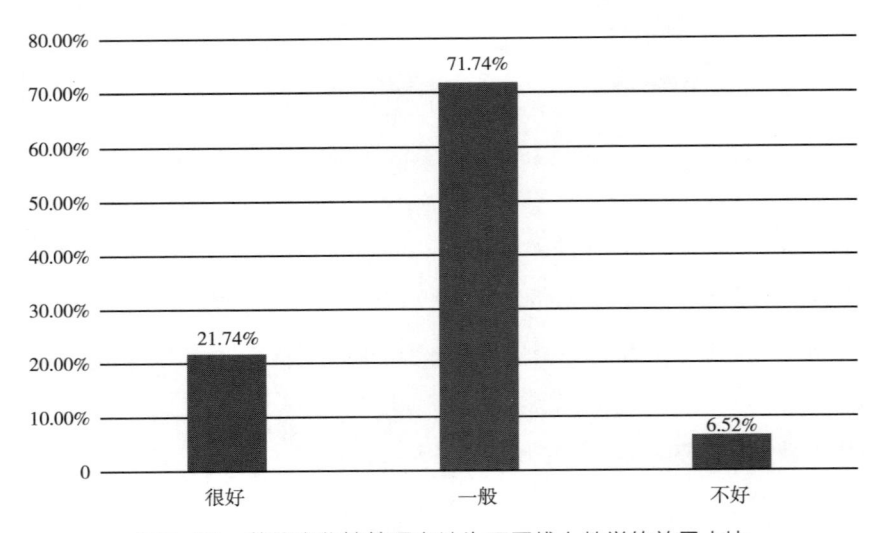

图7-23 菲律宾华校管理者认为开展线上教学的效果占比

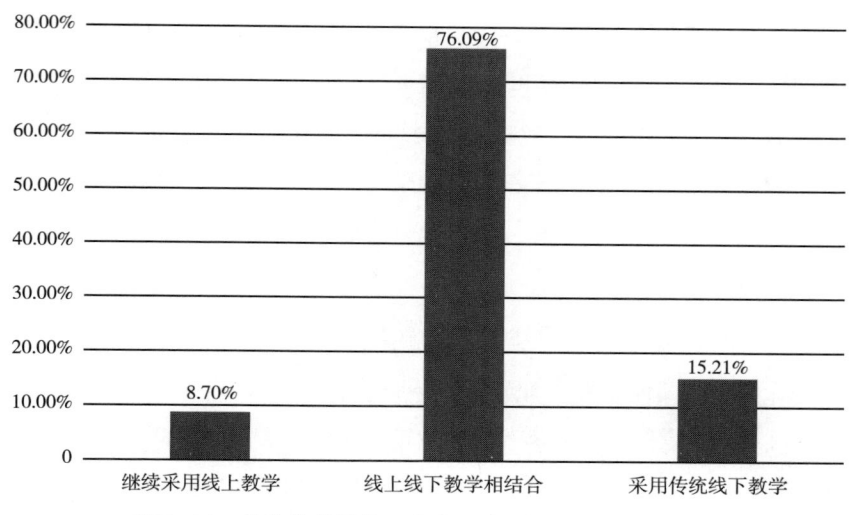

图7-24 菲律宾华校管理者之后会采用的教学方式占比

（6）提升线上教学效果的途径。17.9%的管理者认为引导学生家长配合是最主要的途径；其次是提供丰富的网络教学资源；最后是培养学生自主学习的习惯（图7-25）。

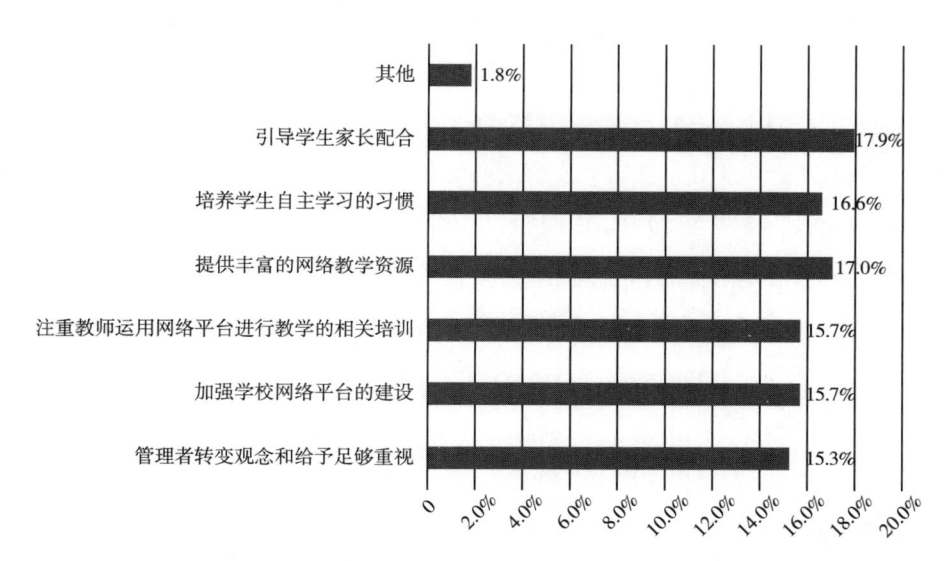

图7-25 菲律宾华校管理者提升教学效果途径的占比

（三）调查结论及启示

一是转变培训形式，对海外华文教师开展线上培训十分必要，同时要针对教师线上教学的特殊需求。在线上教学各因素中，教师成为教学质量的方向标和关键所在。从传统的课堂教学转变为线上教学，对整体专业性不强的海外本土华文教师队伍，是一个不小的挑战。根据以上两份问卷调查的结果分析,受训的华文教师和管理者均认为培训内容中的现代教育技术是重要的一项,包含网络工具和平台的使用、课件、网页制作等技能与知识;对于提升线上教学的效果,受训的华文教师认为除硬件外,教师运用网络平台进行教学的熟练程度是最关键的因素;受训的管理者认为注重教师运用网络平台进行教学的相关培训,是提升线上教学效果的主要途径之一。因此,在本土华文教师培训中,当务之急要聚焦主题,强化对华文教师的线上教学能力的培训。在培训内容设计时要突出线上教学技能的强化培训,同时细化到课件制作、网络平台使用、计算机辅助教学技能、网络教学资源使用等,兼顾汉语要素教学、汉语作为第二外语教学法、中华文化等基础课程,重点加入实用性强的线上教学示范课,活学活用,及时帮老师们适应线上教学的新要求。

二是要帮助老师树立线上教学的信心,多方协同加强华校信息化教学平台建设,提供汉语教学软件,从硬件条件方面为老师们开展线上教学提供有利的外部环境;同时要多举办分层分类的精细化培训,覆盖华文教师群体,帮助教师树立信心,熟练掌握线上教学技术,提高线上教学能力。帮助其能熟练利用信息化技术,积极开展线上教学,对面授教学模式起到补充作用,改变原有华文教学单一课堂模式,大胆采用慕课资源,借助VR实景、动漫等手段,丰富学生的学习体验。

三是要注重同步对华校管理者的强化培训,使他们具备应对教学新模式的能力,包含运用网络和现代教育技术开展工作的能力、协调沟通能力和创新能力,以及转变管理理念,重视学校网络平台硬件建设,注重教师现代教学技术和技能培训的软件建设。

四是要借助政府、华人社团和中资企业力量,帮助海外华文教育机构和华校加强网络信息化建设,协助网上教学平台建设,提供或赠送部分汉语教学软件,从硬件条件方面提升水平,为老师们开展线上教学提供好的网络硬件条件。

本章小结

本章以前面的理论层面和实践层面的研究为基础,按SWOT分析法的四个维度,一一列举了高校汉语国际推广外部发展环境的机遇与挑战,包括世界汉语热、国家重视和支持、儒家的价值观、高等教育关键转型期;外部威胁因素,包括"中国威胁论"、其他语种的挑战、华校和孔子学院的竞争;分析了高校汉语国际推广内部发展环境的优势,包括学科专业支撑、人才支撑、科研支撑和高校影响力支撑;内部发展环境的劣势,包括发展规划不足、学校整合力量不够、三教问题瓶颈。并由5位访谈对象对以上内外部因素进行评分和权重配比，按内外部因素分析评判结果，高校汉语国际推广处于优势机会象限，有很好的发展前景，具备较好的优势和机遇。本章对汉语国际推广面临的新形势进行了分析，并进行相关问卷调查。从理论层面和现实的内外部环境，进行了全面的考量，从而为高校汉语国际推广战略选择和战略实施提供有力依据。

第八章 我国高校汉语国际推广的战略选择

依照研究框架，笔者在前面章节的理论和实践两个层面研究的基础上，梳理高校汉语国际推广的历史发展与现状、英语和法语国际推广的经验和启示，全面了解高校汉语国际推广主要面向的周边国家的汉语教育概况和存在问题，从高校汉语国际推广中找到典型案例进行调研，借助SWOT工具深入分析内外部发展环境带来的机遇、威胁和优势、劣势，从而提炼出高校汉语国际推广的战略目标、战略区域和战略任务，以及提出战略实施具体措施，着重在本章呈现。

第一节 战略目标、战略区域和战略任务

别敦荣教授指出，制定高校战略规划要着力解决全局性问题、长远性问题和关键性问题，要有战略思维，包括宏观思维、整体思维、关键思维和前瞻思维。[1]因此，在设立高校汉语国际推广的战略目标、战略任务和战略区域时，也要体现全局性、长远性、关键性和前瞻性，基于前面的研究，同时紧密依托我国高校汉语国际推广的实践。

一、我国高校汉语国际推广的战略目标

设立高校汉语国际推广的战略目标，站位要高，要有宏观思维，置身于国家汉语国际推广的总体战略和全局来确立，符合和服务于国家战略发展需求，是首要的任务。其次，要把高校汉语国际推广作为整个国家语言文化推广事业的一个重要组成部分，用整体性的思维，认识部分和整体的关系，相互促进、相互依存。再者，要突出重点，把高校汉语国际推广的关键路径和重点工作纳入总体考量。最后，要体现前瞻性，有近期目标和长期目标，谋划长远和未来发展。

基于上述论述和研究，本文提出高校汉语国际推广的战略目标，分为近期目标和长期目标。近期目标是为国家语言和文化"走出去"战略服务，用好语言教学的载体，搭建阐释中华优秀文化的平台，从增进与各国教育界、文化界的交流入手，提升内涵打造孔子学院品牌，输送汉语国际推广复合型人才，多形式开展语言文化交流活动，为汉语国际推广提供强有力的智

---

[1] 别敦荣. 大学战略规划：理论与实践[M]. 青岛：中国海洋大学出版社，2019：48-55.

力支撑和教研保障，积极践行大学文化传承与创新的职能。

长期目标是利用高校汉语国际推广的积极实践，持续服务国家战略，服务国家语言文化外交，淡化汉语国际推广的政府色彩，营造良好的发展环境，在润物无声中塑造国家形象，在交流合作中提高汉语国际声望，在增进友谊中提升国家软实力，为国家发展和民族的伟大复兴发挥高校不可替代的作用。

二、我国高校汉语国际推广的战略区域

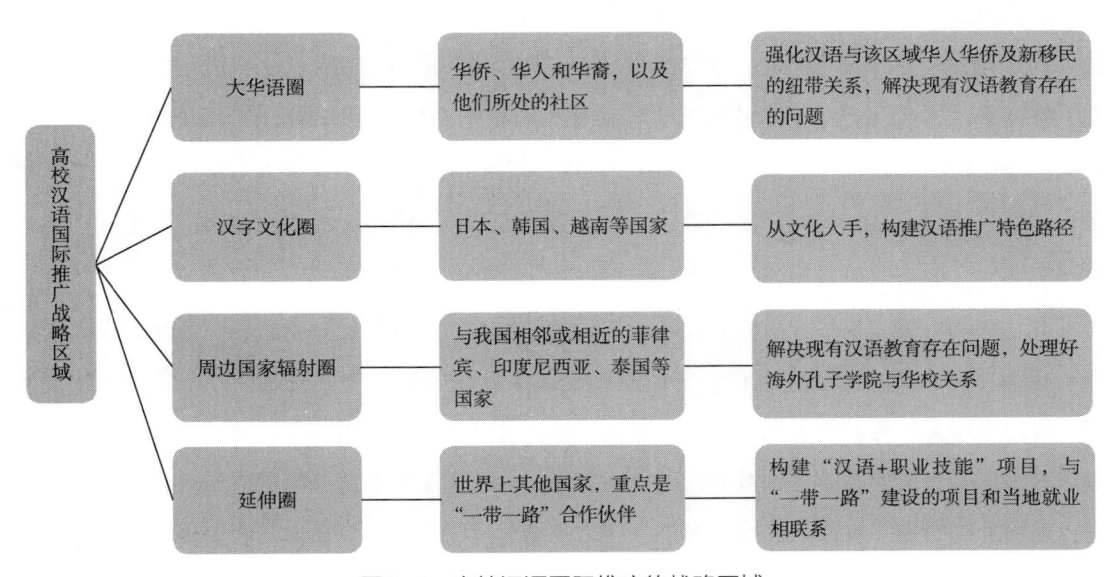

高校汉语国际推广的战略区域是根据笔者提出的汉语国际推广圈，按汉语使用和推广的情况和地理位置来划分的，即大华语圈、汉字文化圈、周边国家辐射圈和延伸圈。大华语圈是高校汉语国际推广的第一重点战略圈，学习、使用和传播华语的华侨、华人和华裔，以及他们所处的社区，是高校汉语国际推广的重要基础和根据地；汉字文化圈的日本、韩国、越南等国家，自古就受到中华文化的影响，在使用汉字的基础上创造了自己的文字，并承袭了中华文化的传统，是高校汉语国际推广的第二核心战略圈；与我国相邻或相近的菲律宾、印度尼西亚、泰国等国家，与中国在经济、政治、文化和人员往来密切，且华侨、华人分布较多的国家，周边国家辐射圈是高校汉语国际推广的第三核心战略圈；延伸圈是指世界上其他国家，重点是"一带一路"合作伙伴，这些国家的人民把汉语作为一门外语来学习和推广，因为与中国日益密切的经济贸易往来和分享中国发展的红利与机会，对汉语学习有迫切需求，对中华文化感兴趣，是高校汉语国际推广未来面向和服务的重点之一（图8-1）。

高校汉语国际推广战略区域		
大华语圈	华侨、华人和华裔，以及他们所处的社区	强化汉语与该区域华人华侨及新移民的纽带关系，解决现有汉语教育存在的问题
汉字文化圈	日本、韩国、越南等国家	从文化入手，构建汉语推广特色路径
周边国家辐射圈	与我国相邻或相近的菲律宾、印度尼西亚、泰国等国家	解决现有汉语教育存在问题，处理好海外孔子学院与华校关系
延伸圈	世界上其他国家，重点是"一带一路"合作伙伴	构建"汉语+职业技能"项目，与"一带一路"建设的项目和当地就业相联系

图8-1 高校汉语国际推广的战略区域

针对大华语圈、汉字文化圈、周边国家辐射圈和延伸圈不同区域的情况，高校应实施分层精准推广策略。高校应以大华语圈为第一重点战略圈，作为高校汉语国际推广的重要根据地，强化汉语与该区域华人华侨以及新移民的纽带关系，针对现有汉语教育存在问题，着力解决"三教"问题，加强汉语国际教育专业人才培养，采用适合的教学方法，研发通用型加本土化教材，支持海外华校建设，并为华校多方筹措资源。针对汉字文化圈，高校应从文化入手，借助孔子学院等平台，打造特色"汉语+"课程，构建在汉字文化圈国家的汉语推广特色路径。针对周边国家辐射圈，主要是与我国相邻或相近的周边国家，华侨华人分布较广，也是很重要的战略区域，采取的策略基本与大华语圈一致，但要处理好海外孔子学院与华校在海外的汉语教育和文化传承中的关系，发挥合力，共同发展。针对延伸圈，尤其是"一带一路"合作伙伴，要重点构建"汉语+职业技能"项目，有意识地与"一带一路"建设的项目和当地就业相联系，更好地满足学员的需求。

三、我国高校汉语国际推广的战略任务

高校汉语国际推广的战略任务是以战略目标为发展方向，重点面向战略区域，围绕孔子学院建设、培育汉语国际教育优秀师资队伍、完善保障体系、融入华文教育历史优势积淀、推行分层推广策略、创新推广形式等方面，制定具体战略实施措施，以达到打造孔子学院品牌、输送优秀人才、科学整合融合资源、精准分层推广的目的，从而推动高校汉语国际推广可持续发展，为国家战略服务。

高校汉语国际推广的战略任务具体有六个方面。在孔子学院建设方面，用好"汉语+"模式，因地制宜，不断拓展功能，并在日常运作中，严把质量关，精心设置课程，共享有益经验，坚持开放办学，把孔子学院打造成务实合作的支撑平台。在培育汉语国际教育师资方面，主要面向汉语国际教育专业学生、海外本土师资、海外中国留学生和华人等群体，加强培养储备和开展强化培训，从而构建汉语国际教育优秀师资队伍。在高校汉语国际推广基地和华文教育基地建设方面，要整合资源，注重特色发展、协调发展和科学发展。在发挥海外华文教育作用方面，要践行华文教育和汉语国际推广融合发展理念，帮助华校标准化和专业化建设，完善本土教师培训机制，构建本土化教材体系，开发丰富的中华文化体验项目，加强华文教育研究，发挥好华文教育的历史积淀优势。在制定推广策略方面，根据大华语圈、汉字文化圈、周边国家辐射圈和延伸圈不同区域的情况，高校要面向不同国家制定分层推广策略，实施精准服务，确保更好的推广效果。在推广模式方面，要充分借助现代信息技术，善于用好"互联网+"模式，助推高校汉语国际推广。

第二节
战略实施

要实现高校汉语国际推广战略目标，完成战略任务，离不开具体的战略实施举措。在前面研究基础上，笔者从孔子学院建设、汉语国际教育师资队伍、汉语国际推广保障体系、发挥华文教育优势、分层推广策略、推广模式六个方面，提出高校汉语国际推广战略实施的具体措施。

一、聚焦"汉语+"，建设孔子学院务实合作支撑平台

海外孔子学院是汉语国际推广的主要形式和重要平台，截至2019年全世界有541所孔子学院，国内高校参与合作设立的孔子学院占比达97%以上，可以说国内高校是孔子学院设立和发展的绝对主力。孔子学院要创新教学方法，加强师资队伍建设，健全质量评价体系，打造汉语教学权威平台；要开展丰富多彩文化活动，发挥汉学家的文化使者作用，培育人文交流综合平台；要实施"汉语+"项目，因地制宜开设技能、商务、中医等特色课程，建立务实合作支撑平台；要坚持开门办学，发挥双方办学优长，培养更多熟悉对方国家的优秀人才，构建国家友好交往平台，为深化中外友好、构建人类命运共同体作出贡献。

高校合作设立孔子学院至今已有十几年的积累，教学质量不断提升，但严把质量关，把教学质量作为第一生命线，仍是今后发展的永恒主题，要从不断提升师资水平、提供优质的语言学习项目和文化推广项目等方面着力和坚持不懈，用质量打造语言教学权威平台；要结合承办大学的文化优势和特色，开展更丰富多彩的文化活动，发挥孔子学院的文化功能，以文化搭建面向各层次汉语学习者的平台和载体，并积极发挥当地汉语学习者和研究者的作用，作为文化交流的使者和桥梁，搭建人文交流综合平台；要发挥合作设立孔子学院的国内高校和国外高校或机构的办学优势，发挥办学效益，增强教育功能和文化功能，培养更多掌握汉语、熟悉中华文化的各领域优秀人才，同时也是知华、友华的友谊使者，搭建友好交往平台。

海外孔子学院属于中国更属于世界，当我国逐渐加深与沿线国家之间的联系，当地人民对汉语的需求更加迫切，对于汉语不仅想掌握语言交往功能，更希望通过学习汉语与就业创业对接，当地社会也希望通过汉语教学，为当地社会经济发展培养一批掌握汉语的专门人才，更好地推动沿线国家建设，使我国与沿线国家在政治、经济、文化等方面构建命运共同体。因此，

积极转型，聚焦"汉语+"，打造中国与沿线国家的务实合作支撑平台，是今后孔院的发展方向和重要职能。汉语国际推广工作践行"汉语+"的理念，引领汉语国际传播事业向更深更广的方向发展。❶

高校在"汉语+"中，可以大有作为。一是保证教学质量。依托专业的汉语教学，做好语言教育主业，为学员打好汉语基础，让学员可以用汉语作为工具，为后续学习专业汉语、接续职业教育和提升学历铺路，为学员创造就业和提升个人综合素质的更多可能；二是精心设置课程。根据当地产业合作和用人需求，结合高校开设的专业，用"汉语+"专业技能培训课程，如汉语+计算机、汉语+电子商务、汉语+物流管理、汉语+国际商务、汉语+会计、汉语+中医、汉语+武术、汉语+中国传统音乐等课程，通过精心设置的课程，为经贸和文化交往搭建桥梁。三是推广有益经验。"汉语+"在孔子学院已经有一些成功的探索，如结合合作项目于2016年设立中泰高铁汉语班，培养了一批复合型人才，他们同时掌握汉语和铁路技术两方面特长，为合作项目提供本土化的人力资源和智力支持。这些有益的经验可以很好地推广和复制，助力"汉语+"更快、更好地取得成效。四是加快开放办学。根据当地就业市场对人才的需求，与当地社区、企业加强合作，尤其是当地中资企业，提供有针对性的"汉语+"培训，建立灵活的合作关系，多渠道筹措资金，增强造血功能，加大财力和人力的投入，构建较强的培训能力和建立标准化的培训体系。五是用好网络资源。把"汉语+"和"互联网+"紧密结合，在互联网高度发达和覆盖面越来越广的时代，要打破时空的限制，打造一批与当地社会经济紧密结合的实用网络课程，海外孔子学院共享，学员也可以跨院共用，发挥网络资源的最大效用，帮助学员灵活学习、自主学习，提升职业技能和竞争能力。

二、依托专业，培育汉语国际教育优秀师资队伍

从事汉语国际教育的教师是语言的教授者和优秀文化的阐释者，是"三教"问题中最关键的一环，是汉语国际推广事业的核心。在借助现代信息技术的同时，汉语国际推广事业离不开大批合格的汉语国际教育的教师。汉语国际教育师资主要来自国家外派教师、国际汉语教师中国志愿者、本土汉语师资、当地中国留学生和华人。高校是人才高地，在汉语国际教育师资队伍建设中肩负着不可推卸的责任。面对不同的教师群体，要采取不同的措施，确保师资队伍建设的数量、质量和成效，为汉语国际推广事业提供有力的人才支持。

一是加强汉语国际教育专业人才培养和储备，为汉语国际推广事业提供源源不断的生力

---

❶ 吴应辉，刘帅奇. 孔子学院发展中的"汉语+"和"+汉语"[J]. 孔子学院研究，2020（8）：22.

军。首先，高校在汉语国际教育专业建设中强化思想教育，要让学生对汉语国际推广具备更强的责任感和使命感，树立牢固专业思想，减少专业人才的流失；要加强岗前培训，帮助学生做好赴海外任教的知识储备、生活指导和心理辅导，有针对性地开展包含职业生涯规划、课堂教学能力、语言能力、文化传播能力、海外生活适应能力等课程，为学生海外任教打好坚实基础。其次，在人才培养计划和课程设置上，要根据海外汉语教育的新情况，有针对性地培养通晓汉语教育、具备跨文化交际能力和心理调适能力、掌握中华才艺和一定专业技能的复合人才。最后，要适时不断扩大人才培养和储备，保证输送稳定数量的专业人才到海外急需汉语教育的岗位，同时鼓励其他专业的学生通过选修汉语言文学课程，和参加相关培训，具备志愿者和外派教师的条件，加入汉语国际教育的队伍，缓解师资不足的问题。

二是面向海外本土师资加大培养和培训力度。培养本土师资是解决汉语国际教育师资不足的根本办法。首先，高校要进一步依托海外孔子学院和华校大力开展对现有本土师资的针对性较强的培训，对菲律宾、泰国等华文师资水平参差不齐、年龄偏大的本土师资，要从汉语语素教学、汉语教学法、汉语正音等方面的课程入手，强化汉语教学基本技能；对马来西亚和新加坡等汉语师资教学体系较完整的国家，就要从汉语教学拓展到文化、艺术等方面的课程，提升教师的综合素质；其次，要强化本土师资运用现代化信息技术进行教学的能力，多开设网络平台使用、网络资源运用等课程，普及现代教学技术，包含电子课件制作、网页设计、数据采集和整理等技能。最后，要利用现有政府资助师资培训项目或设立面向专门国家的师资学历提升项目，招收本土师资来中国进修和提升学历层次，也可多设立网络教学项目，开展远程教学，帮助本土师资克服时空限制，在当地得到学习机会，提升个人授课能力和专业素质。

三是对海外中国留学生和华人开展强化培训。在海外的中国留学生是汉语国际教育师资的有益补充，他们熟悉当地文化，精通汉语和当地语言，具有一定的优势；当地华人华侨具有一定的汉语水平，对中国语言文化有天然的联系和感情，也是汉语国际教育师资的一个来源。高校可以依托孔子学院和华校，有针对性地招收中国留学生和当地华人华侨，开设语言教学集训课程，在较短的时间内强化他们的语言教学技能、汉语基础知识和文化才艺，使他们符合岗位需求，较快地投入教学工作中。

三、整合资源，完善汉语国际推广保障支撑体系

高校是汉语国际推广事业的强大支援和坚实保障，高校承办和参与承办了全部19个基地，不同的基地承担不同的任务和职能，分别在发展战略研究和咨询、师资培训、教学研究、资源开发、教材研发、国别区域研究等方面为汉语国际推广提供了强大支撑。高校从2000年起，也

承担国侨办华文教育基地的建设任务，在50个基地中高校承办的有36家，开展针对海外华文教育情况的教材建设、理论研究、承办各类夏令营活动、输送汉语师资、培训本土师资等，让华文教育工作进一步体现出专业化，为海外华文教育有关工作的开展给予支持与保障。在基地中，有31所高校申办了海外孔子学院，其中又有5所高校同时还是汉办的汉语国际推广基地。在两类基地的建设中，高校发挥着极其重要的作用，为了更好地支撑汉语国际推广事业，应着重做好几方面的工作。

一是特色发展，高校要充分发挥办学优势、地域优势、文化优势，为基地建设搭建特色平台，并结合基地建设目标和责任，有针对性地开发特色项目，发挥独特的支撑作用，避免基地发展的同质化，更好地发挥不可替代性，为汉语国际推广提供强有力的支撑。

二是协调发展，汉语国际推广基地和华文教育基地具有相同的职能，都是为海外的汉语和中华优秀文化推广提供支撑，因为主管部门不同，存在一定工作的分野和界限，今后随着体制机制的改进，可以多种形式、依托多个平台、整合学校优势资源，同时发挥汉语国际推广和华文教育最大的效能，相互依托，相辅相成，形成你中有我、我中有你的格局。

三是科学发展，高校要通过科学的手段，跟踪全球孔子学院建设现状和发展需求，以及海外华文教育发展情况和面临的困难，掌握第一手资料，再整合高校的专业优势、师资力量、科研成果，为汉语国际推广工作和海外华文教育提供教学资源、师资培训、能力测评等科学精准服务。其次，要科学规划基地建设工作，制定符合汉语国际推广发展趋势的发展规划和实施方案，有计划、有目标、有成效地推动基地建设。

四、融合发展，发挥海外华文教育历史积淀优势

华文教育有着悠久的历史，中华人民共和国成立之前，主要以海外华社为主导，自发举办针对华侨的华侨教育和面向华人和华裔的民族语言和中华文化教育。尤其在东南亚的菲律宾、泰国、马来西亚、印度尼西亚等国家，中华人民共和国成立之后，作为祖籍国的中国政府在对海外华文教育的支持投入和顶层设计上发挥了积极作用。中华人民共和国成立到20世纪90年代，由我国政府实施了对归国华侨华人开展的华文教育，发挥重要作用；华文教育基金会于2004年设立，其设立的目的就是要让中华文化能广泛传播，加强中外文化交流；基金会采用由国侨办主管，政府投入，社会力量支持来共同推动华文教育事业的模式，为华文教育事业注入更强的生命力，加大了支持境内外开展华文教育活动的力度。国侨办长期以来秉承"为侨服务"的宗旨，大力支持和发展华文教育，推动建立广泛的与各国政府交流合作机制，为华文教育发展营造良好的社会环境；鼓励和引导海外侨社、华文教育组织及各界人士支持华教事业，

为华文教育夯实可持续发展的基础；完善国内华文教育资源统筹协调机制，充分利用国内资源为华文教育发展提供强有力的保障，全力支持华文学校和华教组织发展，进一步探索和完善对华文学校和华教组织的帮扶措施，遴选华文教育示范学校，确定扶持对象，设立华星书屋，不断增加外派教师人数。此外，在基础较好、规模较大、条件较成熟的华文教育重点国家，探索设立华文教育师范学院或华文教育服务中心，更好地为华文教育发展服务。

在中华人民共和国成立后的长期的发展历程中，暨南大学、华侨大学等高校是华文教育的生力军，也是华文教育基地的重要组成。因主管部门不同，华文教育和汉语国际推广事业存在着一定的分界线。但在世界汉语热的大潮里，我国政府在华文教育中的主导地位和顶层设计中的作用越来越凸显，高校承担的华文教育工作形式多样、积淀深厚、成效明显，华文教育已然是汉语国际推广重要的组成部分，在今后的发展中，高校应着力为华文教育打造"施教体系、教材体系、培训体系、帮扶体系、支撑体系、体验体系"，为海外华校的发展与转型升级提供指导，让华文教育在发展中能朝专业化、标准化和正规化迈进。具体而言，体现在以下几个方面。

一是助力华校标准化和专业化建设。海外华文教育近几年有长足的发展，但还存在不能满足新的形势发展的问题，加快华文学校标准化和专业化建设势在必行。高校在国侨办的指导下，要结合各个国家与地区的具体情况，为华校办学、教师从业水平测试、华裔青少年华文等级测试等研制和设定标准，为海外华校教学活动拟定大纲、编写教材大纲。高校今后应加大力度，通过标准化和专业化建设，着力帮助海外华文学校成为海外中华语言文化基础教育的首选平台。

二是完善本土教师培训机制。为逐步解决海外华文教师数量不足、专业素养不够、断层严重等问题，依托《华文教师证书》制度，高校要建立起"培训—考核—认证"三位一体华文师资培养模式，全方位、多渠道、多专题、系统化培训海外华文教师，为华文教育输送合格的教学人才。并争取到华文教育重点国家设立教学点或者培训中心，就地培训更多的华文教师。

三是构建本土化教材体系。教材是华文教育的基础，也是中华文化传播的重要载体。目前基本建成了涵盖幼儿园到高中阶段的通用型中文主干教材体系，基本做到了满足海外华校需求。高校在今后要针对不同国家和地区的个性化需求，尤其是周边国家和华文教育重点国家，重点开发具有针对性的国别化教材，建立通用型华文教材和本土化教材相互补充、相得益彰的华文教育教材体系。

四是丰富中华文化体验体系。高校承办"中国寻根之旅"夏令营活动，组织中华文化大赛等大型活动已成为华文教育的重要品牌，产生了广泛的影响力。高校应努力提升这些品牌活动内涵及其功能和成效，争取把中华文化送到华裔青少年的家门口、校门口，让更多的华裔和其他族裔青少年受益，培育他们对中华文化的感知与热爱；通过建设"互联网+"型的华文学校或中华文化学校，研发华文教育与中华文化传播资源，利用新媒体创新中华语言教育与文化传播形式，帮助海外华裔青少年学习、了解和体验优秀的中华语言文化。

五是华文教育和汉语国际推广双管齐下。随着海外华人华裔融入当地主流社会，国侨办着力推动的华文教育和国家汉办牵头的汉语国际推广活动因为对象的重叠，采用相同的或相似的活动形式和内容，形成你中有我、我中有你的格局。高校要不断拓展相关功能，统筹整合资源，充分利用专业学科、教学科研和人才培养优势，打破因主管部门不同而形成的无形壁垒，在华文教育和汉语国际推广的具体工作中发挥更好的作用。

六是加强华文教育研究。厦门大学、暨南大学、华侨大学等高校要针对教师、教材和教法这"三教"问题，围绕培养所在国本土华文师资、编写国别化和精品化的华文教材、形成本土化的教学法等方面进行研究；要继续对世界范围内的汉语教学，尤其是华人华侨社会的华文教育的基本情况做深入调查和了解，为制定适合海外华文教育发展的策略提供咨询和依据；要加强在文化传播的途径，文化传播的理念，文化传播的技术、路线，以及文化传播的方式等方面的研究。

五、精准服务，实行面向不同国家分层推广策略

高校是汉语国际推广的主力军，在合作共建海外孔子学院、承办汉语国际推广基地和华文教育基地、选送志愿者和外派教师，以及开展汉语国际推广的各类活动中取得丰硕成果，但也存在针对性不强、特色不明显的问题。在汉语国际推广过程中，高校针对汉语在不同国家的推广情况制定相应的推广策略，同时发挥学校特色优势，构建汉语国际推广特色路径。

一是针对大华语圈，这是高校汉语国际推广的第一重点战略圈，是高校汉语国际推广的重要根据地。汉语是华人华侨以及新移民与祖籍国的纽带，在大华语圈中，东南亚国家的汉语教育主要是以华文教育的形式，随下南洋的华侨南下，经历百年历史，有好的传统，并从华侨教育转变到华文教育，从母语教育转变到第二语言教育，经费依靠华社民间投入多，政府投入少，师资老化匮乏，素质参差不齐，通用性教材多，有针对性的本土化教材较少，缺少使用汉语的语言环境；欧美、澳大利亚等新移民较多的地区与国家，自发开设的周末学校、华文学校，存在建立教学标准和规范的问题；新加坡是以华人为主的国家，但课堂用语是英语，公共场合和日常生活也是英语交流，汉语学习与使用缺少语言环境。首先，高校要着力解决"三教"问题。在教师方面，应加强汉语国际教育专业人才培养，针对华侨华人及新移民的特点，培养通晓华文教育、掌握中华才艺和具有文化传承使命感的复合人才，要不断扩大人才培养和储备，输送稳定数量的专业人才到东南亚华校，同时加强宣传引导，鼓励具有专业技能的学生选修汉语言文学课程，拓宽志愿者和外派教师来源，争取选送更多合格教师到急需的华校，缓

解师资匮乏问题；在教法方面，出生和成长在国外的年轻一代华人，汉语相当于第二语言，或介于母语和第二语言之间，要采用适合的教学方法；在形式和方法方面，借助网络平台、虚拟仿真等技术力量，吸引更多的年轻人走进汉语和中国文化，增强归属感；在教材方面，高校要多研发通用型加本土化教材，依托高校科研力量，在注重语言文化传承的同时，针对不同国情，编写与当地风俗文化和日常生活紧密相关的教材和教辅材料，增强教材的实用性、趣味性和科学性。其次，支持海外华校建设"标准化、正规化、专业化"。由华人华侨和新移民建立的海外华校近两万所，是汉语在基础教育领域推广和传承文化的重要场所和平台，在办学历史、办学定位、师资力量、教学手段、教材使用、服务人群等方面存在不同和差异，教学效果和作用也存在差异，高校要充分利用自身人才培养和教学科研方面的优势，帮助华校提质增效，加强"三化"建设。再次，营造良好的语言环境，在课堂教学中坚持用普通话作为课堂语言，鼓励华人学生和家长在家庭中使用普通话作为日常用语，协助当地华社多举办结合传统节日的语言文化推广活动，倡议当地政府在华人聚居的地区，用汉语作为公共场合的指示牌用语之一。最后，为华校多方筹措资源，要利用高校连接政府和企业，发挥产学研一体化功能和广泛的校友资源，为华校争取硬件条件的改善，以及提供智力支持，帮助打造校园文化和友好的汉语学习环境。

二是针对日本、韩国等汉字文化圈国家。这些国家自古就受到中华文化的影响，一定程度上承袭了中华文化的传统，是高校汉语国际推广的第二核心战略圈。高校应首先从文化入手，日本有17所孔子学院，韩国有28所孔子学院，要通过孔子学院的平台，用汉语+书法、汉语+茶艺、汉语+传统音乐、汉语+武术、汉语+围棋、汉语+中医、汉语+留学服务、汉语+文化游学等带有鲜明文化元素的课程，吸引学生，打造特色汉语+课程，构建在汉字文化圈国家的汉语推广特色路径，打造特色孔子学院；其次，要讲好中国故事，把体现当代中国飞跃发展的教材和材料应用到教学中，让学生了解历史文化的同时，也了解当代中国的变化和成就；最后，大力培养和建设面向日韩等汉字文化圈的师资，不仅要掌握教授汉语的专业知识，还要强化掌握中华文化才艺技能，在教授汉语的同时，能通过中华才艺的展示和教学来吸引学生，培养学生对学习汉语的热爱和内生动力，改变这些国家语言教育应试氛围较重的现状。

三是针对周边国家辐射圈，与我国相邻或相近的菲律宾、印度尼西亚、泰国等国家，这些国家与中国在经济、政治、文化和人员往来密切，对汉语的需求旺盛，是高校汉语国际推广的第三核心战略圈。这些国家华侨华人分布较多，汉语教育基本以华文教育为主力军，因此遇到的问题和针对性的措施与大华语圈基本一致，不再赘述。但要着重提出的是，这些国家的华文教育由华社自发产生，有很好的基础。随着汉语热的升温，当前泰国的孔子学院与课堂共计27个，菲律宾设立了5个孔子学院，印度尼西亚有7个。海外孔子学院与华校都在海外的汉语教育和文化传承中发挥着重要的作用，但存在相互竞争和消减的个别现象，要不断融合这两个方面的力量，科学统筹整合，减少不必要的竞争，发挥出最大的效应，高校身在其中，要发挥桥梁作用并做好积极的践行者，支持孔子学院和海外华校协调发展。

四是针对"一带一路"合作伙伴，这些国家的人民在"一带一路"建设中体会到了互联互通、共建共享带来的好处，对汉语和中华文化有一定的需求，希望通过学习汉语，更好地参与到与中国的经贸往来和"一带一路"的建设。首先，高校要加强开展"汉语+"项目，在教授汉语的同时，帮助学员学习和掌握职业技能和专业知识，有意识地与当地就业和创业相联系，与"一带一路"落地项目相联系，让学员通过学习汉语和相关专业技能来增强获得感和幸福感。其次，要加大专门师资的培养力度，可在汉语国际教育专业学生的培养计划中加入与"一带一路"建设相关的课程，如物流、国际金融、电子信息等方面课程，或鼓励学生选修跨专业课程，也可从其他相关专业选拔优秀学生，选修汉语言文学和汉语国际教育课程，或进行汉语知识强化培训，多渠道培养和选送专业师资，满足"一带一路"合作伙伴汉语教学的需求。最后，统筹整合当地孔子学院和合作高校资源，跨院为合作伙伴的学员提供多样化的课程，依托国内合作高校，为孔院提供各类文化才艺课程、文化交流活动，充分发挥孔院教学和文化功能。

六、实践创新，运用"互联网+"助推汉语国际推广

当今社会信息技术高度发达，互联网连通海量信息，方便了生活，也改变了世界，人们越来越离不开网络，也离不开手机、电脑这些电子载体。2019年9月，国际中文教育大会于长沙召开，会上强调要增强国际中文教育的可接受性与现代化，必须更好地发挥教育信息化的强大力量。在这种形势下，就要充分发挥信息技术的优势，把信息技术运用到汉语国际推广，不断创新"互联网+"的推广模式与手段，高校是信息技术高地，培养专门人才和从事相关科研，为实现"互联网+"推动汉语国际推广飞速高质量发展作出贡献。

一是汉语教学要充分借助现代信息技术。首先，高校在海外孔子学院汉语教学过程中、在本土师资培训中，以及在与汉语国际推广相关的语言教学中，要用现代信息技术拓展课堂的深度和信息量的广度，运用"互联网+"教学，从空间上和时间上尽可能创造灵活的学习汉语的机会。其次，利用先进的网络技术和现代信息手段，建设一大批汉语国际教育的在线课程，建设符合海外学习者需求的慕课平台，为学习者提供大量开放性、共享性和实用性的课程资源，为汉语教学提供有力的教辅。最后，要加强对教师常态化的培训，网络技术和信息资源更新换代迅速，要常态化地开展培训，使教师们掌握运用网络进行教学的技能，以及熟练运用网络资源完善和丰富教学的能力。

二是在优秀文化传播中用好现代信息技术。高校本身具有文化传承与创新的使命，在"请进来"和"走出去"的文化传扬中发挥重要的作用。首先，应该不断丰富文化的展现形式和体验方式，利用现代信息技术和传播手段，使文化以视听兼具、图文并茂的形式在媒体、网络传播，采用互动友好界面、VR实景体验、手机小游戏等形式，拉近与学习者的距离，讲好中国故事，加深中国优秀文化的感召力。其次，高校自身具有的文化积淀和特色文化项目，也要通过"互联网+"高校的形式传送给学习者，在学习的过程中提高高校的文化影响力和美誉度。

三是在孔子学院建设中搭建孔子学院网络联盟。孔子学院是汉语国际推广最主要的形式，540多所孔子学院和1000多个孔子课堂遍布世界各地，实现跨越空间的实体联盟是不可能的，但要在现代信息技术和互联网的支撑下，搭建一个网络孔子学院的联盟，一个汉语学习的大网络。首先，要实现共享性。高校要把孔子学院的优质特色课程以直播或录播的形式及时在网络上共享，让学习者可以及时便捷地选修不同孔子学院的课程；同时实现网络教学资源的共享，尤其是每所孔院特色教材和教辅资源，便于学习者在课堂学习过程中和自主学习中获取额外的辅助。其次，要体现开放性。孔子学院网络联盟向全世界的汉语学习者和汉语爱好者开放，在网络平台上设计便捷友好、多语种的界面，快捷的注册和进入方式，简易的功能操作，明了的使用指南，形式多样的学习内容和丰富的学习资源，最大程度地满足不同层次的学习者和爱好者的需求。

第三节
福建高校汉语国际推广工作的实现路径

福建省作为对外开放较早并与东南亚国家联系较多、开展汉语国际推广较早的省份，在汉语国际推广方面已经取得不少成绩，但是福建省高校要进一步提高汉语国际推广的水平，还需要着力考虑以下几个方面的问题。

一、坚定文化自信，助力"十四五"汉语国际推广工作

福建是21世纪海上丝绸之路核心区、著名侨乡，拥有着独特的海洋文化、茶文化、戏曲文

化、闽南文化等优秀传统文化，具有面向海上丝绸之路沿线合作伙伴开展汉语国际推广得天独厚的地域和文化优势。首先，在"十四五"期间高校应主动对接国家战略，自觉践行传承中华文化和国际交流合作的使命，充分发挥地域和文化优势，把汉语国际推广工作纳入学校总体规划，做好谋划和布局，制定具体实施办法，打开汉语国际推广工作新局面，更好地服务国家提升文化软实力的战略。如厦门大学在"十二五"规划和"十三五"发展规划实施期间，汉语国际推广得到很好的延续和提升，建设汉语国际推广南方基地、孔子学院院长学院和示范孔子学院，服务对外开放战略。"十四五"期间应积极应对孔子学院管理体制和组织的变革，明确发展方向，积极拓展孔子学院职能和合作空间，发挥示范孔子学院辐射和带动作用，促进孔子学院的健康发展，也给省内高校汉语国际推广树立典范和发挥带头示范作用。其次，在汉语国际推广中找准语言与传统文化的最佳结合方式，发挥语言教学和文化传承的功效，全面提升汉语国际推广内涵。例如，泉州师范学院将闽南文化引入语言课堂，以闽南历史、歌谣、美食、族谱等作为切入点，寻找语言和文化的契合，为华裔学生呈现带着乡土和乡情的语言课堂；武夷学院将朱子研究和茶文化融入语言教学，并通过丰富的游学活动，实地体验文化的魅力，通过文化丰富学习语言的体验。最后，应重点关注特定区域的语言文化需求，重点服务周边国家汉语教育，进一步加强国别化研究、汉语教学和中华文化传播，推进汉语国际推广在这些国家开花结果，取得明显成效。从"推广""传播"到"交流""合作""服务"，提供全方位、有特色的支持与服务。

二、筑牢文化之基，打造汉语国际教育优秀师资

汉语国际教育师资是汉语国际推广的关键因素。高校在专业人才培养方面，应做好汉语国际教育与优秀传统文化学习的融合，设置中华优秀文化和才艺等相关课程，并针对重点面向国家，开设比较文化课程和跨文化交际课程。在实践实习方面，充分发挥高校文化实践基地的作用，设置具有丰富文化元素的实践环节和体验课程，通过亲身感受和实地考察，在了解传统文化的过程中潜移默化地提高汉语水平，涵养了掌握文化传播技能、有较高跨文化交际水平、能完成汉语国际推广任务的优秀人才。此外，还可以为海外华文教师搭建优质学习平台，提供丰富学习资源，包括网络学习资源包、中华优秀文化展示和体验平台、汉语学习APP等，利用现代信息技术的便捷和高速传播，为海外华文教师提高文化素养和进行终身学习提供有力支持。要发挥高校线上教学优势，与相关部门和机构合作，开展海外华文师资线上培训项目，提供贴合实际需求的现代教育技术、语言教学、文化教学等课程，帮助海外华文教师强化线上教学能力，提高专业水平。同时，让掌握线上教学技能的本土华文教师能够适应线上加线下的教学模

式变革，充分利用线上教学资源，使线下课堂教学更加丰富和有趣，有利于提高学生的学习热情，让汉语教学达到更好的效果。从而也切实提高本土华文教师的专业性水平，助其成为海外华文教学的中坚力量。

三、发挥文化优势，构建"汉语+文化"完善体系

语言与文化的发展密不可分，语言是文化的载体，文化的发展影响语言。高校在汉语国际推广工作中，要在语言教学中充分挖掘优秀传统文化的作用，让语言教学与文化传承相得益彰，构建"汉语+文化"完善体系。一是要充分凸显八闽优秀文化，利用不同地方文化的差异，打造文化特色品牌，把闽南文化、茶文化、朱子地方、海洋文化等优秀文化引入校园，引入课堂，引入文化体验活动，丰富留学生和华裔学生的文化体验和语言文化学习课程。二是要线上线下相结合，课内课外相结合，校园校外相结合，设置丰富的文化实践项目，并组织留学生和华裔学生积极参与当地对外交流活动，让留学生和华裔学生在了解市情、省情和国情的同时，用亲身感受作为代言，做文化交流和友谊的使者。也为海外华社和沿线国家培养更多既有深厚的中华语言文化素养，又有高水平专业能力的优秀人才。三是要着力建设丰富的优秀传统文化资源库，丰富图书资料馆藏和电子书籍，提供便捷的数字音像资源，并利用多媒体技术丰富多元文化体验，为语言文化教学提供教辅支撑。四是充分发挥孔子学院的文化功能。福建高校合作设立孔子学院至今已有十几年的积累，要进一步结合福建的地域优势和区域文化优势，坚持以文化为引领，以形式丰富多彩的语言文化推广活动，以文化搭建面向各层次汉语学习者的平台和载体，搭建人文交流综合平台。

四、助力文化推广，优化"互联网+汉语"传播模式

"互联网+汉语"是海外汉语教育新模式，也是目前重要的常规模式。高校要善于运用"互联网+汉语"，借助现代化信息技术手段，融合线上线下各种教学形式的优势，形成整体优势和整体效应。一是利用现代信息技术和传播手段，不断丰富文化的展现形式和体验方式，使文化以视听兼具、图文并茂的形式拉近与学习者的距离，讲好中国故事，加深中国优秀文化的感召力。如泉州师范学院利用数字化技术和虚拟仿真技术，把文化遗产重现在屏幕上，让学生体验身临其境的感觉，增加趣味性和互动性，以新颖的形式讲好泉州故事。二是突破传统教学的时空限制，实现网络同步联动，网络资源共享，为汉语学习者提供更高效、更便捷的学习方式，提供更丰富多彩的学习体验；同时让更多的海外汉语教师得到更专业、更优质的线上培训，提

高线上教学技能和语言文化教学实践能力。三是服务于"停课不停教，停课不停学"，强化教师线上教学能力，运用网络媒体资源的能力，为线上教学提供资源及技术支撑，保证线上教学和学习效果。四是高校自身具有的文化积淀和特色文化项目，也要通过"互联网+高校"的形式传送给学习者，如在高校举办的各类线上培训中，加入高校宣传视频、VR实景地图和各种与高校文化相关的景观，进行实景教学，在学习的过程中提高高校的文化影响力和美誉度。

五、维系文化纽带，重点服务周边国家华文教育

闽籍华人华侨大部分居住在周边的菲律宾、泰国、印度尼西亚、马来西亚等国家，对汉语和中国优秀文化有着天然的需求，并对乡土有着深厚的桑梓情怀。福建高校有责任也有义务重点面向周边国家的华人华侨，承担语言教学和文化传承的使命，维系文化纽带，回馈闽籍华人华侨。首先，高校要着力解决"三教"问题。其次，支持海外华校建设"标准化、正规化、专业化"。最后，为华校多方筹措资源，要利用高校连接政府和企业，发挥产学研一体化功能和广泛的校友资源，为华校争取硬件条件的改善，以及提供智力支持，帮助打造校园文化和友好的汉语学习环境。此点在上文"精准服务，实行面向不同国家分层推广策略"中已有详述，不再赘述。

第四节 新时代开创我国高校汉语国际推广新局面

高校是汉语国际推广的主要践行者，面对新时代的挑战，高校应该积极转型，从在线教学、拓展"汉语+"、面向特定区域的合作和来华留学等方面，用更主动的作为实现汉语国际推广的战略目标。

一、把在线教学转化为新常态

一是在政策制度方面，学校和相关部门应继续鼓励教师提高在线教学能力，采用线上+线

下混合模式，提高教学质量、教学覆盖面和增加知识容量。二是在技术方面，加大网络技术运用和各类平台建设，建设智慧教室和智慧课堂，提高网络后勤保障，为老师们提供更好的技术服务，增强使用网络在线教学技术的信心和能力。三是在教师本身，教师是教学的主体，要在思想上转变到位，认识到线上+线下混合模式是今后的新常态，也是汉语国际推广一种可持续发展的模式，应积极以内在发展需求为动力，不断提高自己的学习能力，掌握线上教学技能，从容地面对新的形势。四是高校层面，要积极探索线上开展汉语国际推广相关工作的新模式，如泉州师范学院成为福建省委统战部遴选的第一家高校，面向菲律宾、马来西亚等国家开展华文师资和华校管理者培训班，培训一百多所华校的近千名华文教师；华侨大学也借助网络平台开展"中华才艺云体验课堂"，举办第十五期外国政府官员中文学习班，为来自7个国家的107名政府官员教授汉语。

二、充分挖掘"汉语+"的多层面教育服务功能

结合不同的国情和交流合作情况，充分挖掘汉语+的教育服务功能，为新时代的汉语国际推广铺路，使汉语实实在在地服务学习者的需求。一是推行汉语+职业教育，在学习汉语的同时，结合职业教育，培养"一带一路"建设和当地所需的各行各业职业技能人才，尤其是航空港口、铁路、物流、信息、翻译和法律等相关掌握职业技能的人才；二是汉语+专业，指的是由中外高校或企业联合培养，在某一领域具有较高专业素养的语言人才；三是汉语+合作项目，根据"一带一路"建设和新时代国际合作的需求，所设立的重要合作项目和平台，需要熟练掌握汉语、熟悉国际合作项目和熟知国际合作法则的专门人才，需要定向、专门培养。

三、面向特定合作区域加大汉语国际推广力度

新时代，汉语国际推广面临新的国际形势，势必向重点服务区域做出调整。汉字文化圈国家日本、韩国等与我国文化相通，与中国往来频繁；周边华人分布较多的东南亚国家菲律宾、泰国、马来西亚等东盟国家，需要中国的支持和经济贸易往来拉动经济；"一带一路"沿线其他合作伙伴，与中国共同构建互联互通的经济文化合作，这些都需要汉语铺路。与此同时，西方部分国家奉行单边主义，刻意树立意识形态敌对阵营，未来一段时间与中国的交流合作将放缓甚至停止。因此，在新时代，高校也要在原有汉语国际推广基础上，调整服务面向，重点针对东亚、东南亚国家和部分"一带一路"合作伙伴的汉语学习需求，加大推广力度，制定更针

对性、更多层次、更精细化的汉语推广措施，充分利用"汉语+"并结合中国的宝贵经验，发挥汉语的教育服务作用和中国的软实力不断提升的优势，抓住有利时机，推进汉语国际推广在特定合作区域扎根开花。

四、多措并举推动来华留学教育夯实内涵提质增效

在新时代背景下，我国将打造"一带一路"教育行动升级版。2020年6月，包括教育部在内的八个部委为了提升教育对外开放水平，正式印发了《教育部等八部门关于加快和扩大新时代教育对外开放的意见》，坚持内外统筹、提质增效、主动引领、有序开放，对新时代教育对外开放进行了重点部署。❶其中，指出要打造"留学中国"品牌，提高来华留学教育的质量和管理水平。据教育部数据，2018年来华留学生有49.22万，来自196个国家和地区；2019年来华留学生44万，留学生生源国家和地区总数为205个；2023年来华留学生51.6万，来自214个国家和地区，创历史新高。可以预见在今后一段时间，来华留学将更具有吸引力，中国将成为留学高地，尤其是"一带一路"合作伙伴的学生将会更多地选择中国作为留学国家。面对这一新情况，高校应该多措并举推动来华留学教育提质增效，实现内涵式发展，打造来华留学教育品牌。具体来说，有以下两个方面。

一是在来华留学教育中强化汉语教学。汉语是来华留学必须掌握的语言，也是汉语国际推广的主要途径之一，但部分高校为吸引留学生、节约留学时间和与国际接轨，直接为留学生提供全英语专业课程教学，导致留学生在接受完整全英语专业教育之后汉语还停留在较低听说水平，甚至基本不会书写汉字。这种情况十分不利于汉语的推广，从语言文化的相互关系来说，也很难培养出了解中华文化、知华友华的留学生。因此，在来华留学教育中要进一步强调汉语水平作为入学基本条件，并强调汉语作为教学用语的重要性；在高校提供的预科课程中加大汉语教学比重，使留学生具备用汉语进行学习的能力；在高校提供的专业教学计划中，适度加入汉语强化课程和文化课程，提高学生汉语学习和研究能力，以深入了解中国优秀文化和当代发展为途径，培养真正知华友华的留学生。

二是不断提高来华留学教育的质量和管理服务水平。首先要严把质量关，开发来华留学系列金课，杜绝水课，并建立严格评估标准，跟踪和提高教学质量；精心设计专业教学计划和语言文化课程，并在课程中融入留学生思想教育环节和内容，打造深层次、有内涵的来华留学教育。其次从提升软硬件入手，为留学生提供便捷、友善的留学环境，提供中英双语的办事流

---

❶ 教育部等八部门印发意见加快和扩大新时期教育对外开放。

程、教务管理、服务指南等，配备生活辅导和学习小助手，在学校管理和服务中营造国际化氛围和体现人文关怀，打造有温度的来华留学教育。

本章小结

　　本章是对前面研究的总结，从高校视角对汉语国际推广及其战略做深入思考和细致谋划，在战略管理理论和汉语国际推广圈理论基础上，提出高校汉语国际推广的战略目标、战略区域和战略任务，以及与之配套的六方面实施举措。紧密结合福建高校汉语国际推广的现实情况，在调研基础上，提出以文化为基础的福建高校汉语国际推广的五条实现路径。并就新时代的汉语国际推广如何开创新局面，提出了四点针对性和实效性较强的建议。力争能从实践升华到理论，并指导实践；从微观飞跃到宏观，具有更高的站位和更深远的格局。

结论

汉语国际推广是一项意义深远的事业，被提到国家战略的高度，我国高校因为自身职能使然，承担光荣的责任与使命，发挥不可替代的作用。作为高校汉语国际推广这项工作的参与者，笔者在长期的工作中也深深感受到语言文化本身魅力和情感上的感召力，以及高校与汉语国际推广的契合之处，和高校汉语国际推广在提升国家文化软实力中的作用。在工作的同时，也从研究者的视角去了解、探析、反思和改进所在单位的汉语国际推广工作。笔者在汉语国际领域深耕多年，以我国高校汉语国际推广作为研究对象，但2020年上半年，汉语国际推广工作经历了组织机构、思想观念和推广形式的变革，为了使内容更加严谨，及时加入了关于高校汉语国际推广面临的新形势，以及在新时代开创高校汉语国际推广新局面的内容。可以说撰写的过程，是坚持学习的过程，是工作的过程，也是开展研究的过程，有付出有收获，展现在如下的研究结论中。

一、主要结论

（1）我国高校承担汉语国际推广的使命不是偶然，因为高校和汉语国际推广两者有着契合之处。两者都具有传承文化的职能，都以教与学作为主要的途径，都服务于社会的需求，都致力于国际交流与合作；我国高校是汉语国际推广的重要载体和平台，而汉语国际推广进一步提升了高校的国际化程度。

（2）我国高校汉语国际推广的外部环境充满机遇，因综合国力不断强大而带来的"汉语热"，汉语国际推广被提升到国家战略的高度，"和合"的价值观的引领，以及高等教育的转型期机遇；外部环境也存在威胁，国际社会散布的中国威胁论，其他语种的激烈竞争，以及华校和孔子学院的发展等。高校组织内部优势明显，体现在学科支撑、人才培养、科研力量和影响力等方面；也存在发展战略、整合力量、"三教"问题等不足的劣势。并分析了新时代带来的新挑战，组织机构的变革，思想观念的转变和推广形式的变化。

（3）我国高校汉语国际推广的战略目标分为近期目标和长期目标。近期目标是为国家语言和文化"走出去"战略服务，用好语言教学的载体，搭建阐释中华优秀文化的平台，从增进与各国教育界、文化界的交流入手，提升内涵打造孔子学院品牌，输送汉语国际推广复合型人才，多形式开展语言文化交流活动，为汉语国际推广提供强有力的智力支撑和教研保障，积极践行大学文化传承与创新的职能。长期目标是用高校汉语国际推广的积极实践，持续服务国家战略，服务国家语言文化外交，淡化汉语国际推广的政府色彩，营造良好的发展环境，在润物无声中塑造国家形象，在交流合作中提高汉语国际声望，在增进友谊中提升国家软实力，为国家发展和民族的伟大复兴发挥高校不可替代的作用。

（4）我国高校汉语国际推广的战略区域根据汉语国际推广圈，大华语圈是高校汉语国际推广的第一重点战略圈，学习、使用和传播汉语的华侨、华人和华裔，以及他们所处的社区，是高校汉语国际推广的重要基础和根据地；汉字文化圈的日本、韩国、越南等国家，自古就受到中华文化的影响，在使用汉字的基础上创造了自己的文字，并承袭了中华文化的传统，是高校汉语国际推广的第二核心战略圈；周边国家辐射圈的菲律宾、印度尼西亚、泰国等国家，与中国在经济、政治、文化和人员往来密切，且华侨、华人分布较多的国家，周边国家辐射圈是高校汉语国际推广的第三核心战略圈；延伸圈是指世界上其他国家，重点是"一带一路"合作伙伴，这些国家的人民把汉语作为一门外语来学习和推广，因为与中国日益密切的经济贸易往来和分享中国发展的红利与机会，对汉语学习有迫切需求，对中华文化感兴趣，是高校汉语国际推广未来面向和服务的重点之一。

（5）我国高校汉语国际推广的战略任务，是紧紧围绕战略目标，重点面向战略区域，围绕孔子学院建设、培育汉语国际教育优秀师资队伍、完善保障体系、融入华文教育历史优势积淀、推行分层推广策略、创新推广形式等方面，制定具体战略实施措施，以达到打造孔子学院品牌、输送优秀人才、科学整合融合资源、精准分层推广的目的，从而推动高校汉语国际推广可持续发展，为国家战略服务。

（6）我国高校采取的战略实施措施有六方面，一要聚焦"汉语+"，打造孔子学院务实合作支撑平台；二要依托专业，建设汉语国际教育优秀师资队伍；三要整合资源，完善汉语国际推广坚实保障体系；四要融合发展，发挥海外华文教育历史积淀优势；五要精准服务，实行面向不同国家分层推广策略；六要实践创新，运用"互联网+"助力汉语国际推广。

（7）在调研福建高校汉语国际推广情况的基础上，提出以文化为基础的福建高校汉语国际推广的实现路径：一是坚定文化自信，助力"十四五"汉语国际推广工作；二是筑牢文化之基，打造汉语国际教育优秀师资；三是发挥文化优势，构建"汉语+文化"完善体系；四是助力文化推广，优化"互联网+汉语"传播模式；五是维系文化纽带，重点服务周边国家华文教育。

（8）在新时代，汉语国际推广事业面临组织机构变革、思想观念转变和推广形式变化等新情况，在新时代我国高校汉语国际推广，一要把在线教学转化为新常态；二要充分挖掘"汉语+"的多层面教育功能；三要面向特定合作区域加大汉语国际推广力度；四要推动来华留学教育，夯实内涵，提质增效。

二、创新、不足和研究展望

（1）创新之处在于聚焦高校汉语国际推广实践及战略，目前这方面的系统研究还非常少。笔者系统梳理高校汉语国际推广的历史和现状，分析高校和汉语国际推广两者的契合点，以战略管理理论作为主要理论基础，运用SWOT分析法，系统分析高校汉语国际推广的内外发展环境，并结合汉语推广圈理论，创新地提出高校汉语国际推广的战略区域。在实践和调研基础上，提出高校汉语国际推广的战略目标、区域、任务和战略实施措施，以及针对性地提出福建高校汉语国际推广的实现路径，并及时地、预见性地探析对策，使内容有一定理论和实践价值，具有创新性和时效性。

（2）以福建省内的高校为案例，尽管这些高校具有代表性，但是应该说研究的面上覆盖仍不够广。同时，由于笔者长期从事汉语国际推广相关工作，虽然工作实践经验比较丰富，对所做研究也进行了一定的理论提炼和总结，但在深度上还有很大提升空间。凭着对汉语国际推广事业的一腔热情，投入工作和研究，对研究的困难预估不足，研究进度延滞。

（3）接下来，笔者会继续坚持研究下去的方向和持续关注的领域。2020年，由27所学校以及企业发起成立的中国国际中文教育基金会，取代孔子学院总部，对所有海外孔子学院的运营提供支持。不久之后，教育部成立中外语言交流合作中心，支持国际中文教育项目的发展，但不包含孔院的相关事务。刘晗认为，这些举措的实施表明政府运营模式在逐渐"退场"，而民间力量的逐渐发挥作用，为国际中文教育治理的转型发展提供了重要的契机。❶政府色彩淡化，民间力量主导，对于汉语国际推广，或是现在的国际中文教育，都是积极的变革和有益尝试。变革后的组织机构如何各司其职，又如何发挥合力规避风险和应对挑战，为国际中文教育迈向新的征程创造有利条件；思想观念的改变，要如何从机制和体制上进一步摆脱以往束缚，统一思想，为国际中文教育营造良好的发展环境；推广形式的改变，要如何运用"互联网+"、虚拟仿真等新的传播模式，讲好语言文化和中国故事；这些都是今后研究的热点和被关注的领域，笔者将孜孜不倦地在工作中跟随这些热点与动向，深入开展后续研究。因此，本书不是终点，而是崭新的起点。

总之，在今后的工作中，笔者将继续保持研究者的心态与视角，继续把自己喜欢的汉语国际推广工作作为研究对象，在行动中实践，在实践中改进；也要结合新时代的世界新格局和"十四五"规划的顶层设计，紧密跟踪汉语国际推广的新动态，谋划好自己所在单位的汉语国际推广工作，切切实实地为国家的战略发展服务。

---

❶ 刘晗. 中国参与国际中文教育治理的挑战与应对[J]. 世界教育信息，2021，34（7）：26-30.

附　录

附录一　国内高校合作设立孔子学院数量最多的十所高校（数据截至2019年）

序号	中方大学	合作孔子学院
1	北京外国语大学（23所）	夏威夷大学孔子学院
		纽伦堡－埃尔兰根孔子学院
		布鲁塞尔孔子学院
		地拉那大学孔子学院
		杜塞尔多夫大学孔子学院
		哥廷根大学孔子学院
		牛津布鲁克斯大学孔子学院
		科伦坡大学孔子学院
		克拉科夫孔子学院
		列日孔子学院
		伦敦孔子学院
		罗兰大学孔子学院
		罗马大学孔子学院
		马来亚大学孔子学院
		莫斯科国立语言大学孔子学院
		韩国外国语大学孔子学院
		巴塞罗那孔子学院
		帕拉茨基大学孔子学院
		索非亚孔子学院
		维也纳大学孔子学院
		慕尼黑孔子学院
		扎耶德大学孔子学院
		伊斯兰堡孔子学院

续表

序号	中方大学	合作孔子学院
2	北京语言大学（18所）	乔治梅森大学孔子学院
		北陆大学孔子学院
		波恩大学孔子学院
		西密歇根大学孔子学院
		哈瓦那大学孔子学院
		苏伊士运河大学孔子学院
		米兰天主教圣心大学孔子学院
		墨西哥国立自治大学孔子学院
		南卡罗莱纳大学孔子学院
		启明大学孔子学院
		奥坎大学孔子学院
		拉罗谢尔孔子学院
		韦伯斯特大学孔子学院
		佐治亚州立大学孔子学院
		锡比乌卢奇安·布拉卡大学孔子学院
		谢菲尔德大学孔子学院
		伊斯兰堡孔子学院
		关西外国语大学孔子学院
3	厦门大学（16所）	圣玛丽大学孔子学院
		弗罗茨瓦夫大学孔子学院
		皇太后大学孔子学院
		斯坦陵布什大学孔子学院
		惠灵顿维多利亚大学孔子学院
		圣地亚哥州立大学孔子学院
		纳姆迪·阿齐克韦大学孔子学院
		南安普敦大学孔子学院
		纽卡斯尔大学孔子学院

续表

序号	中方大学	合作孔子学院
3	厦门大学（16所）	马耳他大学孔子学院
		菲律宾国立大学孔子学院
		卡迪夫大学孔子学院
		特里尔大学孔子学院
		特拉华大学孔子学院
		中东技术大学孔子学院
		西巴黎南戴尔拉德芳斯大学孔子学院
4	上海外国语大学（10所）	大阪产业大学孔子学院
		哈桑二世大学孔子学院
		滑铁卢孔子学院
		马德里孔子学院
		秘鲁天主教大学孔子学院
		那不勒斯东方大学孔子学院
		纽约巴鲁克国际金融孔子学院
		撒马尔罕国立外国语学院孔子学院
		赛格德大学孔子学院
		亚里士多德大学孔子学院
5	中国人民大学（10所）	赫尔辛基大学孔子学院
		都柏林大学孔子学院
		哥伦比亚大学孔子学院
		博洛尼亚大学孔子学院
		荷语布鲁塞尔自由大学孔子学院
		津巴布韦大学孔子学院
		特拉维夫大学孔子学院
		莱比锡大学孔子学院
		日内瓦大学孔子学院
		哥斯达黎加大学孔子学院

续表

序号	中方大学	合作孔子学院
6	北京大学（10所）	伦敦大学学院教育学院孔子学院
		柏林自由大学孔子学院
		格拉纳达大学孔子学院
		开罗大学孔子学院
		立命馆孔子学院
		莫斯科国立大学孔子学院
		斯坦福大学孔子学院
		希伯来大学孔子学院
		早稻田大学孔子学院
		朱拉隆功大学孔子学院
7	大连外国语大学（10所）	阿威罗大学孔子学院
		埃里温"布留索夫"国立语言与社会科学大学孔子学院
		巴西利亚大学孔子学院
		麦德林孔子学院
		冈山商科大学孔子学院
		圭亚那大学孔子学院
		仁川大学孔子学院
		突尼斯迦太基大学孔子学院
		恩纳"科雷"大学孔子学院
		新西伯利亚国立技术大学孔子学院
8	天津外国语大学（10所）	邦戈大学孔子学院
		德布勒森大学孔子学院
		伏尔加格勒国立社会师范大学孔子学院
		戈亚斯联邦大学中医孔子学院
		基辅国立语言大学孔子学院
		里斯本大学孔子学院
		顺天乡大学孔子学院

续表

序号	中方大学	合作孔子学院
8	天津外国语大学（10所）	豪尔赫·塔德奥·洛萨诺大学孔子学院
		图卢兹孔子学院
		武藏野大学孔子学院
9	南开大学（8所）	爱知大学孔子学院
		格拉斯哥大学孔子学院
		济州汉拿大学孔子学院
		马里兰大学孔子学院
		米尼奥大学孔子学院
		诺欧商学院商务孔子学院
		塞阿拉联邦大学孔子学院
		晔迪特派大学孔子学院
10	南京大学（8所）	阿尔多瓦孔子学院
		弗莱堡大学孔子学院
		哥廷根大学孔子学院
		墨尔本大学孔子学院
		乔治·华盛顿大学孔子学院
		谢菲尔德大学孔子学院
		亚特兰大孔子学院
		智利天主教大学孔子学院

附录二　高校承办汉语国际推广基地（数据截至2019年）

序号	所在地	获批时间	基地所在单位	基地名称	合作孔子学院数量	主要职能
1	北京	2006年	中国人民大学	汉语国际推广研究所	10所	该基地创建于2006年11月，是国家汉办、孔子学院总部建立的第一批研究基地之一，从语言与文化发展战略层面入手提供咨询服务，为孔子学院建设提供支持，积极开展汉语国际教育。以汉学与中国学为核心开展基础理论研究，编辑出版了《世界汉学》等四种公开发行的学术期刊，定期举办"季度论坛""国际讲坛"和"世界汉学大会"，并向海内外学者提供交流访问、合作研究与驻所研究项目
2	北京	2008年	北京师范大学	汉语国际推广新师资培养基地	8所	该基地成立于2008年，承担着国内外教师培训和志愿者教师培训、开发国际汉语教学优秀教材配套资源、国际汉语教师培训精品教材、中文信息处理技术在汉语国际推广中的应用等工作，构建服务教学培训、评估和资源建设的网络平台，提升智能化水平；主办汉语国际教育人才培养论坛
3	北京	2009年	北京大学	国际汉学家研修基地	10所	该基地成立于2009年底，承担着对外传播经典与当代名著的责任，要让中华文化走向全世界，由此开展相关工作，与国外和中国港、澳、台的汉学家进行学术交流和合作研究
4	北京	2008年	北京外国语大学	汉语国际推广多语种基地	23所	该基地成立于2009年6月，面向其他国家开发汉语教材与教辅资料，培养优秀汉语推广人才，并开展教材开发方面的工作，依托北京外国语大学49个外国语种的突出优势，促进中国语言文化国际传播的均衡和可持续发展
5	北京	2008年	北京语言大学	国际汉语教学研究基地	18所	该基地成立于2009年4月，是国家汉办、孔子学院总部首批建立的汉语国际推广十大研究基地之一，承担研发新形势下海外汉语教学方法、教材资源、教师培训模式，充分借助本校在教学模式、教材编写、教师培训等方面既有的成果和经验，创新教学理念，主攻"汉语难学"解决办法

续表

序号	所在地	获批时间	基地所在单位	基地名称	合作孔子学院数量	主要职能
6	北京	2009年	对外经济贸易大学	国际商务汉语教学及资源开发基地	8所	该基地于2010年5月正式成立，承担制定国际商务汉语语言等级标准、开发国际商务汉语考试系统，研发和生产教材、多媒体和网络教学软件等产品、建设和普及国际商务汉语教师培训全球权威机构的任务。同时通过整合教学与科研机构、企业等各类国际商务汉语教育资源，汇集国际商务与语言教学领域的人才和技术、经验，夯实国际商务汉语学科基础，打造品牌竞争力，形成完整的产业链条，实现国际商务汉语的顺利推广
7	山东	2011年	山东大学	中华文化研究体验基地	8所	该基地于2011年秋成立，主要任务是弘扬中华优秀传统文化，努力实现传统文化的创造性转换、创新性发展。同时探索和实践将优秀传统文化有效合理地转换为具有当代价值和实践意义的育人资源
8	福建	2008年	厦门大学	汉语国际推广南方基地	16所	该基地成立于2008年9月，承担的主要任务有汉语文化传播研究及推广、国际汉语教师及管理人员培训，国际汉语教学、师资培养、教材等方面展开调研，为远程教师教育体系的构建、教学资源的汇总与利用提供支持，根据各个国家的具体情况为其提供教材、确定教学方法，为相关工作的开展增加人才储备
9	上海	2008年	华东师范大学	国际汉语教师研修基地	7所	该基地成立于2008年12月，是国家汉办、孔子学院总部在国内第一个挂牌的单位，主要承担培养国外本土化汉语师资的任务，力求向国外输送汉语"种子教师"，同时承担汉语国际推广研究，尤其关注教学模式，培养国内骨干师资力量，组织孔子学院院长与管理者进行研究活动，编制汉语教材
10	上海	2010年	上海财经大学	国际商务汉语教学与资源开发基地	2所	该基地于2010年2月正式成立，承担着规范化建设商务汉语教学体系的责任，也要进行案例式商务汉语教学资源的系统化开发，为全球商务孔子学院和商务汉语国际教育提供汉语案例教学资源、教学模式、教学手段等有力支撑

续表

序号	所在地	获批时间	基地所在单位	基地名称	合作孔子学院数量		主要职能
11	河南	2008年	河南省教育厅	汉语国际推广少林武术基地	—		该基地正式成立于2008年9月，充分发挥出河南省武术文化资源的优势，尤其要利用好嵩山少林武术职校的教学资源，包括培养武术师资力量，在全球汉语教学机构、孔子学院进行武术教学巡演，组织国际化汉语武术学生夏令营活动，编制武术教材等
12	新疆	2008年	新疆维吾尔自治区教育厅	汉语国际推广中亚基地	新疆大学	2所	该基地于2008年9月正式成立，利用好新疆的语言与地缘资源，为上海合作组织所有成员国服务，积极在海外创办孔子学院，编制多语种教材
					新疆财经大学	1所	
					石河子大学	1所	
					新疆师范大学	3所	
					新疆职业大学	1所	
					新疆农业大学	1所	
13	湖北	2009年	武汉大学	汉语国际推广教学资源研究与开发基地	4所		该基地于2009年成立，以汉语教学为核心搭建网络平台、创建资源库，为汉语国际推广积极设计与开发教学配套产品，对网络汉语教学资源进行整合，增强自身辐射带动作用，把人才培养、产品开发、学术研讨、教学活动开展等内容进行整合，发展文化产业价值
14	天津	2009年	南开大学	跨文化交流研究与培训基地	9所		该基地成立于2009年4月，主要任务是对汉语国际推广工作中涉及的跨文化交流和话语体系转换等课题进行针对性研究，提出解决方案，编写提高我国派出孔子学院院长和教师跨文化交流能力的相关教材，培训国际汉语教师和志愿者
15	广东	2009年	中山大学	国际汉语教材研究与培训基地	3所		该基地于2009年5月正式成立，以全球汉语推广教学为核心创建信息展示中心，尤以教材编创为重，积极开发配套教材，促进教学质效提升，组织教师培训活动、教学研究活动等

续表

序号	所在地	获批时间	基地所在单位	基地名称	合作孔子学院数量		主要职能
16	海南	2009年	海南师范大学	东南亚汉语推广师资培训基地	1所		该基地于2009年3月正式成立，以函授、全日制教学等模式为东南亚国家培养大批优秀的汉语教师，对外派教师与志愿者组织培训活动，此外，还要面向这些国家进行汉语师资培训系列教材研究开发、汉语国际推广远程教育信息平台建设、汉语国际推广人才储备
17	辽宁	2009年	大连外国语大学	汉语国际推广多语种基地	10所		该基地于2009年4月设立，其目的就是要积极建设孔子学院，让汉语国际推广取得良好成效，促进国家软实力的提升，促进可持续发展，探索国际汉语师资培养、教学资源建设，以及教学法改革与创新，努力提升汉语语言文化研究与国际传播的能力
18	东北地区	2009年	吉林大学等四所高校	东北汉语国际推广基地	吉林大学	5所	该基地于2009年6月正式成立，把东北地区四所高校在国际汉语推广方面拥有的资源进行整合，集中体现出学科优势，以中华文化的推广、国际汉语教学活动的开展两种方式服务于东北亚地区
					黑龙江大学	1所	
					辽宁大学	1所	
					延边大学	1所	

附录三　高校承办国侨办华文教育基地（数据截至2019年）

序号	所在地	获批时间	基地所在单位	简介
1	安徽	2000年	安徽大学	安徽大学华文教育基地依托国际教育学院，招收短期汉语进修生、长期汉语进修生，学校各专业本科生、硕士生、博士生及访问学者等，迄今已招收来自亚洲、美洲、大洋洲、非洲和欧洲的长短期留学生3000余人
2	安徽	2000年	安徽师范大学	安徽师范大学华文教育基地是国侨办首批确立的华文教育基地。承担海外华文教育教材的研究、开发，接待海外华裔青少年夏（冬）令营活动，为海外各类华校培训教师，选派外派教师，开展海外华文教育的理论研究等
3	北京	2000年	北京华文学院	北京华文学院是直属国侨办的华文教育专业院校。该学院为汉语言的推广进行专科学历教育，组织短期夏令营活动，为华文教师研修设计课程，并进行汉语长期班课程建设，形成了语言与文化并重、课堂教学与社会实践相结合的办学特色 学院致力于"三个中心"建设，即高素质华文教师的培训中心、中国华文教育学科发展的研发中心和语言文化体验中心
4	北京	2016年	北京外国语大学	北京外国语大学华文教育基地以践行把中国介绍给世界为使命，以中外文化交流融通为特色，具有雄厚的师资力量和独特的人才培养模式。该华文教育基地主要承担各类汉语培训、中国传统文化培训、海外华文教师培训、海外华文教材编写等任务
5	福建	2000年	华侨大学	该基地依托华文学院，以华文教育为主要方向，形成了多层次多形式的办学体系，教学与科研机构有华文系、预科部、培训部、高职部和华文教育研究所。华文系有对外汉语和留学生的汉语言两个本科专业，同时还有初级、中级、高级非学历的汉语教育；对外汉语专业招收国内生，培养目标是海外华文师资；汉语言专业招收华侨华人及外国人，传授汉语言知识及中华文化。预科部主要是针对华侨华人学生的预科先修教育。培训部负责开办短期汉语学习班、华文师资培训班、华裔学生夏（冬）令营。高职部开设高等职业教育，并逐渐向招收海外学生过渡
6	福建	2001年	厦门大学	厦门大学华文教育基地充分利用海外教育学院的办学优势，以培养汉语国际教育复合型专门人才为基点，不断创新人才培养模式。既面向世界各地招收来华留学的汉语本科生、长短期进修生及海外远程教育本科生，也面向国内外招收语言学、应用语言学专业硕士生和汉语国际教育硕士生，还招收对外汉语教学双学位国内本科生，形成了多元化的教学类别和层次。以服务于汉语国际推广和孔子学院建设为目标，以网络平台和信息资源建设为基础，以师资培训、教材和课程课件开发为龙头，以汉语国际教育和文化传播研究及市场推广为取向，开展国际汉语教学、师资力量、教材编排等方面的调研活动，为远程教育活动的开展提供资源与教育支持并构建体系，根据各个国家的情况编制教材并设定合理的教学法，对志愿者与教师进行培养，增加人才储备量，进行理论研究与应用开发

续表

序号	所在地	获批时间	基地所在单位	简介
7	广东	2003年	暨南大学	暨南大学华文教育基地依托华文学院，长期"面向海外、面向中国港澳台"开展华文教育、汉语国际教育及预科教育等，肩负着百年侨校为海外华侨华人和中国港澳台地区培养人才的历史使命，是"侨校+名校"发展战略中的一张特色名片
8	广西	2011年	广西师范大学	广西师范大学华文教育基地依托国际文化教育学院，20世纪90年代初开始招收来自世界各地的留学生，经过二十多年的发展，已经形成涵盖语言进修、本科学习、研究生培养的综合人才培养体系。每年在汉语言文化系学习的各种类型的长期留学生约500~600名，参加短期项目的汉语培训学员800~1000名。汉语言文化系的本科生培养主要采取与越南、泰国、印度尼西亚等国高校开展"2+2""3+1"中外合作联合培养模式；研究生主要招收汉语国际教育专业硕士
9	贵州	2015年	贵州师范学院	贵州师范学院华文教育基地的主要以海外华文教育为核心设定合理的工作目标并提出要求，体现出学校在办学方面的优势，逐渐形成特色，在华文教育研究、师资培训、青少年活动组织、编排教材等方面承担主要责任。作为贵州省唯一的华文教育基地，不断创新对外交流的形式和手段，丰富华文教育的内涵，彰显自身特色，有效开展华文教育和文化交流工作
10	甘肃	2012年	西北师范大学	西北师范大学华文教育基地是国侨办在甘肃省设立的首家华文教育基地、国家汉办（孔子学院总部）建立的甘肃省汉语国际推广中心依托该学校开展工作。每年定期组织各种类型的留学生文化交流活动，增进国际交流，传播中华文化，丰富校园生活
11	海南	2000年	海南师范大学	该校是海南省最早开展留学生汉语教育的学校。现有汉语国际教育（本科）、汉语国际教育（硕士）专业。该校为学生在汉语教学、语言、英语等方面夯实理论基础，引领学生更加深入、全面地了解中国文化特色、文学成就，了解中外文化交往中应该注意的问题，面向东南亚国家培养高水平的对外汉语教学人才，培养能从事语言文化传播工作的专业人才等
12	海南	2000年	海南大学	该校面向世界上所有国家招收留学生，留学生学制不同，涉及本科、研究生专业，也组织不同类型的汉语进修活动。开设零起点的汉语班、初级（A、B、C）班、中级班、高级班。除汉语言课外，还开设中国历史、国画、书法、武术（太极拳）、京剧艺术欣赏、HSK考试辅导等选修课。学院依托原有的特色和优势，以发展和创新的姿态，努力创建面向国内一流的留学生教育，进一步加强国际交流与合作，使学院成为来华留学生进修汉语语言文学和中华文化的首选基地
13	河北	2017年	河北大学	河北大学华文教育基地依托国际交流与教育学院，加强来华留学工作，培养知华友华、知冀友冀的高素质来华留学生，促进中外交流、增进我国与世界各国人民友谊和合作；承担海外华文教育教材的研究、开发，接待海外华裔青少年夏（冬）令营活动，为海外各类华校培训教师，选派外派教师，开展海外华文教育的理论研究等相关工作
14	河南	2012年	河南大学	河南大学华文教育基地设立的目的是要为海外华文教育活动的开展编写教材并进行研究；对华侨与华人子弟进行教育培养；组织多种类型的华裔青少年活动；为华校培训机构培养师资力量；结合实际情况选派教师到其他国家任教；围绕海外华文教育活动开展中遇到的问题进行理论分析

续表

序号	所在地	获批时间	基地所在单位	简介
15	河南	2012年	郑州大学	郑州大学华文教育基地为海外学子学习汉语言文化提供机会，特别要为华侨华人学生提供服务，在教学的同时组织科研活动，组织本省华裔青少年夏令营活动，组织教师培训等。学生不但可以学习中文，而且能够更近距离地接触和学习中国文化，同时在夏令营举办的各项丰富多彩的活动中，他们可以认识更多的朋友，拓展综合素质
16	湖北	2000年	华中师范大学	华中师范大学华文教育基地常年对海外华人华侨开设学位班课程和各类进修课程，举办夏令营活动，本着以宣传我国改革开放以来所取得的巨大成就这一目的和承传中华文化这一宗旨为重点，发挥学校办学优势，广泛开展海外华人华侨的各类活动。分别与泰国、新加坡等国的华文教育组织结成密切的合作关系，为华文教师提供高层次培训和攻读学位的机会
17	湖南	2004年	湖南师范大学	湖南师范大学华文教育基地依托老牌师范大学，整合优势资源，充分体现出地域特色，培育品牌项目，打造能充分体现出湖湘文化特色的华文教育基地。基地工作内容涵盖华裔青少年营团、华文师资培训、外派教师选拔输送、华文教材研发、华文教师专业竞赛、文化大乐园、中国文化海外行、华文教师学历教育、名师巡讲等多个方面
18	吉林	2000年	延边大学	延边大学华文教育基地拥有汉语言专业、对外汉语专业等两个本科专业和对外汉语教学研究中心、双语教学研究所、《汉语学习》杂志编辑部等在内的教学和科研实体。同时还是国家汉办设立的对外汉语教学重点学校和国侨办设立的华文教育基地等两个国家级基地和国家汉办设立的"HKS"考点
19	吉林	2012年	东北师范大学	东北师范大学华文教育基地根据海外华文教育工作的目标和要求，充分发挥学科优势和地域文化特色，承担华文教育理论研究、华文教材研发、华文教师培训、华裔青少年夏（冬）令营等方面工作
20	江苏	2000年	南京师范大学	南京师范大学华文教育基地是江苏高校中唯一一所，长期承担了国侨办、省侨办的海内外华文教师及省属高校出国储备教师的师资培训任务的华文教育基地
21	江苏	2017年	常州大学	常州大学华文教育基地充分发挥学校优势，紧密结合国家"一带一路"规划，采用"华文教育+国际交流""华文教育+校际合作""请进来+走出去"等方式，发挥国侨办联络海外华侨华人的资源优势和学校"产学研"紧密合作的办学特色，实现"为侨服务"和"国际交流"发展双赢
22	江苏	2016年	南京晓庄学院	南京晓庄学院每年承办海外华裔青少年中国文化行、中文学习乐园、中国文化海外行、海外华文教师培训等项目，先后培训了来自美国、西班牙、印度尼西亚、菲律宾、老挝、缅甸等近10个国家的海外华文教师和华裔青少年

续表

序号	所在地	获批时间	基地所在单位	简介
23	江西	2000年	九江学院	九江华文教育基地每年暑期都承办国务院侨办海外华文教师研修班，开设特色选修课程庐山的建筑及人文文化、白鹿洞书院文化、东林寺净土宗的宗教文化、景德镇瓷都的陶瓷文化、婺源的徽派建筑及乡村文化等。基地招收汉语初级班、中级班、高级班的学生；举办以九江为中心的华裔青少年"寻根之旅"夏（冬）令营活动："四大书院"之旅、庐山文化与陶瓷文化之旅、长江文化之旅等特色夏（冬）令营；接待海外华文教师来基地交流及研修。同时，编写教材；招收海外华裔学生并对其进行培养；组织华裔青少年活动；用先进理论分析对外华文教育中遇到的问题，探明发展路径；为海外华文学校培养教师，选派教师到其他国家任教；总结和推广华文教育工作经验，发挥示范和辐射作用
24	辽宁	2000年	辽宁师范大学	我国国侨办第一批确定的华文教育基地共有22个，其中包括辽宁师范大学华文教育基地。该基地发展中，坚持让汉语走向世界，用汉语架起友谊桥梁的理念，在留学生群体中组织第二课堂活动，为学生提供到各个地区开展语言实践活动的机会
25	青海	2016年	青海民族大学	青海民族大学凭借自身地缘、历史优势，多元文化特色和已有的对外语言文化教育成效，2016年获批建设华文教育基地。重点开展以下工作：一是利用国侨办奖学金招收培养一批海外华侨华裔子弟；二是每年组织开展海外华裔青少年"青藏生态行"夏令营活动；三是参与海外各级各类华文学校师资培训工作，并根据需要派遣教师到海外华校任教；四是编写教材；五是开展海外华文教育理论研究；六是负责海外社团组织、华侨华人等来青考察访问、交流合作的接待服务工作
26	山东	2006年	青岛大学	青岛大学华文教育基地在教学管理方面实行"因需施教，人文关怀"的总原则。一方面遵循华文教学的客观规律，安排高素质的教师担任各科目的教学工作，指导学生提高汉语能力和中华文化修养；另一方面，根据学生的各种需要开设特色课程，如影视汉语、传媒汉语、文化汉语、HSK考前指导，以及绘画、剪纸、流行歌曲、烹调技艺等民俗文化课程。承办了国侨办和省、市侨办组织的不同类型与级别的海外华文教师培训活动、华裔青少年活动；参与了国侨办远程华文教材的编写工作
27	山东	2000年	泰山学院	泰山学院注重树立国际化办学理念，先后和英国、加拿大、美国、俄罗斯等10个国家的20多所高校建立了合作关系；招收外国留学生，是全国首批华文教育基地
28	山西	2002年	山西大学	山西大学华文教育基地依托国际教育交流学院，主要负责海外留学生（包括自费留学生、交换生、孔子学院奖学金和中国政府奖学金留学生）的招收与管理、汉语培训工作和国际合作办学与科研工作。学院设有长短期对外汉语课程和中国文化课程
29	陕西	2007年	陕西师范大学	陕西师范大学华文教育基地是国侨办设在西北地区的首个华文教育基地。基地依托该校国际汉学院，充分利用其在对外汉语教学方面雄厚的教学科研力量，同时积极发挥陕西师范大学在人文及社会科学教学、研究方面的比较优势，面向海内外，积极开展海外华文教育教材研发、教材体系建设、教材修订等工作；招收、培养海外华侨华人子弟，接待海外华裔青少年夏（冬）令营团队，培养海外华文学校教师，选派教师到海外任教，以及开展海外华文教育的理论研究等任务

续表

序号	所在地	获批时间	基地所在单位	简介
30	上海	2000年	华东师范大学	华东师范大学华文教育基地依托国际汉语文化学院，现有应用语言研究所、非物质文化遗产保护研究中心、民族地区双语教育研究中心、中外文化艺术研究中心等。学院现有2个本科专业（汉语国际教育、汉语言）、6个学术型硕士点、1个专业学位硕士点（汉语国际教育）、4个学术型博士点（文艺学、语言学及应用语言学、国际汉语教育、汉语言文字学）及1个教育博士专业学位点（汉语国际教育）。学院注重以汉语研究、中国文化研究为基础研究，汉语国际教育研究为应用研究，三位一体，共同发展
31	上海	2000年	上海师范大学	上海师范大学华文教育基地依托对外汉语学院，承担"海外华文教师和华文学校校长"的培训任务，为海内外培养了大批对外汉语教学与研究人才。上海师范大学对外汉语学院是中国汉语水平考试（HSK）的考点，是HSK（旅游）和新汉语水平考试（高等）的研发单位，有丰富的HSK教学和研究经验。学院主编《对外汉语研究》杂志
32	四川	2008年	四川大学	四川大学华文教育基地依托海外教育学院，以创建"具有浓郁西部特色、一流对外汉语教学水平的全球优秀国际学生来华学习中国语言文化的首选地和汇集地"为办学定位和方向，以四川大学的综合实力为依托，以对外汉语教学实践为核心，以汉语国际推广的纵深发展为助力，是在海内外享有一定知名度的学习汉语和传播中华文化的基地，并在中国西部地区发挥着示范和辐射作用
33	天津	2001年	天津大学	天津大学华文教育基地依托国际教育学院，利用蓬勃发展的海外华文教育形式，依托基地的"品牌"效应，积极发挥自身优势，努力挖潜，为海外华文教育事业的繁荣、兴旺作出相应的贡献。承担编写教材；招收、培养海外华侨华人子弟，接待海外华裔青少年夏（冬）令营团队，培养海外华文学校教师，选派教师到海外任教，以及开展海外华文教育的理论研究等任务
34	浙江	—	浙江大学	浙江大学华文教育基地依托国际教育学院，承担国际学生的汉语和中国文化教学工作，开设长短期汉语和中国文化进修课程，设有汉语言本科专业，设有中国汉语水平考试（HSK）考点，还开办中国语言和文化、中国经济贸易、中医药、中国烹饪及其他短期进修班。学院与其他国家与教育机构、科研机构等围绕汉语教学进行合作，在波士顿成立中国文化中心，开展汉语培训活动；在马来西亚设立汉语言文化研究生班
35	浙江	2004年	温州大学	温州大学华文教育基地依托国际教育学院，承担基地建设的任务和全校国际学生的通识课程教学管理和日常管理，开设国际学生汉语言非学历教育培训项目。进一步对接"一带一路"合作伙伴需求，力争达到文化的双向交流，打造"留学温大"品牌
36	重庆	—	重庆师范大学	重庆师范大学华文教育基地依托国际汉语文华学院，负责开拓海外华文教育市场，争取各类基地项目，承担国侨办华文教师师资培训、中国文化海外行、海外华裔青少年各类"寻根之旅"春、夏、秋、冬令营等活动，开创华文教育新局面

附录四　海外汉语教师调查问卷

尊敬的海外汉语教师：

　　感谢您抽空参与本次问卷调查。此问卷旨在调查汉语教师在海外执教过程中的情况。问卷有单选、多选，若答题没有符合您的选项，请在"其他"补充说明。十分感谢您的参与！谢谢！

（除特别标明多选的题目，其余均为单选）

1.您的性别：□男　　□女

2.您的年龄：□20~30岁　　□30~40岁

3.您的海外汉语教学属于：

□国家汉办志愿者　　□国侨办外派教师　　□其他

4.您海外执教前是否有过对外汉语教学经验吗？

□没有　　□有　　□较有　　□很有

5.您的专业是：

6.您海外执教的国家是：

7.您在国外生活的累计时长：

□3年以上　　□2~3年　　□1~2年　　□一年以内

8.在赴其他国家任教时，您对该国语言有怎样的理解与掌握：

□很好　　□比较好　　□还可以　　□较差　　□没有

9.关于赴任国文化，您是否熟悉：

□很好　　□比较好　　□还可以　　□较差　　□不了解

10.初到国外，您主要有哪种情绪？

□兴奋　　□满足　　□好奇　　□失眠　　□焦虑

11.到国外多久后，您开始基本适应国外的生活？

□半个月　　□半个月到1个月　　□1~3个月　　□3~6个月　　□6个月以上

12.您认为，主要是什么方面引起对当地生活的不适应？

□没有

□日常生活，如生活和工作环境的改变

□沟通交流，如语言、圈子发生了改变

□当地风土人情，包括服饰、饮食等发生了改变

□宗教信仰与人生态度发生了改变

□其他，因为：

13.赴任多久后，您对教学情况（教学安排、课堂秩序、学生反馈等）比较满意？

☐半年到10个月

☐3个月到半年

☐1个月到3个月

☐半个月到1个月

☐半个月以内

☐一直未达到理想的状态

14.您在教学方面的压力程度如何？（按1~5的分值逐渐加强，请选择相应的分值。）

☐1　☐2　☐3　☐4　☐5

15.您认为教学方面的压力主要来自哪些方面：

来自自身（如汉语国际教育基础缺乏，知识的储备不足等，按1~5的分值逐渐加强，请选择相应的分值。）☐1　☐2　☐3　☐4　☐5

来自外界（如教材有难度，学生外向活泼，课外活动较多，按1~5的分值逐渐加强，请选择相应的分值。）☐1　☐2　☐3　☐4　☐5

16.您认为海外汉语教师面临的主要困难是（多选）：

☐心理孤独

☐语言障碍

☐人际关系复杂

☐生活不适应

☐教学压力大

☐中华文化类活动挑战大

☐汉语推广工作有难度

☐其他

17.您认为出国任教前最重要的准备（多选）：

☐学好外语

☐打好教学基本功

☐丰富才艺、提升活动设计能力

☐提升跨文化适应能力

☐储备中华文化知识

☐提高对赴任国的了解程度

☐其他

附录五　菲律宾华文教师培训班调查问卷

尊敬的老师：

　　感谢您抽空参与本次问卷调查。为了更好地了解此次培训的开展情况，对菲律宾华文教师的学习、教学方面的状况、需求有更深入的了解，请您支持完成问卷调查。您提供的信息，将有助于促进我们工作的提升，谢谢合作。

　1.您的性别：

　男□　女□

　2.您的年龄：

22~35岁□　36~45岁□　46~55岁□　56~65岁□　65岁以上□

　3.您所教授的年级：

　幼儿园□　小学□　中学□

　4.您是否参加过线上培训：

　是□　否□

　5.您认为开设此次培训班的必要性：

　没有□　有□　很有□

　6.从总体上，您认为课程安排是否合理：

　不合理□　合理□　很合理□

　7.您认为华文教师培训应包含的内容有（可多选）：

汉语要素教学□　汉语教学法□　教学实例□

中华文化□　现代教育技术（课件、网页制作等）□　网络平台运用□

其他：

　8.之前，您是否采用过"线上教学"方式：

　是□　否□

　9.您对"线上教学"的适应情况：

　不适应□　适应□　很适应□

　10.之后，您会采用什么教学方式：

　继续采用线上教学□

　线上线下教学相结合□

　不采用线上教学□

11.菲律宾学生"线上学习"的效果：

不好□　好□　很好□

12.您认为影响菲律宾华文"线上教学"的因素有（可多选）：

网络的畅通程度和网络硬件条件□

教师运用网络平台进行教学的熟练程度□

学生自主学习的习惯□

学生家长的配合□

其他：

13.你认为提升菲律宾华文教师"线上教学"能力的途径有（可多选）：

学校对网络平台的开发与建设，提高硬件水平□

加强对教师在线教学能力的培训□

提供丰富的网络教学资源□

学生对教师在线教学的反馈与评价意见□

其他：

您已完成问卷，感谢您的宝贵时间与支持！

附录六 菲律宾华校管理者调查问卷

尊敬的老师：

感谢您抽空参与本次问卷调查。为了更好地了解2020年菲律宾华校校长（管理人员）网上研习班开展的情况，以及在菲律宾华校管理者们对新情况的应对和想法，请您支持完成问卷调查。您提供的信息，将有助于促进我们工作的提升，谢谢合作。

1.您的性别：

男□　女□

2.您的年龄：

22~35岁□　36~45岁□　46~55岁□　56~65岁□　65岁以上□

3.您所在的学校：

幼儿园□　小学□　中学□

4.您认为开设此次培训班的必要性：

必要□　一般□　不必要□

5.您认为作为菲律宾华校的管理者，应对疫情下的教学管理工作，应具备怎样的能力（可多选）：

学习能力□　创新能力□　行政管理能力□

人际交往与协调能力□　心理适应能力□

运用网络技术开展工作的能力□

其他：

6.您认为此次培训课程的总体安排是：

合理□　一般□　不合理□

7.您认为针对华校管理人员的培训应包含的内容有（可多选）：

学校的发展与管理理论□　管理实务□

管理人员的心理健康知识□　校园文化建设□

办学理念与办学特色□　智慧校园建设□

现代教育技术（网络工具和平台的使用，课件、网页制作等）□

其他：

8.之前，您所在的学校是否开展过"线上教学"：

是□　否□

9.菲律宾华校开展"线上教学"的效果：

很好□　一般□　不好□

10.您认为菲律宾华校应如何提升"线上教学"的效果（可多选）：

管理者转变观念和给予足够重视□

加强学校网络平台的建设□

注重教师运用网络平台进行教学的相关培训□

提供丰富的网络教学资源□

培养学生自主学习的习惯□

引导学生家长配合□

其他：

11.之后，您所在的学校会采用什么教学方式：

继续采用线上教学□

线上线下教学相结合□

采用传统线下教学□

您已完成问卷，感谢您的宝贵时间与支持！

附录七　访谈提纲

一、厦门大学访谈提纲

（一）厦门大学孔子学院的建设情况

（二）厦门大学南方基地的建设情况

（三）孔子学院的具体运行情况

（四）孔子学院办学特色

（五）今后发展的思路

（六）孔子学院规模发展与内涵建设的关系处理

（七）目前存在的问题

（八）关于对策的思考

二、华侨大学访谈提纲

（一）学校目前华文学华文教育开展的情况

（二）学校开展华文教育的意义

（三）学校怎么体现华文教育的特色

（四）学校发展规划中有关华文教育的部分

（五）今后发展趋势和思路

（六）构建大华文教育格局的思考

（七）华文教育和汉语国际推广在实际工作中的关系

（八）目前存在的问题

（九）关于对策的思考

三、福建师范大学访谈提纲

（一）学校汉语国际推广的现况

（二）学校与东南亚国家开展本土师资培训的情况

（三）学校培养高层次汉语国际教育师资的情况

（四）远程本土师资培训的具体开展情况

（五）学校对汉语国际推广的规划及今后发展的思路

（六）目前存在的问题

（七）关于对策的思考

四、泉州师范学院访谈提纲

（一）学校对外交流和汉语国际推广的现况

（二）学校与东南亚国家的交流合作情况

（三）学校汉语教师志愿者项目运行情况

（四）学校外派教师选派具体开展情况

（五）学校对汉语国际推广的规划及今后发展的思路

（六）目前存在的问题

（七）关于对策的思考

永远的家园
——致亲爱的潘先生百岁寿诞

2020.8.4

您是囊萤楼前的那棵大树
我们是树上一片片青葱碧绿的叶子
迎着阳光和风
在您的枝干上沙沙作响
快乐地哼唱

您是白城沙滩边的那片海
我们是海里一条条欢腾跳跃的鱼儿
随着潮来潮往
在您无边无垠的怀抱中
自由地徜徉

您是芙蓉湖畔温暖的家园
我们是一群群来自东南西北的鸟儿
偎在您的身旁
风里雨里有您指引方向
默默地守望

我们总爱喊您潘先生
满心欢喜地
充满自豪地
您是我们的潘先生

您教我们学问
从大学精神
到大学的责任与使命
从内外部规律
到教育公平和内涵建设
从民办高等教育、终身教育
到普及化高等教育

讲台上几十年不知疲倦的身影
学术会上平等的对话与思想的碰撞
我们汲取着您的理念
紧跟着您的步履
一步步探寻真理

您是我们的潘先生
您教我们做人
板凳敢坐十年冷
文章不写半句空

您教我们作为一个高等教育研究者
应该坚守的学术操守与理想
您爱护着每一个学生
迎新会上的猜名字
新年团拜的小红包
周末沙龙的热茶和点心
办公室随时敞开的门
还有见面时慈祥平和的笑容
您教我们用爱对待生活与生命

您是我们的潘先生
也许我们不能像您一样
茁壮成一棵大树
但我们会以挺拔向上的姿态面对时光
也许我们不能像您一样
宽广成一片大海
但我们会用一往无前的勇气迎接风浪

无论我们在哪里　　　　　　　只要您一声召唤

我们总会喊您潘先生　　　　　跨越万水千山

满怀敬仰地　　　　　　　　　也会回到您的身边

饱含深情地　　　　　　　　　您是我们芙蓉湖畔永远的家园

无论我们在哪里

永远的光亮
——缅怀敬爱的潘先生

2022.12.6

这一刻
我们热泪盈眶
轻声地唤您
潘先生
您仿佛还在前行
怀着对教育的热爱
对家国的情怀
从小学的课堂到大学的讲坛
从投笔随军的抗争到盛世繁华的坚守
从开设高等学校教育学课程到奠基高等教育
　学学科
您是无畏的先行人
您是勇敢的践行者
您奋力书写的人生长卷
无比宽广
无比厚重

这一刻
我们无限深情
哽咽地唤您
潘先生
您仿佛还在伏案
带着对学生的关爱
对未来的期待
作业上为我们一字一句地修改
沙龙上给我们自由平等的对待
学术上带我们孜孜不倦地求索

您是睿智的启迪者
您是无私的领路人
您为我们筑好的精神家园
如此心安
如此温暖

敬爱的潘先生
您教我们学问
板凳敢坐十年冷
文章不写半句空
您教我们做人
心怀人间有大爱
细微之处见真情
在追寻真理的路上
我们会像您一样
怀揣建设高等教育强国的理想
无忧无惧　继续前往

这一刻
我们热泪盈眶
这一刻
我们无限深情
这一刻
我们不忍道别
最敬爱的潘先生
您是我们的方向
是前行路上永远的光亮

后　记

本书由我的博士论文改编而成，回忆读博的历程，不思量，自难忘。我消磨了时光，因为工作和生活的担子不轻，放慢了学习的脚步，但时光也见证了我不放弃地一步步接近目标的努力。

记得报名就读教育博士时，通过初试的笔试和复试的面试，层层考验，被导师潘懋元先生招入门下，何其幸运。学习的过程有快乐，有痛苦，也有如履薄冰的紧张。快乐的是有老师们用渊博的知识，高尚的人品，给我为事、为人、为学的示范，让我如鱼儿，自由快活地从游，这种快乐让我深深地爱上高等教育研究，成长为内生的动力，引领着我不断求索。痛苦的是学业繁重，课程作业多且要求高，一次次作业如同演出，要有完整表达学术想法的文章，要有登台表演般的现场报告，还要与如现场观众的同学们互动交流，最后还要接受如导演般严格审视的老师们的点评。这种痛苦让我紧张，不敢懈怠，但我一次次战胜自己、证明自己。

导师潘懋元先生给予我的是学高为师、身正为范的最好典范。对待学生严格要求也爱护有加，总是循循善诱，诲人不倦。每次接他上课的路上，他会讲笑话、聊家常；每次请教他的时候，他会耐心聆听悉心指导；每次打电话给他的时候，他会亲切地直呼我的姓名，让人深切地感受到这位高教泰斗的可爱和可敬。在他卧病之前，还一字一字帮我修改论文。如今潘先生已经仙逝，但他永存于我心。刘海峰老师学养深厚，创立科举学，讲课引人入胜，待人儒雅亲切，让人如沐春风。别敦荣老师学术视野广阔，治学严谨系统，帮助我提升学术思维能力，令人折服。李泽彧老师，身体力行，带着我们实践教学，关心我的学术成长，让人感念。史秋衡老师手把手教我们课题申报的要领，张亚群老师教我们从历史的视角来看待现实的发展，王洪才老师锻炼我们深入思辨的缜密思维，徐岚老师带我们进入质性研究的殿堂。还有陈笃彬院长，把我领到了高等教育研究的大门前，并把我推荐给导师潘先生，他孜孜不倦的求知和求真精神始终是我的榜样。杨广云老师、陈文老师、宋毅老师、吴晓君老师等，点点滴滴满是关怀。答辩和后期论文修改期间，特别感谢赵婷婷老师，极其耐心细致且高屋建瓴地指导我修改论文，投入很多时间和精力，郭建鹏老师指导我完善研究方法，这些都让我感受到无微不至的关怀，激励我追求至善。

同班同学贺元、毅敏十分有心地帮助我修改论文，海勤和贺芬时常鼓励和督促我，还有潘军、本刚、晓丹、晓琴和何毅，一起学习的时光铸造了我们不一般的友谊。师姐陈秋燕在我求学的过程中，总是如及时雨般给予帮助。学妹王亚克和贾文军鼓励和协助我熬过论文修改的难关。

千言万语，感谢在厦门大学教育研究院的求学时光，"自强不息、止于至善"的校训会镌刻在我的生命里。最后，也一并感谢所有关爱和帮助我的亲友、师长、同门以及家人，千帆过尽，你们依然陪伴左右，我的每一步前行都因为有你们而更坚定，更从容。谢谢亲爱的你们！

许琦红

2024年3月